A MENTALIDADE MUÇULMANA

AS RAÍZES DA CRISE ISLÂMICA

ROBERT R. REILLY

A MENTALIDADE MUÇULMANA

AS RAÍZES DA CRISE ISLÂMICA

Prefácio por
ROGER SCRUTON

Tradução de
PEDRO SETTE-CÂMARA

São Paulo | 2020

Impresso no Brasil, 2020

Título original: *The Closing of the Muslim Mind: How Intellectual Suicide Created the Modern Islamist Crisis*. Copyright © 2010 by Robert R. Reilly. Licenciado por Intercollegiate Studies Institute (ISI)

Os direitos desta edição pertencem à LVM Editora Rua Leopoldo Couto de Magalhães Júnior, 1098, Cj. 46 · 04.542-001 · São Paulo, SP, Brasil. Telefax: 55 (11) 3704-3782
contato@lvmeditora.com.br · www.lvmeditora.com.br

Editor responsável | **Alex Catharino**
Editor assistente | **Pedro Henrique Alves**
Tradução | **Pedro Sette-Câmara**
Copidesque | **Marcelo Schild Arlin / BR 75**
Revisão ortográfica e gramatical | **Márcio Scansani / Armada**
Revisão técnica | **Alex Catharino**
Preparação de texto | **Pedro Henrique Alves**
Revisão final | **Márcio Scansani / Armada**
Capa | **Mariangela Ghizellini**
Projeto gráfico | **Luiza Aché / BR 75**
Produção editorial | **Alex Catharino & Silvia Rebello**
Pré-impressão e impressão | **BMF Gráfica e Editora**

Dados Internacionais de Catalogação na Publicação (CIP)
Angélica Ilacqua CRB-8/7057

R286m   Reilly, Robert R.
            A mentalidade muçulmana : raízes da crise islâmica / Robert R. Reilly ; prefácio por Roger Scruton ; tradução de Pedro Sette-Câmara. -- São Paulo : LVM Editora, 2020.
            336 p.

            Bibliografia
            ISBN: 978-65-86029-02-4
            Título original: The closing of the muslim mind: how intellectual suicide created the modern islamist crisis

            1. Ciências Sociais 2. Filosofia 3. História 4. Religião 5. Teologia 6. Islamismo 7. Civilização islâmica 8. Fundamentalismo islâmico I. Título II. Scruton, Roger III. Sette-Câmara, Pedro

            CDD 320.557

Índices para catálogo sistemático:
1. Ideologias islâmicas 320.557

Reservados todos os direitos desta obra. Proibida toda e qualquer reprodução integral desta edição por qualquer meio ou forma, seja eletrônica ou mecânica, fotocópia, gravação ou qualquer outro meio de reprodução sem permissão expressa do editor. A reprodução parcial é permitida, desde que citada a fonte.

Esta editora empenhou-se em contatar os responsáveis pelos direitos autorais de todas as imagens e de outros materiais utilizados neste livro. Se porventura for constatada a omissão involuntária na identificação de algum deles, dispomo-nos a efetuar, futuramente, os possíveis acertos.

Sumário

09   Prefácio [Roger Scruton]

19   Introdução
       Suicídio intelectual
29   Visão geral e justificativa

33   Capítulo I
       A abertura: o islã descobre o pensamento helênico
38   O primeiro encontro
40   A primeira luta: Qadar (o poder de ação do homem) x Jabr (destino/compulsão)
46   O segundo embate: 'Aql (razão) x Naql (fé tradicional)
48   O primado da razão
50   Razão e reflexão
55   A objetividade da moralidade: conhecer o bem
57   A bondade e a justiça de Deus
60   A unidade de Deus
63   O Corão criado e o livre-arbítrio do homem
65   O triunfo temporário dos mutazalitas

73	**Capítulo II**
	A derrota dos mutazalitas: começa o fechamento
79	A oposição dos tradicionalistas
84	O rebaixamento da razão
88	A primazia da vontade
92	O Deus incognoscível
95	As implicações do cristianismo
99	**Capítulo III**
	A metafísica da vontade
105	A perda da causalidade
111	A perda da epistemologia
115	A perda da moralidade objetiva
126	A perda da justiça
133	A perda do livre-arbítrio
143	**Capítulo IV**
	O triunfo do asharismo
147	Al-Ghazali e o ataque à filosofia
153	O triunfo do ceticismo: a incerteza do conhecimento
159	A solução para o misticismo sufi
165	A intuição substitui a razão
169	O triunfo da vontade
171	A perda da realidade
174	Além da razão
181	**Capítulo V**
	A infeliz vitória de al-Ghazali e a deselenização do islã
186	A deselenização do islã
198	**Capítulo VI**
	Declínio e consequências

216	A lógica do despotismo
222	Irrealidade na perda da causalidade
224	A lógica da irrealidade: um discurso conspiratório
	Irrealidade na percepção e na imprensa
237	**Capítulo VII**
	O naufrágio: testemunhos muçulmanos
243	O naufrágio em desenvolvimento humano: testemunhos muçulmanos
247	Outros relatórios da ONU sobre o subdesenvolvimento árabe
251	Entendendo o naufrágio: as sementes do islamismo
263	**Capítulo VIII**
	As fontes do islamismo
272	A conexão totalitária
274	O islamismo como ideologia
283	O fundamento do ódio
284	O mal da democracia
288	A necessidade da força: o terrorismo como obrigação moral
297	**Capítulo IX**
	A crise
306	A escolha
311	**Outras leituras**
315	**Agradecimentos**
319	**Índice Remissivo e Onomástico**

PREFÁCIO

As raízes da civilização ocidental estão na religião de Israel, na cultura da Grécia, e no direito de Roma, e a síntese resultante floresceu e decaiu de mil maneiras durante os dois milênios que se seguiram à morte de Cristo. Tenha sido expandindo-se para novos territórios ou retirando-se para as cidades, a civilização ocidental experimentou, continuamente, novas instituições, novas leis, novas formas de ordem política, novas crenças científicas e novas práticas nas artes. E essa tradição de experimento levou, com o tempo, ao Iluminismo, à democracia, e a formas de ordem social nas quais as liberdades de opinião e de religião são garantidas pelo Estado.

Por que não aconteceu algo parecido no mundo islâmico? Por que essa civilização, que brotou com tanta abundância de energia no século VII da nossa era, e que se espalhou pelo norte da África e pelo Oriente Médio produzindo cidades, universidades, bibliotecas, e uma florescente cultura cortês que deixou uma marca permanente no mundo, hoje é, em tantos lugares, muda, violenta, ressentida? Por que o islã hoje parece não apenas tolerar a violência de seus defensores mais enérgicos, mas também endossá-la e pregá-la? Por que as minorias muçulmanas na Europa, que emigram para gozar dos benefícios de uma jurisdição secular, pedem outro tipo de lei, ainda que tão poucas delas pareçam concordar com o que essa lei diz ou com quem tem o direito de promulgá-la?

Neste livro lúcido e fascinante, Robert R. Reilly propõe-se a responder essas perguntas. Seu objetivo é mostrar que a civilização islâmica, que levou aos principados urbanos da Andaluzia no ocidente, e ao riso místico dos sufis no oriente, passou por uma crise moral e intelectual entre os séculos IX e XI, quando voltou as costas para a filosofia e refugiou-se no dogma. Vários fatores são responsáveis por essa súbita ossificação, mas o principal, na visão de Reilly, foram a ascensão da seita asharita, no século X, e a derrota da seita rival, a mutazalita. Os asharitas encontraram uma voz potente no imame al-Ghazali (†1111), filósofo e teólogo brilhante, cujo espírito atormentado, enfim, encontrou refúgio em uma unidade mística com Alá. A razão humana nos ensina a questionar as coisas, a descobrir as coisas, e a fazer leis para nos governarmos melhor. Por isso, a razão era – para al-Ghazali – inimiga do islã, que exige uma submissão absoluta e sem questionamentos à vontade de Alá. Em seu celebrado tratado *A Incoerência dos Filósofos*, al-Ghazali propôs-se a mostrar que a razão, como reverenciada nos textos de Platão, de Aristóteles (384-322 a.C.), e de seus seguidores, não leva a nada além de trevas e de contradições, e que a única luz que brilha na mente do homem é a luz da revelação. Apesar de os argumentos de al-Ghazali serem perfeitamente refutados por Averróis (1126-1198) – também conhecido como Ibn

Rushd – em seu *A Incoerência da Incoerência*, o islã apressou-se em abraçar a doutrina asharita, que tornava a ideia de submissão muito mais compreensível. Averróis foi mandado da Andaluzia para o exílio, e a voz da razão deixou de ser ouvida nas cortes dos príncipes muçulmanos sunitas.

O ataque à filosofia veio junto com um ataque igualmente determinado à lei e à jurisprudência (*fiqh*). Os primeiros juristas islâmicos tentaram conciliar o Corão e as tradições com as exigências da justiça comum, e desenvolveram um sistema jurídico que podia ser aplicado às circunstâncias da vida social e comercial que iam se desenvolvendo. A interpretação da lei era sujeita ao estudo e a emendas pelo esforço individual (*ijtihad*) dos juristas, que, por isso, capacitavam-se para adaptar as frágeis injunções do Livro Sagrado à realidade das sociedades muçulmanas. No século X ou XI da nossa era, tornou-se aceito que "a porta da *ijtihad* se fechara" – como o próprio al-Ghazali declarara. Desde então, o islã sunita adotou a posição oficial de que nenhuma nova interpretação da lei poderia ser buscada, e que aquilo que parecia certo no Cairo do século XII há de parecer certo hoje. Será, então, de se surpreender caso ninguém consiga encontrar um modo claro de conciliar a *sharia* com os fatos da vida e do governo modernos, ou que um dos principais juristas de al-Azhar, a antiga universidade do Cairo, possa decidir que não há problema em um homem e uma mulher que não se conhecem estarem juntos sozinhos, desde que ele chupe seus seios?

Filosofia e dogma, lei civil e lei divina, sempre são difíceis de conciliar. Porém, no mundo islâmico, a tensão entre eles assumiu um caráter especial, pois envolve um conflito entre duas interpretações rivais do Corão. Numa interpretação, a dos mutazalitas, o Corão foi criado por Deus no momento de sua revelação. Assim, ele deve ser interpretado segundo as circunstâncias em que foi revelado, e segundo o propósito de Deus ao revelá-lo. Na interpretação asharita, o Corão é incriado, coevo com o Todo-Poderoso, sua palavra eterna, que nada deve às contingências da vida na Arábia de Maomé, dilacerada pela guerra. O resumo apresentado por Reilly dessa disputa é particularmente esclarecedor, sugerindo o quanto será difícil obter, em nossas relações com os líderes autonomeados da comunidade sunita, as interpretações flexíveis da fé que permitiriam o crescimento de uma tolerância real e duradoura daqueles que a rejeitam.

A brilhante explicação de Reilly do efeito de longo prazo da "limitação da mentalidade muçulmana" é uma leitura que dá o que pensar. As sociedades islâmicas, como ele mostra, raramente se adaptaram às formas da política moderna, à perspectiva da ciência moderna, ou às exigências da migração global. Se Reilly tem razão – e certamente tem – então o ressentimento que anima o terrorista muçulmano deve ser atribuído não a nosso sucesso, mas ao fracasso muçulmano. Esse fracasso não é o resultado inevitável do islã; trata-se, antes, do efeito de um ato de suicídio cultural e intelectual, que ocorreu oito séculos atrás.

Reilly oferece uma explicação persuasiva não *do quê* deu errado, mas de *por que* deu errado. Ele localiza a origem de tal erro em uma teologia deformada gestada nos séculos IX e X e na cultura disfuncional que surgiu dela. A ortodoxia asharita, afirma ele, legou ao islã *o conceito errado de Deus*.

Fiquem atentos, planejadores de políticas públicas: a menos que vocês estejam dispostos a admitir que estão enfrentando um problema essencialmente teológico no Oriente Médio, não prescrevam soluções, porque vocês podem efetivamente piorar a situação – particularmente por criar a falsa impressão de que programas econômicos, sociológicos ou políticos podem consertar aquilo que, na verdade, é um delírio de fé. Não podem. Como argumenta Reilly, com persuasão, o problema precisa ser abordado no nível em que existe. O grande mérito deste livro está em formular claramente os termos desse profundo problema teológico, a crise a que ele nos levou, e, por fim, as escolhas que hoje duramente se apresentam aos muçulmanos contemporâneos. Como mostra Reilly, há muçulmanos que sabem como sair do atoleiro, mas eles raramente podem encontrar plateias ou governos dispostos a ouvi-los e a protegê-los.

O resultado do embate dentro do islã hoje terá grandes consequências para todos nós. Ao nos ajudar a entender esse embate, este livro serve a um propósito pelo qual todos devemos ficar profundamente gratos.

Roger Scruton

Aos homens e às mulheres de coragem em todo o mundo islâmico, que aqui não são nomeados para sua própria segurança, que lutam pela reabertura da mentalidade muçulmana.

INTRODUÇÃO
Suicídio Intelectual

Ignoras, por acaso, que Deus é Onipotente?
——Corão 2, 106

A filosofia é uma mentira[1].
——Abu Sa'id ibn-Dust (†1040)

*Onde quer que eu vá no mundo islâmico,
é sempre o mesmo problema: causa e efeito, causa e efeito*[2].
——Fouad Ajami, 2005

    Este livro trata de um dos maiores dramas intelectuais da história humana. Seu cenário é a mentalidade muçulmana. A maneira como o homem olha suas faculdades racionais foi uma influência decisiva no molde e no destino de civilizações, incluindo

---

[1] GUTAS, Dimitri. *Greek Thought, Arabic Culture*. New York: Routledge, 1998. p. 160.
[2] Dito ao autor em 2005.

a islâmica. E como poderia ser de outro modo, quando essas faculdades racionais afetam a maneira como a realidade é percebida, o que pode ser conhecido, e como discernir o significado do que é conhecido? Esta é a história de como o islã lidou com o papel da razão após suas conquistas o exporem ao pensamento helênico e como o lado da razão em última instância perdeu no embate mortífero que se seguiu.

Pode parecer escandaloso dizer no título deste livro que a mentalidade muçulmana se fechou – que toda uma civilização desligou-se mentalmente e abandonou a razão e a filosofia. Não quero dizer que as mentalidades de cada indivíduo muçulmano estão fechadas, ou que não há variedades do islã nas quais a mentalidade muçulmana ainda está aberta. Quero dizer, porém, que no *mainstream* islã sunita, a expressão majoritária da fé, fechou, de maneira profunda, a porta para a realidade[3]. Os indícios que atestam essa adesão à irrealidade são infelizmente abundantes, e foram oferecidos pelos próprios muçulmanos. Esse fechamento é especialmente verdadeiro no que diz respeito a uma corrente particular da teologia muçulmana, e também devido a ela: trata-se da escola islâmica asharita, que predomina no Oriente Médio árabe (e tem forte presença em outras áreas, como o Paquistão e o sul da Ásia). Como no passado, essa parte do mundo desempenha o principal papel no islã de hoje.

Fazlur Rahman, grande estudioso islâmico do século XX, disse: *"Um povo que se priva da filosofia necessariamente expõe a si mesmo à carência de ideias novas – na verdade, ele comete sui-*

---

[3] Só incluo islã xiita neste livro tangencialmente, porque ele é diferente o bastante do islã sunita para exigir uma obra à parte. Além disso, meu tema geral precisaria ser tratado de maneira muito diferente, ou nem ser tratado, pelo simples motivo de que a relação do islã xiita com a filosofia era e é totalmente diferente, por motivos que serão referidos no segundo capítulo.

cídio intelectual"[4]. O papa Bento XVI, no discurso de Regensburg em 12 de setembro de 2006, disse algo similar. Ele falou da deselenização – referindo a perda da razão, o presente dos gregos – como um dos principais problemas do ocidente. Menos conhecida é a deselenização que aflige o islã – a maneira como denigre a razão e se divorcia dela. (O papa fez apenas uma alusão breve a isso, mas essa alusão tornou-se fonte de uma enorme controvérsia). A deselenização do islã é menos conhecida porque foi tão abrangente e eficaz que pouca gente sabe que houve um processo de helenização anterior a ela — especialmente durante os séculos VIII e IX. Foi um período crucial para o islã e para o mundo. Como disse o falecido rei Hussein (1935-1999) da Jordânia em sua última entrevista, foi naquele momento, perto do fim desse período, que o mundo muçulmano virou decisivamente para a direção errada.

Este livro é uma versão do suicídio intelectual islâmico – no sentido que Fazlur Rahman dá ao termo – e de seus motivos. O livro contará não tanto *como* ele aconteceu, mas *por que* deu errado, e detalhará as consequências devastadoras do suicídio intelectual islâmico, e como a mente muçulmana poderia ser reaberta (segundo sugestões de muçulmanos), empreitada repleta de repercussões para o ocidente, e também para o mundo islâmico.

A deselenização do islã teve suas raízes em uma ideia peculiar de Deus que assumiu sua forma definitiva no século IX, embora uma grande porção do islã tenha abraçado uma versão dela bem antes. O embate em torno da razão envolveu uma profunda discórdia a respeito de quem Deus é. Cada lado da disputa tinha certos pré-requisitos para quem Deus *deveria* ser,

---

[4] RAHMAN, Fazlur. *Islam and Modernity*. Chicago: University of Chicago Press, 1982. p. 157-58.

originados em leituras distintas do Corão ou confirmados por elas. De um lado estavam a vontade e o poder de Deus, e do outro sua justiça e sua racionalidade. A discussão, precipitada ou exacerbada pelo encontro com a filosofia grega, deu-se em torno do *status* da razão em relação à revelação e à onipotência de Deus. As questões envolviam: o que a razão tem a ver com o encontro do homem com Deus? Existe alguma relação entre razão e revelação? A razão tem alguma condição de abordar a revelação de Deus, ou deve ficar de fora dela? E, talvez mais importante, pode a razão conhecer a verdade?

  É por causa de certas noções teológicas que, em última instância, considerou-se que a filosofia era incompatível com o islã asharita (e por isso a jurisprudência islâmica passou a ser, de longe, a disciplina mais importante). Como se desenvolveu essa concepção de Deus, e por que ela prevaleceu? Maomé não era teólogo. Coube a seus seguidores desenvolver as noções de Deus contidas tanto explícita quanto implicitamente no Corão. Eles fizeram isso de acordo com as necessidades que surgiam de várias disputas dentro do islã, e, também, à medida que o islã se deparava com as ideias e com as religiões das civilizações que conquistava.

  As questões tratadas aqui estão entre as mais difíceis e profundas com que tiveram de lutar os seguidores de qualquer religião. *Toda* religião monoteísta teve de considerar os mesmos problemas teológicos, filosóficos, metafísicos e epistemológicos que o islã enfrentou. Este livro mostra como esses desafios perenes foram apresentados e tratados no islã sunita, e como os resultados dessas considerações influenciaram decisivamente o formato do mundo islâmico contemporâneo. Alguns trechos podem ser difíceis. Porém, o leitor que não se esforçar para entender o embate no nível em que aconteceu – e em que ainda está acontecendo –, não conseguirá entender por que o mundo islâmico sunita encontrou-se nessa situação, e se ele tem dentro de si os meios para encontrar uma abertura de volta para a realidade.

Existem duas maneiras fundamentais de fechar a mente. Uma é negar a capacidade da razão de conhecer qualquer coisa. A outra é descartar a realidade, declarando-a incognoscível. A razão não pode conhecer, ou não há nada para conhecer. Qualquer uma dessas abordagens basta para tornar a realidade irrelevante. No islã sunita, elementos das duas abordagens foram usados na escola asharita. Como consequência disso, abriu-se uma fissura entre a razão e a realidade do homem – e, mais importante, entre a razão do homem e Deus. A desconexão fatal entre o Criador e a mente de sua criatura é a origem dos mais profundos males do islã sunita. Essa bifurcação, localizada não no Corão, mas na teologia islâmica primitiva, leva em última instância ao fechamento da mente muçulmana.

A questão-chave contemporânea pode ser esta: se seus pressupostos teológicos sobre a realidade estão incorretos, pode-se recuperar deles, caso esses pressupostos tenham sido dogmatizados e transformados em pilares da fé? Se você deseja, por exemplo, admitir a realidade de "causa e efeito" na ordem natural, não parece haver no Corão nenhum obstáculo a isso, ainda que o Corão explique os acontecimentos quase exclusivamente como produto das ações de Deus. Afinal, o Antigo Testamento conta boa parte da sua história com o mesmo tipo de ênfase na ação direta de Deus sobre a humanidade e sobre o mundo, mas isso não impediu que os judeus, nem os cristãos depois deles, abraçassem a causalidade. É a teologia asharita, como desenvolvida entre os séculos IX e XII, que faz disso um problema no islã contemporâneo, porque sua negação da causalidade se tornou, em termos amplos, ortodoxia sunita e parte da cultura árabe. Foi isso que levou o intelectual libanês-americano Fouad Ajami a observar que "onde quer que eu vá no mundo islâmico, o problema é o mesmo: causa e efeito, causa e efeito". É essa visão disfuncional, hoje sancionada pelo consenso, ou *ijma'*, que dificulta ou impossibilita voltar atrás? Maomé proclamou que "minha comunidade jamais concordará com o erro", querendo dizer que algo confirmado pela comunidade, ou *umma*, é infalível.

Boa parte desse tema pode parecer distante das preocupações do dia a dia, e, portanto, facilmente descartável. Sem dúvida, o muçulmano médio pode ser tão ignorante dos ensinamentos de pensadores islâmicos medievais, como al-Ashari e al-Ghazali, quanto o cristão médio dos ensinamentos de Agostinho e de Aquino. Caso lhe perguntassem a que escola teológica islâmica pertence, o muçulmano da rua pode não saber se é asharita ou maturidita, assim como um cristão não saberia se é agostiniano ou tomista. Isso, porém, não significa que os respectivos muçulmano e cristão sejam menos influenciados pelas ideias desses pensadores. Apesar dessa falta de consciência, em última instância, questões filosóficas, metafísicas e teológicas determinam a maneira de discutir as preocupações diárias; aliás, determinam até quais são essas preocupações. Aquilo que talvez pareça um abstruso pormenor teológico pode ter as consequências mais práticas e devastadoras.

O fechamento da mente muçulmana criou a crise que tem no terrorismo islamista moderno apenas uma manifestação. O problema é muito mais amplo e profundo. Ele engloba a perda da ciência no islã, bem como a perda da perspectiva de desenvolver localmente um governo constitucional democrático. Ele é a chave para entender quebra-cabeças como por que o mundo árabe fica perto do ponto mais baixo de qualquer medida de desenvolvimento humano; por que a investigação científica está praticamente moribunda no mundo islâmico; por que a Espanha traduz mais livros num único ano do que o mundo árabe inteiro traduziu nos últimos *mil* anos; por que algumas pessoas na Arábia Saudita ainda se recusam a crer que o homem foi à Lua; e por que parte da mídia muçulmana mostra desastres naturais como o furacão Katrina como retribuição direta de Deus. Sem entender essa história, não podemos entender o que está acontecendo hoje no mundo islâmico, nem os caminhos potenciais para a recuperação – caminhos para os quais muitos muçulmanos apontam com sua rejeição da ideia de Deus que produziu originalmente a crise.

 O fechamento da mente muçulmana é o antecedente direto, ainda que um pouco distante, da ideologia islamista radical de hoje, e esta ideologia não pode ser compreendida sem detectar suas raízes neste fechamento. As ideias que estimularam atos terroristas desde o 11 de setembro de 2001 aos ataques a bomba em Madri no dia 11 de março de 2004, em Londres em 7 de julho de 2005, e em Mumbai entre 26 e 29 de novembro de 2008, à tentativa de explodir um avião comercial em Detroit no Natal de 2009, entre outros, têm sido proclamadas a plenos pulmões por seus perpetradores e seus muitos simpatizantes em toda forma de mídia. Sabemos o que eles pensam; eles nos dizem todos os dias. Mas questões surgem quanto à origem de suas ideias, as quais eles alegam serem islâmicas. Eles são algo novo ou um ressurgimento de algo do passado? Quanto disto é islã e quanto é islamismo? O islamismo é uma deformação do islã? Caso seja, de que maneira e de onde ela veio? E por que o islã é suscetível a este tipo de deformação? A parte final do livro abordará estas questões.

A abordagem do livro utilizará citações de fontes primárias traduzidas sempre que possível, e, dentro do contexto necessário, deixar que os textos falem por si. Para aqueles que desconhecem o material, as citações de alguns dos principais teólogos muçulmanos dos séculos entre IX e XII serão surpreendentes, e até chocantes. O voluntarismo radical (Deus como pura vontade) e o ocasionalismo (não há causa e efeito na ordem natural) encontrados nelas não são vistos em nenhuma medida significativa no ocidente até o filósofo David Hume (1711-1776) começar a escrever no século XVIII. Àquela altura, o reconhecimento da realidade tinha se tornado estabelecido com suficiente firmeza para aguentar o ataque (isto é, até muito recentemente, quando uma forma de voluntarismo também solapou a razão no ocidente). Infelizmente, isso não aconteceu no islã sunita, onde essas visões chegaram muito antes.

O caráter voluntarista e ocasionalista do islã sunita mal chega a ser uma descoberta recente. São João Damasceno (676-749), Maimônides (1138-1204), Georg Wilhelm Friedrich Hegel (1770-1831) e muitos outros o notaram amplamente. Porém, o motivo pelo qual muitos ocidentais hoje permanecem perplexos com o comportamento muçulmano é que eles desconhecem as doutrinas teológicas fundamentais que o animam. Cito abundantemente estudos do século XX sobre essas questões teológicas, tanto ocidentais quanto islâmicos, para afirmar sua importância essencial como influência formadora do caráter sunita. Para alguns, será difícil aceitar a influência duradoura dessas doutrinas, ou acreditar nela, porque são doutrinas absolutamente distantes do mundo ocidental moderno. Porém, elas são amplamente responsáveis pela situação contemporânea e representam um profundo obstáculo à reforma que muitos muçulmanos, assim como os do ocidente, esperam ver numa reabertura da mente muçulmana. Para muitos no mundo muçulmano sunita, a realidade tornou-se inacessível porque as visões de certos teólogos dos séculos IX ao XII prevaleceram. É preciso entender as razões disso, para que as esperanças não sejam mal colocadas, e o caminho para a recuperação corra na direção certa.

Muitos muçulmanos reconhecem isso. Em *Reinventing the Muslim Mind* [Reinventando a Mentalidade Muçulmana], Rashid Shaz, líder indiano contemporâneo do pensamento reformista, afirma:

> Aqueles que anseiam por criar um novo começo devem primeiro aceitar que a mente tradicional não os levará a lugar nenhum. Uma nova mente muçulmana é o mínimo para começar. Sem reativarmos nossos cérebros, não conseguiríamos nem perceber totalmente a natureza e a magnitude do nosso mal[5].

Este livro, então, é um esforço para entender a jornada do islã sunita até "lugar nenhum". Pode ser a única via para fazer a viagem de volta.

Visão geral e justificativa

Proponho esboçar brevemente o mundo islâmico antigo e sua primeira controvérsia teológica, e, em seguida, apresentar a primeira escola de teologia plenamente desenvolvida, os mutazalitas, depois seus adversários, os asharitas, e então, a figura

---

[5] SHAZ, Rashid. "Reinventing the Muslim Mind". Disponível em http:\\rashidshaz.com/articles/Reiventing_the_Muslim_Mind.htm. Capítulo 1: "The Opening", acesso em 7/jul/2019.

crucial de Abu Hamid al-Ghazali (†1111). Na parte posterior do livro, sugerirei as profundas consequências do triunfo de al-Ghazali e dos asharitas, incluindo a extirpação da filosofia, e depois rastrearei os efeitos disso no comportamento moderno. Isso incluirá um exame da suscetibilidade do islã de hoje ao islamismo, que está levando os muçulmanos sunitas de volta para lugar nenhum. O tempo todo, tento manter a questão crucial do *status* da razão – e os efeitos de seu declínio – em primeiro plano.

Além disso, o objetivo aqui não é explicar as obras dos grandes pensadores da filosofia muçulmana. Seria uma tarefa enorme até mesmo dar uma visão geral desse assunto, o que já foi feito bem o bastante em outras obras. Antes, pretendo sugerir por que essas obras, apesar de seu brilho, tiveram tão pouco impacto – quando tiveram – na mentalidade muçulmana sunita, hoje ou antigamente. Restringimo-nos a um amplo esboço dos principais acontecimentos intelectuais da história sunita muçulmana que formaram decisivamente o mundo de hoje. Algumas das figuras com quem lidamos, como Abu Hamid al-Ghazali, ainda são tema de controvérsia quanto ao que teria sido realmente seu pensamento. Tinham elas ensinamentos esotéricos? O objetivo aqui não é resolver essas disputas, mas observar a influência primária de seu pensamento da maneira como foi geralmente sentido e compreendido dentro do islã.

Em uma nota pessoal, eu gostaria de dizer que estou plenamente ciente de ter entrado em um tema difícil e delicado. Não ficarei surpreso com reações fortes ao que se diz aqui. Eu gostaria de ser dissuadido da tese do livro, de ser convencido de que os obstáculos à reforma não são tão grandes quanto parecem. Porém, estou tentando entender a situação tal como ela é, e os motivos para ela. Estou simplesmente oferecendo as conclusões às quais cheguei depois de tentar por anos compreender o que vi, vivenciei e li. Se existe alguma tese que explique mais a respeito disso que expliquei aqui, será bem-vinda. Reservo-me o direito de aprender mais.

CAPÍTULO 1

A abertura:
o islã descobre
o pensamento helênico

Não se pode abordar o fechamento da mente muçulmana sem conhecer sua abertura. E, concomitantemente, é preciso conhecer a partir *do quê* ela se abriu, e *para o quê*.

A abertura deve ser vista contra o pano de fundo da Arábia pré-islâmica, uma sociedade tipicamente tribal, imersa em politeísmo (embora Alá, uma divindade suprema, fosse vagamente reconhecida), panteísmo, animismo, fetichismo e superstição. A Caaba em Meca continha um panteão de cerca de 360 deuses e deusas tribais em seus precintos. Os principais modos de subsistência eram o comércio e a pilhagem (*razzias*). Como é típico das sociedades tribais, o conflito era a norma – dentro de certos limites tradicionais, como a proibição de lutas durante os quatro "meses sagrados". A força definia o *status* das relações entre as tribos, as quais eram elas próprias definidas por família ou sangue. A força governava com a sanção do costume. A Arábia tinha alguma familiaridade com o judaísmo (havia algumas tribos judias residentes) e com o cristianismo, mas era amplamente pagã.

A filosofia, na forma do pensamento grego, não tinha penetrado na península. Ao menos não há indícios de que o tenha feito. Com a multiplicidade de deuses e sem filosofia, não teria ocorrido naturalmente às tribos em guerra que elas tinham algo em comum que era mais importante do que elas próprias – que as diferenças entre elas, definidas por linhagens e por deuses diferentes, poderiam ser sobrepujadas por um bem maior. O monoteísmo foi esse bem maior, tal como proposto por Maomé por volta do ano 610 da era cristã. A unidade do islã, baseada no *tawhid* – a unidade ou unicidade de Alá – parou as pilhagens quase constantes graças a seu ensinamento de que havia uma profunda igualdade entre os muçulmanos. Os demais muçulmanos tornaram-se sacrossantos. Como prescreve o Corão, *"E apegai-vos, todos, ao vínculo com Deus e não vos dividais; recordai-vos das mercês de Deus para convosco, porquanto éreis adversários mútuos e Ele conciliou os vossos corações e, mercê de Sua graça, vos convertestes em verdadeiros irmãos"* (3, 103).

Ao mesmo tempo, o islã sancionava divinamente uma espécie de pilhagem megatribal do resto do mundo não muçulmano. *"Deus vos prometeu muitos ganhos, que obtereis [...]. E outros ganhos que não pudestes conseguir, Deus os conseguiu"* (Corão 48, 20-21)[6]. Segundo essa nova revelação, agora era apenas justo e correto que os não muçulmanos fossem dominados e governados pelos verdadeiros seguidores de Deus. Como conduzir essas pilhagens e dividir os ganhos delas é uma parte importante do Corão (Corão 8: Os Espólios; 59, 6: O Desterro). As

---

[6] Apesar de a tradução consultada do Corão – disponível em alcorao.com.br – falar em "ganhos", o texto em inglês fala em *"booty"*, o butim, o resultado da pilhagem. (N.E.)

primeiras biografias de Maomé chamavam-se *Kitab al-meghazi*, [O *Livro das Pilhagens*][7].

As primeiras conquistas tiveram sucesso formidável e pareciam confirmar as afirmações do Corão. Por volta de 650, os muçulmanos governavam a Arábia, o Iraque, a Síria, o Líbano, a Palestina, e o Egito. Menos de um século depois, o islã espalhava-se das fronteiras da China e da Índia no oriente até o norte da África e a Espanha no ocidente. As energias do islã primitivo foram gastas na absorção das conquistas que lhe foram ordenadas e em definir seu credo, que era considerado superior a qualquer revelação anterior de qualquer outra religião (Corão 9, 33). Assim, o islã era naturalmente desconfiado de qualquer coisa fora dele próprio. O Corão, pensava-se, continha tudo o que era necessário, e as coisas não corânicas ou eram contra ele, ou supérfluas. Ibn Khaldun (1332-1406), grande historiador do século XIV, escreveu que quando os muçulmanos conquistaram a Pérsia, o general Sa'd bin Abi Waqqas (595-674) pediu ao Califa Omar (584-644) permissão para distribuir a enorme quantidade de livros capturados e de artigos científicos como butim. O Califa Omar respondeu: *"Jogue-os na água. Se o que eles contêm é um guiamento correto, Deus nos deu um guiamento melhor. Se é erro, Deus nos protegeu dele"*[8].

Essa quarentena intelectual não podia, porém, ser mantida fora da península natal do islã. Nos territórios sassânidas e bizantinos, o islã encontrou civilizações superiores a si sob qualquer aspecto. Quando a capital do império islâmico mudou-se de Medina para Damasco durante a dinastia Omíada, entre 661 e 750, os governantes muçulmanos ficaram cercados

---

[7] SAMIR, Samir Khalil. *111 Questions on Islam*. San Francisco: Ignatius Press, 2008. p. 65-66.

[8] HOODBHOY, Pervez. *Islam and Science*. London: Zed Books, 1991. p. 104; KHALDUN, Ibn. *The Muqaddimah: An Introduction to History*. London: Routledge and Kegan Paul, 1978. p. 32-33.

por uma cultura estrangeira. Como poderia o islã reagir àquilo que ora governava? O quanto podia absorver, e o que deveria rejeitar, e por quê? Qual deveria ser sua atitude em relação às crenças e aos ensinamentos daqueles que conquistara?

O primeiro encontro

O islã encontrou o pensamento grego em suas novas posses bizantinas e sassânidas. Exatamente de que maneira essas influências helênicas primitivas entraram no islã é matéria de alguma conjetura. O que está claro é que enormes áreas do que havia sido o império bizantino eram em grande parte cristãs, e nelas as noções filosóficas gregas eram, há muito tempo, usadas na apologética cristã. Também havia centros de estudos helenísticos em Alexandria (que se mudou para Antioquia, na Síria, por volta do ano 718 da era cristã) e em Gondeshakpur, a nordeste de Basra, no Iraque. Este último centro era mantido pelos sassânidas, que empregavam muitos professores cristãos (nestorianos). O corpo das que eram chamadas de "as ciências intelectuais" incluía lógica e filosofia, e também ciências naturais, médicas, matemáticas, e de engenharia. Muitos tratados filosóficos e científicos gregos haviam sido traduzidos para o siríaco, pelos estudiosos cristãos. Como esses temas não eram familiares à cultura árabe, os árabes deram-lhes o epíteto de "ciências intrusas"[9]. O interesse muçulmano inicial pelas ciências gregas era em questões práticas como medicina, matemática, ciência natural, alquimia e astrologia.

A maioria dos estudiosos dessas ciências, porém, também tinha formação em filosofia e em teologia, o que significava que o interesse muçulmano começou a se transferir para

---

[9] Programa de Desenvolvimento das Nações Unidas. *Relatório de Desenvolvimento Humano Árabe de 2003*. New York: Organização das Nações Unidas, 2003. p. 117.

questões filosóficas e teológicas. Os muçulmanos também eram convocados a defender e a promover sua fé contra cristãos e outros que usavam métodos filosóficos em sua apologética. Alguns convertidos muçulmanos nesses novos territórios já eram versados nos estudos gregos e estavam preparados para usá-lo em nome de sua nova fé. Assim, por volta do fim do século VIII e do começo do IX, um novo tipo de discurso começou a afetar o pensamento islâmico, o qual até então fora majoritariamente doutrinal e jurisprudencial. Foram criadas novas palavras em árabe para absorver os conceitos gregos. A filosofia abriu a mente muçulmana de um modo como ela nunca havia sido aberta no espírito da investigação livre e do pensamento especulativo. Foi nesse momento que aconteceu o maior drama intelectual do islã.

Depois que o islã encontrou o pensamento helênico, a questão mais difícil por ele enfrentada envolvia o *status* da razão. Qual é a capacidade da razão para apreender a realidade? Pode Deus ser conhecido racionalmente? Como a voz da razão se relacionava com as afirmações de revelação contidas no Corão? A razão vem antes da fé? A revelação se dirige à razão? Pode a razão compreender princípios morais fora do Corão? E se algo no Corão não parecer razoável? Será legítimo até mesmo fazer essas perguntas? O islã é compatível com alguma coisa além de si mesmo? Seria ele capaz de assimilar a filosofia? Se sim, em que base?

Uma violenta batalha foi travada em torno das respostas a essas perguntas, particularmente durante os séculos IX e X do califado abássida. Em jogo estavam o livre-arbítrio do homem, sua capacidade de conhecer por meio de sua razão, e a natureza mesma da realidade e de Deus. Na conclusão dessa batalha, o lado triunfante gradualmente extirpou a filosofia e deselenizou o mundo muçulmano. Isso não aconteceu sem a resistência daqueles pensadores muçulmanos e de seus seguidores que precipitaram a abertura. Sob muitos aspectos, a luta continua hoje.

A primeira luta: *Qadar* (o poder de ação do homem) x *Jabr* (destino/compulsão)

O lado nesse debate emergente que um ocidental teria mais facilidade para reconhecer seria o da escola mutazilita, composta pelos teólogos racionalistas muçulmanos que lutavam pela primazia da razão. Seu aparecimento no fim do século XII e no começo do século IX deve ser visto no contexto de uma disputa anterior dentro do islã a respeito da predestinação e do livre-arbítrio. Essa questão foi, de fato, a origem do mais antigo debate teológico no islã. Alguns estudiosos dizem que essa disputa foi completamente nativa do islã, enquanto outros, como Duncan Macdonald, afirmam que *"é impossível não enxergar o funcionamento das sofisticações dialéticas da teologia grega tal como desenvolvida nas escolas bizantina e síria"*[10]. Os pré-mutazalitas eram chamados *qadaritas*, ou *qadariyya*, por causa da palavra árabe *qadar*, que pode significar decreto divino ou predestinação, ou poder. Eles defendiam o oposto da predestinação: a liberdade do homem e a consequente responsabilidade por suas ações. O homem tem poder (*qadar*) sobre suas próprias ações. Se os homens não pudessem controlar o próprio comportamento, diziam os qadaritas, a obrigação moral de fazer o bem e de evitar o mal, ordenada pelo Corão, não teria sentido.

---

[10] MACDONALD, Duncan B. *Development of Muslim Theology, Jurisprudence and Constitutional Theory*. 1ª ed. Beirut Khayats, 1965; edição *paperback*, Macdonald Press, 2007. Cap. 3. Também disponível em http://www.questia.com/library/book/development-of-muslim-theology-jurisprudence-and-constitutional-theory-by--duncan-b-macdonald.jsp. Acesso em 28/jun/2019.

Contrários a essa visão, os *jabariyya* (deterministas; de *jabr*, compulsão cega) abraçaram a doutrina de que a onipotência divina exige a absoluta determinação das ações humanas por Deus. Um dos nomes de Deus no Corão é al-Jabbar, o Compulsor (59, 23), cujo poder não pode ser resistido. Somente Deus é autor de cada movimento humano. Dizer o contrário ata as mãos de Deus e limita sua liberdade absoluta. Um dos expoentes dessa visão, Jahm bin Safwan (†745), afirmava que as ações do homem são imputadas a ele no mesmo sentido em que se imputam *"os frutos à árvore, o fluir ao rio, o movimento à pedra, o levantar-se e o pôr-se ao Sol — o florescimento e a vegetação à terra"*[11]. No resumo feito da disputa, por Fazlur Rahman, *"aos olhos dos ortodoxos, essa liberdade para o homem era servidão para Deus"*[12].

Como no caso de outras disputas teológicas dentro do islã, o Corão pode sustentar as duas posições. Os querelantes podiam cada qual citar versículos que apoiavam seus respectivos lados. Alfred Guillaume, historiador britânico do islã, afirma, porém, que as coisas parecem favorecer o lado jabariyya, especialmente quando são considerados os *hadiths*. (Os *hadiths* são as "tradições" que relatam vários ditos e ações de Maomé, que foram transmitidos oralmente antes de serem escritos em coletâneas, seis das quais são aceitas como fontes genuínas da revelação.) Guillaume diz que

> [...] o partido ortodoxo tinha o Corão a seu favor quando afirmaram que a predestinação de Deus era absoluta. Essa visão é sustentada pelo capítulo sobre a predestinação nos livros da tradição canôni-

---

[11] FAKHRY, Majid. *A History of Islamic Philosophy*. New York: Columbia University Press, 1983, p. 47.
[12] RAHMAN, Fazlur. *Islam*. Chicago: University of Chicago Press, 1979, 2002. p. 89.

ca que não contém um único dito de Maomé que deixa a liberdade de ação para o homem. Tudo está predestinado desde o começo, e o destino do homem está fixado desde antes de ele nascer[13].

Eis aqui vários exemplos desses *hadiths*.
Hudhayfa bin Asid relatou que o Profeta disse:
Dois anjos visitam cada feto no útero quando os quarenta ou quarenta e cinco dias se completam e dizem: "Ó, Senhor! É desencaminhado ou justo?" Então escrevem [a resposta]. Depois perguntam: "Ó, Senhor! É homem ou mulher?" Então escrevem [a resposta]. Eles também escrevem sua dotação, sua riqueza e seus meios de subsistência, e sua morte. Em seguida, enrolam o pergaminho, ao qual depois nada é acrescentado nem subtraído[14].

Abu Huraira relatou que Maomé disse: "*Verdadeiramente Alá fixou a porção de adultério a que um homem se entregará e que ele necessariamente cometerá*"[15].
Um *hadith* encontrado tanto em Muslim quanto em al-Bukhari (as duas fontes de *hadiths* com maior autoridade) traz Moisés encontrando Adão e perguntando-lhe: "*És tu o Adão, o pai de toda a humanidade, que Ele criou com Sua própria mão [...]. Por que*

---

[13] GUILLAUME, Alfred. *Islam*. London: Penguin, 1956. p. 131.
[14] MUSLIM. *Kitab al-Qadar Hadith*. 1848.
[15] GAIRDNER, W. H. T., *God as Triune, Creator Incarnate, Atoner: A Reply to Muhammadan Objections and an Essay in Philosophic Apology*. Madras, Allahabad Calcutá, Rangoon, Colombo: The Christian Literature Society for India, 1916, p. 58, nota, em www.muhammadanism.org, acesso em 15/jul/2007. (Muslim, Imam, Sahih Muslim: *Being Traditions of the Sayings and Doings of the Prophet Muhammad as Narrated by His Companions and compiled under the Title Al-Jami'-Us-Sahih*. Trad. 'Abdul H. Siddiqi, Vol. IV, cap. MCVI, No. 6421, 1397-98.)

foste expulso e nos expulsaste do jardim?" Adão responde: *"És tu o Moisés que Deus escolheu como Seu mensageiro, distinguido por falar-lhe, e que escreveu a Torá para ele com a própria mão dele? Quanto tempo antes da minha criação encontraste pré-escritas as palavras: 'Adão desobedeceu seu Senhor e foi seduzido' (Corão 20, 121)?"* Moisés, então, responde: *"Isto estava [pré-escrito] muitíssimo tempo antes [da sua criação]"*[16]. Assim, Adão confunde Moisés.

Um versículo do Corão que sustenta essa orientação diz: *"A quem Deus quer iluminar, dilata-lhe o peito para o islã; a quem quer desviar, oprime-lhe o peito, como aquele que se eleva na atmosfera"* (6, 125). E *"Vós que não os aniquilastes! Foi Deus quem os aniquilou"* (8, 17).

Em contraponto a essas, há outras citações do Corão que parecem confirmar a posição qadarita e deixam claro que o homem pode escolher livremente e será chamado a prestar contas no dia do juízo. Por exemplo, os qadaritas podiam citar: *"Quem cometer uma iniquidade, será pago na mesma moeda; por outra, aqueles que praticarem o bem, sendo fiéis, homens ou mulheres, entrarão no Paraíso, onde serão agraciados imensuravelmente"* (40, 40). Ou: *"Dize-lhes: A verdade emana do vosso Senhor; assim, pois, que creia quem desejar, e descreia quem quiser"* (18, 29). Ou: *"Nenhuma alma receberá outra recompensa que não for a merecida"* (6, 164). Ainda: *"Deus criou os céus e a terra com prudência, para que toda a alma seja compensada segundo o que tiver feito, e ninguém será defraudado"* (45, 22). Existem muitos versículos assim, referindo-se à responsabilidade do homem por suas ações, e pela forma como ele prestará contas delas.

A dificuldade criada por essas duas posições conflitantes parece contida na mesma citação corânica: *"Se Deus quisesse,*

---

[16] RAHMAN, Fazlur. *Revival and Reform in Islam*. Oxford: Oneworld Publications, 2000. p. 153.

ter-vos-ia constituído em um só povo; porém, desvia quem quer e encaminha quem Lhe apraz. Por certo que sereis interrogados sobre tudo quanto tiverdes feito" (16, 93).

A ambiguidade do Corão deu espaço para essa disputa e para manobras e vantagens a partir dela. Tanto a visão qadarita quanto a jabarita tiveram profundas implicações políticas. Os califas Umayyad que governavam Damasco gozaram da sanção oferecida pela doutrina jabariyya porque ela os isentava de responsabilidade por quaisquer atos injustos. Como poderiam eles ser culpados por sua brutalidade predestinada? Assim, por piedade, seus súditos deveriam aceitar, ou ao menos ignorar, seus maus atos (que incluíram um ataque à Caaba). A fim de garantir seu poder, o califa Umayyad 'Abd al-Malik trouxe 'Amr ibn Sa'id, um de seus rivais, ao palácio sob pretextos falsos, decapitou-o, e em seguida mandou jogar sua cabeça para a multidão de apoiadores que o aguardava, anunciando que *"o Comandante dos Fiéis matou seu líder, como predeterminado pelo decreto inalterável de Deus"*[17]. Os antigos apoiadores de Ibn Sa'id, então, prestaram obediência ao califa.

Nem todos, porém, estavam dispostos a aceitar essa interpretação. Pediram a Hassan al-Basri (†728) sua opinião sobre *"esses reis [os califas omíadas] que derramam o sangue de muçulmanos, tomam suas posses, fazem o que querem, e dizem: 'Nossas ações são realmente parte da preordenação de Deus'"*. Al-Basri, cujo aluno Wasil ibn 'Ata (†748) fundou a escola mutazalita, respondeu: *"Os inimigos de Deus mentem"*[18]. Citando o Corão, ele disse: *"Alá não é injusto com seus servos"*. Alá não é a origem do mal; são os homens – em seus atos maus. Essa posição teo-

---

[17] GOLDZIHER, Ignaz. *Introduction to Islamic Theology and Law*. Princeton: Princeton University Press, 1981. p. 84-85.
[18] MACDONALD, Duncan B. *Development of Muslim Theology, Jurisprudence and Constitutional Theory*. New Jersey: The Lowbook Exchange, 2008. Caps. 3, 5.

lógica foi considerada um ataque político. Dois teólogos qadaritas, Ma'bad al-Juhani (†699) e Ghailan al-Dimashqi (morto antes de 743), foram executados pelos omíadas por sua defesa do livre-arbítrio, considerada subversiva e um desafio direto à racionalização teológica das atrocidades dos omíadas.

Em 750, os Abássidas derrotaram os Umayyad, junto com sua doutrina de predestinação. Os Abássidas tinham motivo para abraçar os mutazalitas, que tinham adotado a posição qadariyya. Os mutazalitas concordavam com os qadariyya que, sem a liberdade do homem, a justiça de Deus é incompreensível. Para ser justamente responsável por seus atos, o homem precisa ser livre. As implicações políticas dessa posição favoreciam a tentativa abássida de conter o poder dos ulemás (os estudiosos da jurisprudência islâmica), cujo monopólio da interpretação do Corão lhes dava grande influência. Ao subir ao trono, al-Ma'mun assumiu o título de imame, e escolheu um *shi'a* como sucessor. Esses atos claramente implicavam que ele afirmava ter a autoridade para interpretar a escritura islâmica, e talvez até para emendá-la. O ensinamento mutazalita de que a liberdade do homem também significava a liberdade de interpretar textos sagrados reforçava essa afirmação desde outra direção.

A liberdade de interpretar a revelação baseava-se no ensinamento mutazalita, chocante para os tradicionalistas, de que o Corão fora criado no tempo. A crença ortodoxa padrão era que o Corão é incriado e existe coeternamente com Alá. Se ele está submetido a critérios racionais, isso não é domínio exclusivo dos ulemás. Um Corão incriado não permitiria essa liberdade interpretativa. O califa al-Ma'mun sabia que o ensinamento de um Corão criado e do livre-arbítrio do homem ampliaria sua autoridade e diminuiria a dos ulemás tradicionalistas. Por isso, ele apoiou os mutazalitas. Ele também abraçou genuinamente suas visões porque era fascinado por filosofia.

O segundo embate: *'Aql* (razão) x *Naql* (fé tradicional)

Os mutazalitas, que criaram a primeira escola teológica plenamente desenvolvida do islã, defendiam o papel primário da razão; a capacidade da razão de conhecer a moralidade; a bondade e a justiça de Deus, exigidas pela razão; a unidade de Deus; e a necessidade do livre-arbítrio do homem. Eles representaram o começo da helenização do pensamento islâmico na medida em que empregavam a lógica e os conceitos filosóficos gregos em sua consideração de questões teológicas. Eles eram teólogos racionalistas. Sua nova disciplina veio a ser conhecida como *kalam*, e seus adeptos, como *mutakallimun* (embora o termo seja às vezes usado para indicar os adversários dos mutazalitas). Em um nível socrático e aristotélico muito básico, eles aderiam às proposições de que a mente pode conhecer coisas, e não apenas ter opiniões sobre elas; de que a realidade objetiva existe; de que existe em sua construção algum propósito; de que esse propósito tem a ver com aquilo que o homem chama de "o bem"; e que a alma do homem é ordenada para esse "bem", que é universal.

Um problema em determinar com precisão as ideias do lado perdedor em debates teológicos muçulmanos é que os livros dos perdedores costumavam ser queimados. A informação de que dispomos vem das heresiografias do lado vencedor, que afirmam as posições dos adversários somente com fins de refutação (embora isso fosse com frequência feito com escrupulosa justiça, como no caso dos textos de al-Ghazali). No começo dos anos 1950, porém, estudiosos egípcios descobriram uma grande quantidade de textos do último grande teólogo mutazalita, 'Abd al-Jabbar (c. 935-1025), numa mesquita no Iêmen. Assim, hoje existe uma referência confiável a partir da qual se pode conhecer os ensinamentos nucleares dos mutazalitas: o *Livro dos Cinco Fundamentais*, de 'Abd al-Jabbar.

Em geral, os membros da escola aderiam a cinco princípios, que foram enunciados claramente pela primeira vez por Abu al-Hudhayl (†840), que ajudou a formalizar os ensinamentos mutazalitas em Basra, no Iraque. Estes eram: (1) *tawhid*, a unidade de Deus; (2) a justiça divina; (3) a promessa e a ameaça; (4) a posição intermediária; e (5) o mandamento do bem e a proibição do mal. Os três primeiros princípios são os mais relevantes para uma consideração do papel da razão em relação a Deus. Eles são particularmente importantes em suas diferenças em relação às firmes posições daqueles que eram chamados de *ahl al-Hadith*, a família da tradição. Eles também geraram uma oposição veemente dos asharitas, escola teológica desenvolvida em oposição aos mutazalitas, que recorreram às ferramentas da filosofia grega usadas pelos próprios mutazalitas para destruí-los.

A preocupação mutazalita com *tawhid*, ou a unidade de Deus, tinha a ver com a multidão de atributos dados a Alá pelos tradicionalistas e com o *status* ontológico desses atributos. Os mutazalitas achavam que eles comprometiam a unidade indivisível de Deus. A insistência tradicionalista em o Corão ser incriado, que o tornava eternamente coexistente com Deus, era outra infração contra a unidade de Deus na perspectiva mutazalita.

A questão da justiça divina está no cerne de quem Deus é e da natureza de seu relacionamento com o homem. Ela envolve a ordem mesma da criação como algo baseado na razão. Os mutazalitas afirmavam que a liberdade do homem é uma questão de justiça divina, assim como a capacidade da razão de apreender uma ordem moral objetiva. A "promessa e ameaça" é uma extensão da questão da justiça divina no sentido de que os mutazalitas afirmavam que é razoável que Deus esteja *obrigado* a manter sua palavra e recompensar o bem e punir o mal, obrigação que, como insistiam seus oponentes, ia contra a liberdade e a exigência de Deus.

O primado da razão

Os mutazalitas diferiam de seus adversários por ensinar que Deus dotou o homem de razão especificamente para que ele pudesse vir a conhecer a ordem moral na criação e seu Criador; é para isso que a razão existe. A razão é central na relação do homem com Deus. Nos *Fundamentos*, 'Abd al-Jabbar começa atribuindo o dever *primário* à razão: *"Caso se pergunte: qual o primeiro dever que Deus lhe impõe? Diga: o raciocínio especulativo, que leva ao conhecimento de Deus, porque Ele não é conhecido intuitivamente, nem pelos sentidos. Assim, Ele deve ser conhecido pela reflexão e pela especulação"*[19].

Portanto, a razão precede logicamente a revelação. A razão precisa primeiro estabelecer a existência de Deus antes de discutir se Deus falou com o homem. A teologia natural deve vir antes da teologia. Diz Al-Jabbar: *"As estipulações da revelação a respeito daquilo que [deveríamos] dizer e fazer não servem de nada antes que haja conhecimento de Deus"*, conhecimento esse que vem da razão. *"Portanto"*, conclui ele, *"cabe a mim estabelecer sua existência e conhecê-lo para que eu possa adorá-lo, dar-lhe graças, fazer o que o satisfaz, e evitar desobedecê-lo"*[20].

Como a razão leva o homem a concluir que Deus existe? É por meio da observação da ordem do universo que o homem

---

[19] MARTIN, Richard C. & WOODWARD, Mark R. *Defenders of Reason in Islam.* Oxford: Oneworld Publications, 2003. p. 91.
[20] Idem. *Ibidem.*, p. 91.

primeiro conhece a existência de Deus, diz 'Abd al-Jabbar. Como ele vê que nada no mundo é sua própria causa, mas é causado por outra coisa, o homem chega à natureza contingente da criação. Daí, o homem raciocina até a necessidade de um Criador, de uma causa incausada; do contrário, você fica preso numa regressão infinita de coisas contingentes, uma impossibilidade lógica. (Esse era um argumento conhecido da filosofia grega e da apologética cristã). É por meio da observação da natureza – os modos como o mundo parece se mover segundo certas leis – que o homem vem a conhecer Deus. As leis de Deus são as leis da natureza (*tab'*), as quais também são manifestadas na lei divina, a *sharia*.

O conceito de uma natureza intrínseca às coisas (*tab'*) significa que Deus, apesar de ser a Primeira Causa, age indiretamente por meio de causas secundárias, como a lei física da gravidade. Em outras palavras, Deus não faz imediata e diretamente tudo. Ele não faz a pedra cair; a gravidade faz. Deus permite alguma autonomia em sua criação, a qual tem seu próprio conjunto de regras, segundo a maneira como foi feita. Como afirmou o autor e teólogo mutazalita 'Uthman al-Jahiz (776-869), todo elemento material tem sua própria natureza[21]. Deus criou cada coisa com uma natureza, em coerência com a qual a coisa age. A pedra sem apoio *sempre* cairá quando houver atração gravitacional. Essas leis da natureza, portanto, não são uma imposição de ordem desde o exterior por um comandante-em-chefe, mas uma expressão dela desde dentro da essência mesma das coisas, as quais têm sua própria integridade. A criação é possuída por uma racionalidade intrínseca vinda do Criador. É por isso e assim que o homem é capaz de entender a razão de Deus como manifestada em sua criação. (Isso

---

[21] Idem. *Ibidem.*, p. 189.

não exclui a capacidade de Deus de sobrepujar as leis naturais, no caso de um milagre).

Quanto ao apoio nas escrituras, os mutazalitas podiam apontar múltiplos convites à teologia natural no Corão. Por exemplo, na Sura 16, "As abelhas", os versículos que notam as maravilhas naturais frequentemente terminam com *"Nisto há um sinal para os que refletem"* ou *"Certamente nisto há sinal para os que meditam"*. Outras suras oferecem mais apoio à posição mutazalita: *"Porventura, não reparam nos camelídeos, como são criados? E no céu, como foi elevado? E nas montanhas, como foram fixadas? E na terra, como foi dilatada?"* (88, 17-20). Também: *"E Ele é Quem dá a vida e a morte. Só a Ele pertence a alternância da noite e do dia, não raciocinais?"* (23, 80). Por fim, e talvez o exemplo mais famoso, a Sura 2, "A vaca", versículo 164: *"Na criação dos céus e da terra; na alternância do dia e da noite; nos [grandes] navios que singram o mar para o benefício do homem; na água que Deus envia do céu, com a qual vivifica a terra, depois de haver sido árida e onde disseminou todas [as formas de] espécies de animais; e na [Sua] mudança dos ventos; nas nuvens submetidas entre o céu e a terra, (nisso tudo) há sinais para os sensatos"*.

Razão e reflexão

É, portanto, o exercício da razão que cria a abertura para a possibilidade de revelação. De fato, a razão do homem compreende a *necessidade* dessa revelação quando vê que a justiça divina exige a revelação para guiar corretamente o homem. Os mutazalitas podiam confirmar isso no Corão: *"A Deus incumbe indicar a verdadeira senda"* (16, 9).

Após determinar que Deus existe, você pode então perguntar razoavelmente o que Deus disse ao homem. A revelação aconteceu? Como saber se ela é genuína? Aqui, 'Abd al-Jabbar vai ainda mais longe em suas reivindicações para a razão, afirmando que é a razão que autentica a revelação. 'Abd al-Jabbar afirma que *"o conhecimento de Deus só pode ser obtido na especulação com argumentos racionais, porque caso não saibamos [primeiro] que Ele fala a verdade, não conheceremos a autenticidade do Livro, da Sunna, e do consenso comunitário"*[22]. Assim, é uma mera conclusão lógica que, sendo Deus razão e a razão vindo dele, suas palavras reveladas no Corão sejam decifráveis pela razão do homem e congruentes com aquilo que o homem sabe por meio de sua criação.

Mais ainda, a revelação apenas *revela*; ela não *faz* as coisas boas ou más por decreto. Deus proíbe o assassinato porque é mau; ele não é mau porque Deus o proíbe. Mesmo que a razão não possa chegar de modo independente ao conteúdo da revelação, ela não encontra nada nela que não seja razoável, e a razão mesmo assim pode confirmar o bem nela. Declara 'Abd al-Jabbar:

> A revelação apenas revela no caráter desses atos aspectos cujo mal ou bem reconheceríamos caso os conhecêssemos pela razão; pois, se tivéssemos conhecido pela razão que a oração é um grande benefício para nós, levando-nos a escolher nosso dever e por isso obter a Recompensa, conheceríamos seu caráter obrigatório [também] pela razão. Por isso, dizemos que a revelação não gera a necessidade do mal ou do bem em nada, mas apenas revela o caráter do ato por indicação, exatamente como a razão faz, e distingue entre o mandamento do Exaltado e o de outro ser pela Sabedoria Dele[23].

---

[22] HOURANI, George. *Reason and Tradition in Islamic Ethics.* Cambridge: Cambridge University Press, 1985. p. 104.
[23] MARTIN, Richard C. & WOODWARD, Mark R. *Defenders of Reason in Islam. Op. cit.*, p. 189.

Dessa orientação geral, segue-se naturalmente que os mutazalitas considerassem o Corão aberto à interpretação racional. Ele tem de ser, pois o Corão mesmo admite que há versículos que são "unívocos" e outros que são "equívocos" (3, 7). Como entender quais são quais, sem interpretação refletida? As verdades reveladas, segundo 'Abd al-Jabbar, não podem estar em contradição com as verdades da razão. Como diria posteriormente o filósofo Averróis, *"o certo não contradiz o certo, mas concorda com ele e o confirma"*[24]. Portanto, diz 'Abd al-Jabbar, *"É obrigatório para vós agir de acordo com a razão [...]. Assim, julgueis verdadeiro o que está de acordo com a prova racional, e tragam aquilo que contradiz [a razão] para a concordância com ela"*[25]. Por esse princípio, aconselha 'Abd al-Jabbar, *"aquilo que é transmitido em conflito com o Livro e com as evidências racionais interpretaremos metaforicamente de maneira acertada, assim como interpretamos o Livro de Deus de acordo com a prova racional, e não com aquilo que está em conflito com ele"*[26]. Por esse meio, os mutazalitas superaram obstáculos como os antropomorfismos do Corão, que falam das *"mãos"* (38, 75), dos *"olhos"* (54, 14), e do *"rosto"* (55, 27) de Deus. Os tradicionalistas foram encurralados por sua leitura literal dessas passagens, que se chocava com a doutrina de que Deus era um espírito incorpóreo. Em particular, eles contestavam ferozmente a interpretação espiritual mutazalita do texto do versículo 75, 23, segundo a qual aqueles que estão no paraíso efetivamente *"verão"* Deus[27].

---

[24] AL-JUBOURI I., M. N. *History of Islamic Philosophy*. Hertford: Authors OnLine Ltd., 2004. p. 387.

[25] MARTIN, Richard C. & WOODWARD, Mark R. *Defenders of Reason in Islam. Op. cit.*, p. 103.

[26] Idem. *Ibidem.*, p. 108.

[27] GOLDZIHER, Ignaz. *Introduction to Islamic Theology and Law. Op. cit.*, p. 94.

Segundo os tradicionalistas, quaisquer incoerências que apareçam no Corão devem simplesmente ser aceitas sem questionamento. Malik ibn Anas (715-795), fundador de uma das quatro escolas de jurisprudência islâmica, teria abordado os antropomorfismos, que incluem Alá *"sentado no trono"* (7, 54; 20, 5) dizendo: *"O sentar é conhecido, sua modalidade é desconhecida. É obrigatório crer nele, e fazer perguntas a seu respeito é uma heresia [bid'ah]"*[28]. Esta é a clássica fórmula hambalista-asharita de *bila kayfa wala tashbih* (sem investigar o como e sem fazer comparações).

Contrariamente, os mutazalitas pensavam que a grande harmonização da razão do homem com a revelação divina deveria prevalecer porque Deus não é apenas poder; ele é a razão. A razão no homem, diz 'Abd al-Jabbar, era produto da "graça" de Deus. Os mutazalitas estariam de acordo com a proposição de Santo Tomás de Aquino (1225-1274) de que o homem pode apreender as coisas criadas com sua mente porque foram primeiro *pensados* por Deus. A inteligibilidade de Deus é a causa da inteligibilidade da criação. Averróis também sustentava isso:

> Se temos conhecimento desses possíveis, então há uma condição no *existens* [coisas existentes] possível a que nosso conhecimento se refere [...] e é isso que os filósofos designam como natureza. Igualmente, o conhecimento de Deus acontece por meio do *existens*, ainda que [o conhecimento de Deus] seja sua causa [...] e, portanto, seja necessário que o *existens* surja de acordo com Seu conhecimento[29].

---

[28] FAKHRY, Majid. *A History of Islamic Philosophy. Op. cit.*, p. xvii.

[29] AVERROES. *Tahafut al-Tahafut* [*A Incoerência da Incoerência*]. Trad. Simon Van Den P. Bergh: London: E. J. W. Gibb Memorial Series, 2008. p. 325.

Os mutazalitas confiavam que Deus era guiado pela racionalidade do universo que criou. Sua cosmologia baseava-se na trindade de Deus como razão, a criação como manifestação dessa razão, e o dom da razão no homem como o meio pelo qual apreender Deus por intermédio de sua criação, e, depois, de Sua revelação.

Assim, como afirma Richard Martin, em *Defenders of Reason in Islam*, para os mutazalitas, "*a confiança na natureza racional e conhecível da realidade física baseia-se na teodiceia: Deus não enganaria Suas criaturas criando um universo irracional*"[30]. Em outras palavras, não agir de maneira razoável é contrário à *natureza* de Deus. (Quando Bento XVI citou o imperador bizantino Manuel II Paleólogo, dizendo exatamente isso a um persa do fim do século XIV, muitos muçulmanos protestaram – aparentemente sem perceber que essa um dia fora uma respeitável posição teológica dentro do islã). Se Deus é razão, então existem padrões de razoabilidade. Os mutazalitas acreditavam que Deus age com propósito, e que seus propósitos são inteligíveis e benignos. Certamente existem mistérios divinos além da compreensão do homem, mas Deus não iria contra a razão em Sua revelação de modo a exigir que o homem negasse Sua razão. Sua revelação se dirige à razão do homem e não a suplanta. Para os mutazalitas, a fé exigia um assentimento racional; como disse Ignaz Goldziher, autor de *Introduction to Islamic Theology and Law*, "não poderia haver crença sem o exercício da razão"[31].

O padre James V. Schall, S.J. (1928-2019) chamou a atenção para a profunda significância dessa visão em geral:

---

[30] MARTIN, Richard C. & WOODWARD, Mark R. *Defenders of Reason in Islam. Op. cit.*, p. 11.

[31] GOLDZIHER, Ignaz. *Introduction to Islamic Theology and Law. Op. cit.*, p. 101.

A criatura racional só pode "participar" da lei eterna de Deus se essa lei é ela própria baseada no *Logos*, no Verbo [ou Razão]. Se ela se baseia apenas em vontade, mesmo que seja a vontade de Deus, como várias teologias e filosofias são tentadas a afirmar, o ser humano não pode "participar" realmente da lei eterna. Por quê? Essencialmente, porque não há nada em que participar se aquilo que se baseia somente em vontade e só pode ser conhecida por ela pode, a qualquer momento, ser o contrário daquilo que inicialmente se pensava que fosse[32].

A partir dos textos de al-Jabbar, fica claro que os mutazalitas viam o homem como um participante pleno na lei eterna exatamente deste modo, assim como seus oponentes explicitamente não viam.

A objetividade da moralidade: conhecer o bem
O homem como participante da lei eterna significa que, revelação bem à parte, o homem tem a capacidade de fazer discernimentos morais sobre bem e mal, justiça e injustiça. A razão pode distinguir entre bem e mal porque o padrão de bem e mal existe objetivamente. O caráter moral dos atos é intrínseco a eles. Al-Sharastani, oponente asharita dos mutazalitas, caracterizou bem a posição mutazalita sobre os imperativos derivados do raciocínio moral da seguinte maneira:

> Os que aderem à justiça [assim eram conhecidos os mutazalitas] dizem: todos os objetos de conhe-

---

[32] SCHALL, James. "Why the Bewilderment? Benedict XVI on Natural Law", *Ignatius Insight*, 27/out/2007, www.ignatiusinsight.com.

cimento são da alçada da razão e recebem sua força obrigatória da intuição racional. Por conseguinte, a gratidão obrigatória pela munificência divina precede as ordens dadas pela Lei [divina]; e a beleza e a feiura são qualidades que pertencem intrinsecamente ao que é belo e feio[33].

Como bem e mal são intrínsecos à natureza dos próprios atos, o homem pode conhecer seu caráter moral somente por sua razão. Para os mutazalitas, uma ética puramente racional é possível, assim como era para os gregos e para Aristóteles (384-322 a.C.) na *Ética a Nicômaco*.

É precisamente a capacidade do homem de discernir essas coisas que torna obrigatória uma vida moralmente boa. O *status* da razão era fundamental para a defesa mutazalita do livre-arbítrio, o qual só faz sentido se o homem pode conhecer a diferença entre bem e mal, entre justiça e injustiça. Por sua vez, a liberdade do homem, diziam os mutazalitas (assim como seus predecessores qadaritas) era necessária para justificar a justiça divina. O homem é responsável *porque* é livre. Do contrário, Deus não estaria justificado em recompensar ou em condenar o homem por suas ações. Ao responder a afirmação de que Deus cria os atos do homem, 'Abd al-Jabbar responde: *"Se eles foram feitos por Deus, então que bem haveria em ele ordenar aqueles que são eticamente bons e proibir aqueles que são eticamente maus, e em louvar e recompensar a obediência, mas culpar e punir a desobediência?"* Mais ainda, diz 'Abd al-Jabbar, *"Como é possível que Deus crie um comportamento errôneo neles e depois os puna, dizendo assim: 'Por que não credes?' Não é isso a mesma coisa*

---

[33] WENSINEK, A. J., *The Muslim Creed*. Cambridge: Cambridge University Press, 1932. p. 62-63.

que alguém mandar o escravo fazer algo, e depois puni-lo por isso? E isso seria claramente corrupto"[34].

A bondade e a justiça de Deus

Implícita na última frase, temos a crença mutazalita de que Deus está submetido a sua própria justiça e que não pode agir fora dela. Ele não pode ser corrupto. Em outras palavras, pode-se pedir contas a Deus. Certas coisas incumbem a Ele. Os mutazalitas eram a única escola teológica a usar o termo *wajib* (obrigatório) em referência a Deus. A ideia de que Deus *tinha* de fazer algo era anátema para os tradicionalistas e para os asharitas. Para eles, Alá não é limitado por nada. Nada é obrigatório para Ele. Se fosse, Sua onipotência ficaria comprometida. A resposta mutazalita a isso era que Deus precisa ser coerente consigo mesmo, e que isso de maneira nenhuma compromete Sua onipotência. Isso simplesmente define quem Ele é.

Para os mutazalitas, Deus é bom e não pode fazer o mal. O mutazalita al-Nazzam (†848) afirmava que é impossível para Deus agir de maneira injusta[35]. O neomutazalita Harun Nasution (1919-1998) afirmava que *"como Ele é completamente perfeito, Deus* não pode *fazer aquilo que não é bom"*[36]. Apesar de, como outros muçulmanos, os mutazalitas não terem noção nenhuma de "pecado original", eles sustentavam firmemente que o mal é uma consequência das ações do homem, e que Deus não quer o mal, mesmo que o permita. *"Assim, toda coisa*

---

[34] MARTIN, Richard C. & WOODWARD, Mark R. *Defenders of Reason in Islam. Op. cit.*, p. 97.

[35] WIENER, Philip P. "Causation in Islamic Thought". In: *Dictionary of the History of Ideas*. Nova York: Charles Scribner's Sons, 1973-74. Vol. 1, p. 288.

[36] MARTIN, Richard C. & WOODWARD, Mark R. *Defenders of Reason in Islam. Op. cit.*, p. 186.

imoral que acontece no mundo", diz 'Abd al-Jabbar, *"deve ser um ato humano, porque Deus está além de cometer atos imorais. De fato, Deus distanciou-Se disso com Seu dito: 'Deus deseja a justiça para os Seus servos' (40, 31) e com Seu dito: 'Deus em nada defrauda os homens' (10, 44)"*[37].

E as doenças? 'Abd al-Jabbar responde com uma noção de providência:

> Verdadeiramente, se Ele causasse a doença, Ele faria dela uma vantagem maior ainda no além. Se não fosse assim, então não seria eticamente bom para Ele fazer com que animais e crianças se adoentassem, assim como não seria eticamente bom para nós contratar alguém e fazer essa pessoa trabalhar até a exaustão sem pagar seu salário[38].

'Abd al-Jabbar deixa claro que Deus não está fora da ideia de justiça com a qual dotou o homem. *"Assim, se Deus cometesse injustiça, Ele seria injusto, assim como se agisse com justiça seria justo, e quem quer que diga [o contrário] é um infiel"*[39].

Por Sua justiça, segundo al-Jabbar, Deus também está obrigado a manter Sua palavra dada ao homem e a deixar o homem saber qual é Sua palavra.

> Não acreditamos que Sua palavra foi mentira e uma ordem que possa ser anulada, pois isso então exigiria que nós não [pudéssemos] confiar em Sua promessa e ameaça. E não acreditamos que Ele mande profetas para o Inferno e inimigos e incréus para o Paraíso. Qualquer pessoa que fizesse coisas assim

---

[37] Idem. *Ibidem.*, p. 96.
[38] Idem. *Ibidem.*, p. 100.
[39] Idem. *Ibidem.*, p. 97.

não seria capaz de nos obrigar a obedecê-lO porque não estaríamos a salvo de Seu mal, e, ao obedecê-lO criaríamos o máximo caos[40].

Portanto, *"Ele não voltará atrás em Sua palavra, nem pode agir contrariamente à Sua promessa e ameaça, nem mentir naquilo que relata"*[41].

Como resume Majid Fakhry, em *A History of Islamic Philosophy*:

> Deus não pode impor aquilo que é contrário à razão nem agir com total desprezo pelo bem-estar de Suas criaturas, na medida em que isso comprometeria Sua justiça e Sua sabedoria. Ao contrário dos tradicionalistas, esses racionalistas éticos não conseguiam aceitar o conceito de uma Divindade onipotente que podia agir em total violação de todos os preceitos de justiça e retidão, torturar os inocentes, e exigir o impossível simplesmente porque Ele era Deus[42].

Como diz 'Abd al-Jabbar, *"Deus está distante de tudo o que é moralmente errado, e Seus atos são moralmente bons"*[43]. E *"Ele não transgride Sua regra [...]. Ele faz o que é melhor para todas as Suas criaturas"*[44]. Por Sua natureza, Deus deve fazer o que é melhor para o homem. Não é possível para Deus ser infiel ao homem. Essas visões eram anátemas para os tradicionalistas e

---

[40] Idem. *Ibidem.*, p. 97.
[41] Idem. *Ibidem.*, p. 93.
[42] FAKHRY, Majid. *A History of Islamic Philosophy. Op. cit.*, p. 47.
[43] MARTIN, Richard C. e WOODWARD, Mark R., *Defenders of Reason in Islam. Op. cit.*, p. 92.
[44] Idem. *Ibidem.*, p. 93.

para os asharitas, que as viam como uma imposição inaceitável de obrigações a um Deus onipotente, que comprometia Sua liberdade total.

A unidade de Deus
Os mutazalitas chamavam-se os defensores da "unidade e justiça divinas". Vimos o que eles referiam por justiça divina. A unidade se refere à *tawhid*, a unidade de Deus, a doutrina central do islã. Como observado, o monoteísmo mutazalita era um desafio aos ortodoxos, que sustentavam que as qualidades de Deus, como aquelas mencionadas nos famosos 99 nomes, são possuídas por Alá como atributos, sendo estes os sete principais: viver, saber, onipotência, vontade, ver, ouvir e falar[45]. Eles incluem também outros, como compaixão, misericórdia (invocados no começo de todas as 114 suras do Corão, menos uma), perdão, e sabedoria. A disputa dizia respeito ao *status* ontológico desses atributos. Os tradicionalistas afirmavam que os atributos eram distintos da essência de Deus, mas de algum modo existiam coeternamente com Ele.

Os mutazalitas objetavam que, se Deus é um, como poderia ter vários atributos coexistindo de algum modo separadamente dele? De que modo eles coexistem? Se não são parte da essência de Deus, são o quê? Eles eram, suspeitavam os mutazalitas, personificações tornadas outros deuses que existiam coeternamente com Alá; em outras palavras, uma forma de politeísmo, a pior ofensa ao islã. Wasil ibn 'Ata, um dos primeiros mutazalitas, declarou: *"Aquele que afirma uma qualidade eterna*

---

[45] Segundo um famoso *hadith* (Sahih Muslim), Maomé disse: "Verdadeiramente, existem noventa e nove nomes de Deus, cem menos um. Quem os enumera entra no Paraíso". Diz-se que esses nomes estão no Corão e nos *hadith*, mas não há uma lista consensual deles.

*junto a Deus afirma dois deuses"*⁴⁶. Assim, os mutazalitas insistiam que um número grandemente reduzido de atributos era, de fato, a essência de Deus. Duncan Macdonald escreve que Abu Hudhayl *"ensinava que as qualidades estavam não em Sua essência, sendo, portanto, separáveis dela, pensáveis à parte dela, mas que eram Sua essência"*⁴⁷. Portanto, por exemplo, Deus conhece por meio de Sua essência, que é onisciência, e não por meio de um atributo separável d'Ele. Igualmente, Deus é poderoso por Sua essência, e daí por diante. Por causa dessa posição, os oponentes dos mutazalitas chamavam-nos de *al-um'atillah* – aqueles que negam os atributos de Deus.

Os ortodoxos e os asharitas, que os seguiam, não tinham resposta para o dilema da unidade de Deus e Seus atributos. Porém, eles insistiam que os atributos de Deus não eram Sua essência, mas ainda não eram completamente separados dela. Em resposta à pergunta sobre como isso poderia ser, eles simplesmente diziam que isso tinha de ser aceito, *bila kayfa* (sem dizer como). "Segundo", como observou M. M. Sharif, *"eles afirmavam que se todos os atributos de Deus são idênticos a Sua essência, a essência divina deve ser uma combinação homogênea de qualidades contraditórias. Por exemplo, Deus é misericordioso (rahim) e também vingativo (qahhar); os dois atributos contraditórios constituiriam a essência de Deus, que é una, única e indivisível (ahad), e isso é absurdo"*⁴⁸.

Essa era uma disputa de importância enorme, como se esperaria quando se trata de um entendimento de quem é

---

⁴⁶ DE LACY O'LEARY. *Islamic Thought and its Place in History*. New Deli: Goodword Books, 2001. p. 124. Disponível em: www.sacred-texts.com, com o título *Arabic Thought and its Place in History*, acessado em 7/jul/2019.

⁴⁷ MACDONALD, Duncan B., *Development of Muslim Theology, Jurisprudence and Constitutional Theory. Op. cit.*, p. 136.

⁴⁸ HYE, M. Abdul. "Ash'arism". In: SHARIF, M. M. (Org.). *A History of Muslim Philosophy*. [Pakistan Philosophical Congress, cap. 11] Disponível em: www.muslimphilosophy.com/hmp/index.html, acessado em 29/jun/2019.

Deus. Para os mutazalitas, Deus deve ser quem Ele é e nenhum outro. Por estranho que pareça expressar isso assim, Ele é *obrigado* a ser quem Ele é. Ele não pode agir contra Sua própria natureza ou negá-la. Por exemplo, Deus não possui razão; Ele é a razão. Portanto, ele não pode fazer nada irrazoável. Isso não é uma limitação; é liberdade. A capacidade de negar quem e o que você é não é liberdade; é niilismo. Para os asharitas, porém, Deus, como pura vontade, não é *limitado* por nada, nem por Ele mesmo. A liberdade de Sua vontade é absoluta. Ele não tem uma "natureza" para negar. Ele *tem* razão, mas não é a razão. Portanto, ao remover os atributos de Deus de sua essência, os asharitas tornaram esses atributos produtos da vontade d'Ele. Em outras palavras, Deus não era misericórdia, mas misericordioso quando queria. Igualmente, não havia impedimento a que ele agisse irrazoavelmente quando quisesse.

A essência de Deus ser reduzida a Sua vontade, e Seus atributos serem tornados produtos de Sua vontade, garantiam--Lhe absoluta liberdade e poder[49]. Assim, ele não precisava, por necessidade nenhuma da Sua natureza, ser misericordioso (de fato, outro de Seus atributos era "vingativo"). Ele podia escolher não ser misericordioso, também, sem contradizer-Se. A pura vontade não pode contradizer a si mesma. Os mutazalitas achavam isso uma aberração. Deus deve fazer o que é bom porque seria contra Sua natureza, que é a própria bondade, fazer diferente.

Na Quinta Sura, o Corão investe contra os judeus por terem dito: *"A mão de Deus está cerrada!"* Em resposta, o Corão declara: *"Que suas mãos sejam cerradas e sejam amaldiçoados por tudo quanto disseram!"* (5, 64). Nada constrange Alá ou cerra sua

---

[49] SHEHADEH, Imad N. "The Predicament of Islamic Monotheism". *Biblotheca Sacra* 161 (April-June de 2004). p. 156.

mão. Al Fakhr al-Razi, asharita do fim do século XII, usou o mesmo versículo da Quinta Sura contra os mutazalitas por terem cerrado a mão de Deus ao dizer que Alá *deve* agir de certas maneiras e não de outras. Nada poderia imputar mais desprezo nem expressar maior escândalo quanto aos mutazalitas do que compará-los com os judeus, que, na mesma sura, são acusados de terem mudado as palavras de Deus e rompido sua aliança.

O Corão criado e o livre-arbítrio do homem

A disputa a respeito do livre-arbítrio envolveu o debate sobre a natureza do Corão. Terá ele sido criado no tempo, ou coexistiu com Alá na eternidade? Doutrinalmente, a escola tradicionalista afirmava que o Corão não fora criado no tempo; o Corão sempre coexistiu com Alá numa tábua, em árabe, no céu, assim como existe hoje. O Corão está fora do escopo da história. Al-Ash'ari, defensor da posição tradicionalista, afirmou claramente:

> O Corão está na tábua preservada (celestial) [...]. Está escrito em livros na realidade; é recitado em nossas línguas na realidade; é ouvido por nós na realidade [...]. Todos eles são essencialmente idênticos à palavra divina incriada, que esteve na tábua celestial desde toda eternidade, na realidade, e não em algum sentido figurado, não no sentido de que todas essas são cópias, citações, ou comunicações de um original celeste; o que é verdadeiro sobre o original é verdadeiro sobre essas manifestações espaciais e temporais que aparentemente passaram a existir por meio da ação humana[50].

---

[50] GOLDZIHER, Ignaz. *Introduction to Islamic Theology and Law*. Op. cit., p. 101.

Apesar de coeterno com Deus, o Corão é, de algum modo, assim como os atributos d'Ele, distinto da essência de Deus. O profundo problema com essa posição, apontado pelos mutazalitas, foi descartado pelo colecionador de *hadiths* al-Bukhari (†933), que disse: *"O Corão é a fala de Deus incriado, os atos dos homens são criados, e investigar a questão é heresia"*[51].

Mesmo assim, para a total perplexidade dos tradicionalistas, os mutazalitas investigaram o assunto, e essa diferença entre eles tornou-se a mais feroz e custosa de suas disputas. Os mutazalitas afirmavam que o Corão tinha de ter sido criado; do contrário, os acontecimentos históricos que ele relata teriam sido necessariamente predeterminados. A doutrina de *Khalq al-Qu'ran*, a respeito de o Corão ter sido criado, segundo Joseph Kenny em *Theological Themes Common to Islam and Christianity*, significa que *"os acontecimentos históricos mencionados no Corão não teriam sido determinados desde a eternidade, e haveria espaço para a escolha humana livre"*[52]. Também, como nota o estudioso do islamismo Neal Robinson, para os mutazalitas não fazia sentido *"pensar que seus mandamentos existiam antes da criação dos seres a quem eles se dirigiam"*[53].

Os mutazalitas estavam corretos em detectar o profundo problema teológico apresentado pela doutrina de um Corão incriado, cuja lógica levava o Corão, desconfortavelmente, para perto da concepção do Verbo cristão. Como ensinaria depois, Santo Tomás de Aquino, em *Razões Para a Fé Contra as Objeções Muçulmanas*, "*o Verbo de Deus [...] é coeterno com Deus*"[54]. A força do argumento do

---

[51] KENNY, Joseph. *Theological Themes Common to Islam and Christianity*. Lagos, Nigerian: Dominican Publications, 1997. Cap. 5, 1.

[52] KENNY, Joseph. *Theological Themes Common to Islam and Christianity*. Op cit., cap. 4, 2.

[53] ROBINSON, Neal. "Ash'ariyya and Mu'tazila". Disponível em: www.muslimphilosophy.com/ip/rep/H052.htm), 4, acessado em 29/jun/2019.

[54] AQUINO, Tomás de, *Reasons for the Faith against Muslim Objections*, cap. 3. Disponível em: http://www.catholicapologetics.info/apologetics/islam/rationes.htm, acessado em 29/jun/2019.

Aquinate ao desenvolver as implicações dessa posição revela exatamente por que os mutazalitas objetavam contra o *status* semelhante ao de Cristo do Corão incriado; ele levava inelutavelmente para a outra Pessoa na Divindade, conclusão repulsiva para a *tawhid*.

Assim como os mutazalitas, Santo Tomás afirmava que *"em Deus o entendimento não é diferente de seu ser"*. Em outras palavras, Seu entendimento não é um atributo separável de Sua essência. Portanto, um Verbo incriado tinha de estar em Sua essência e ser igual a Ele. Como disse o Doutor Angélico:

> O Verbo divino está à altura do poder de Deus, porque por sua essência Ele entende a Si mesmo e a tudo o mais. Assim, O Verbo que Ele concebe quando entende a Si mesmo é tão grande quanto sua essência. Ele é, portanto, perfeito, simples, e igual a Deus. Chamamos esse Verbo de Deus de Filho, como dito acima, porque Ele é da mesma natureza do Pai, e professamos que ele é coeterno com o Pai, somente gerado e perfeito[55].

Os mutazalitas, sentindo a força inexorável da lógica dessa posição (muito antes de ela ser elaborada por Aquino), igualavam a doutrina do Corão incriado com o politeísmo, violação grave da doutrina de *tawhid*. *"Se o Corão foi incriado, então deve ser outro Deus, e, portanto, a unidade de Deus seria violada"*[56].

O triunfo temporário dos mutazalitas

Em 827, os mutazalitas tiveram sucesso na disputa a ponto de terem conseguido que o ensinamento do Corão criado (*Khalq al-Quran*) fosse consagrado como doutrina estatal pelo califa al-

---

[55] Idem. *Ibidem*.
[56] HOODBHOY, Pervez. *Islam and Science*. Op. cit. p. 98.

-Ma'mun. Al Ma'mun foi o maior defensor do pensamento grego na história islâmica, e criador da famosa Bait al-Hikmah, a Casa da Sabedoria, grande biblioteca e centro de tradução, aberta em 830. Segundo o historiador árabe Ibn al-Nadim, Aristóteles teria aparecido em sonho a al-Ma'mun. Ao ser indagado sobre a natureza do bem, Aristóteles teria respondido que, em primeira instância, ele é "o que é racionalmente bom"[57]. A resposta foi abraçada pelos mutazalitas, e igualmente pelo primeiro filósofo árabe, al-Kindi, também sob o mecenato de al-Ma'mun. Uma das grandes estrelas do reino de al-Ma'mun foi o nestoriano Hunayn ibn Ishaq (†873), que vivia em al-Hirah, no Iraque. Ishaq, filho de Hunayn, foi responsável por traduzir para o árabe a *Ética a Nicômaco*, de Aristóteles.

Na corte de al-Ma'mun, cristãos como Teodoro Abu Qurrah, bispo de Harran e discípulo de São João Damasceno, apareciam diante do califa para debater com teólogos muçulmanos a respeito da verdade de suas respectivas religiões. Existem até relatos de diálogos desse debate. Aconteceu também outro encontro muito interessante entre dois dos membros da corte de al-Ma'mun, um muçulmano, primo do califa, e o outro, um erudito cristão árabe chamado al-Kindi (que não deve ser confundido com o filósofo muçulmano do mesmo nome). Esse debate, realizado por cartas, ainda está disponível em um livro, *A apologia de al-Kindi*, ou "A Epístola de Abdallah ibn Ismaîl, o Hâshimita, a Abd al Masîh ibn Ishâc al Kindy, convidando-o a abraçar o islã; e a resposta de Abd al Masîh, refutando o mesmo, e convidando o Hâshimita a abraçar a fé cristã". Diz-se que al-Ma'mun ficou tão interessado no diálogo, que mandava que as cartas fossem lidas para ele ininterruptamente.

Dirigido a seu adversário cristão, o preâmbulo de Ibn Ismaîl ao debate merece ser longamente citado por aquilo que

---

[57] FAKHRY, Majid. *A History of Islamic Philosophy. Op. cit.*, p. 14.

revela do espírito de livre investigação na corte de al-Ma'mun e a estima que se tinha pela razão, à época. Ele também contém claras referências aos ensinamentos mutazalitas sobre o livre-arbítrio e a responsabilidade.

> Assim, proponha todos os argumentos que quiser, e diga o que quiser, e fale o que tiver em mente com liberdade. Agora que você tem segurança e liberdade para dizer o que quiser, nomeie um árbitro que vá julgar imparcialmente entre nós, inclinando-se apenas para a verdade, livre do domínio das paixões: e esse árbitro será a razão, pela qual Deus nos torna responsáveis por nossas recompensas e punições. Assim, tratei você com justiça, e dei-lhe total segurança, e estou pronto para aceitar qualquer decisão que a razão possa dar a meu favor ou contra mim[58].

Embora qualquer muçulmano convertido ao cristianismo viesse a ser executado por apostasia, o fato de que discussões desse tipo podiam acontecer abertamente na corte do califa é altamente notável, ainda mais porque após os califas mutazalitas, esse tipo de coisa só acontecia raramente, se é que acontecia. As cartas de al-Kindi foram proibidas na sequência. Aliás, toda a liberalidade de al-Ma'mun em permitir o diálogo deve ser apreciada contra a luz dos esforços das autoridades subsequentes para suprimi-lo. Houve um momento em que a lei do Egito exigia que qualquer casa na qual a *A apologia de al-Kindi* fosse encontrado corria o risco de ser demolida, junto com quarenta casas à sua volta.

O período do reino de al-Ma'mun (813-833) é com frequência citado como a era de ouro do islã por sua extraordiná-

---

[58] HOURANI, George. *Reason and Tradition in Islamic Ethics. Op. cit.*, p. 96.

ria abertura e riqueza intelectuais. Frances Luttikhuizen, autor da área de ciências, afirma em *Christianity and Science* que *"al--Ma'mun, fortemente influenciado pelo movimento mutazalita, foi o maior mecenas da filosofia e da ciência na história do islã"*[59]. Segundo qualquer critério, a pessoa de al-Ma'mun e sua corte em Bagdá estão entre os mais notáveis da história.

Foi também sob o mecenato de al-Ma'mun que surgiu o primeiro filósofo árabe muçulmano, Abu Ya'qub al-Kindi (801-873). As visões de al-Kindi refletiam a mesma orientação racional: *"Nada deve ser mais caro a quem busca a verdade do que a própria verdade"*[60]. Sobre as fontes de ensinamentos fora do islã, ele declarou:

> Não devemos ter vergonha de apreciar a verdade e de adquiri-la de onde quer que ela venha, mesmo que seja de raças distantes e de nações diferentes de nós. Para quem busca a verdade, nada tem precedência sobre a verdade, e não se pode depreciar a verdade, nem desprezar aquele que a fala ou que a transmite. [O *status* de] ninguém será diminuído pela verdade; antes, a verdade enobrece a todos[61].

O califa nomeou al-Kindi para a Casa da Sabedoria, e fez dele o tutor do príncipe, seu irmão, que seguiu al-Ma'mun no trono como al-Mu'tasim. Al-Mu'tasim, por sua vez, nomeou al-Kindi tutor de seu filho.

Em *Sobre a filosofia primeira*, al-Kindi escreveu: *"A filosofia é o conhecimento da realidade das coisas dentro da possibilidade*

---

[59] LUTTIKHUIZEN, Frances. "Early Eastern Christianity and Its Contribution to Science". *Christianity and Society*, Vol. XV, Nº 1 (April 2005). p. 7.
[60] FAKHRY, Majid. *A History of Islamic Philosophy. Op. cit.*, p. 71.
[61] GUTAS, Dimitri. *Greek Thought, Arabic Culture. Op. cit.*, p. 158-59.

das pessoas, porque o fim do filósofo no conhecimento teórico é obter verdade, e, no conhecimento prático, agir de acordo com a verdade". A seus oponentes religiosos tradicionalistas, al-Kindi responde: *"Qualquer um que faz da religião um negócio não tem religião, e deveria justamente ser privado [dos ofícios da] religião por ter se oposto ao desejo de conhecer a verdade das coisas e por ter chamado esse desejo de descrença"*[62]. No ocaso filosófico do mundo islâmico, Averróis, ou Ibn Rushd, ecoava a posição de al-Kindi em seu *Livro do tratado decisivo*. Ele escreveu que como *"o objetivo e a intenção deles [os antigos] em seus livros é a mesma intenção a que nos insta a Lei [...]. Quem quer que proíba a reflexão a respeito deles por qualquer pessoa capaz de refletir sobre eles [...] certamente impede as pessoas de passar pela porta pela qual a Lei as chama a reconhecer Deus"*[63]. E em sua *Exposição dos Argumentos Religiosos*, ele escreveu que *"a religião ordena o estudo da filosofia"*[64].

Al-Kindi assimilou o que pôde de Aristóteles, ao mesmo tempo em que rejeitou posições opostas a sua fé islâmica. W. Montgomery Watt, autor de *A Study of Al-Ghazali*, escreveu: *"O que chama a atenção em al-Kindi é a ausência de qualquer senso de conflito ou tensão entre a filosofia e as ciências islâmicas [referin-*

---

[62] KENNY, Joseph. *Philosophy of the Muslim World*. Washington, DC: The Council for Research in Values and Philosophy, 2003, p. 154.

[63] AVERROES. *The Book of the Decisive Treatise*. Trad. Charles E. Butterworth. Provo: Brigham Young University, 2001. Seção 10. Citado, também, por: KLEVEN, Terence J. "'For Truth Does Not Oppose Truth': The Argument of Divine Law and Philosophy in Averroes' The Book of the Decisive Treatise (Kitab Fasl al-Maqal)". Artigo inédito, p. 9.

[64] AVERROES. *Faith and Reason in Islam: Averroes' Exposition of Religious Arguments*. Trad. por Ibrahim Najjar. Oxford: Oneworld Publications, 2001. p. 16-17. Ver, também: AVERROES. *On the Harmony of Religions and Philosophy*: "Agora, como está estabelecido que a Lei torna obrigatória a observação e a consideração da criação – e considerar nada mais é do que tornar explícito –, isso só pode ser feito por meio da razão. Assim, devemos examinar a criação com a razão". Disponível em: http://www.fordham.edu/halsall/source/1190averroes.html, acessado em 7/jul/2019.

do-se à jurisprudência]"⁶⁵. De fato, al-Kindi defendia que, apesar de a profecia ser superior sob alguns aspectos à filosofia, o conteúdo de ambas é o mesmo. Como os mutazalitas, al-Kindi chegou a uma harmonia entre razão e revelação dando uma interpretação alegórica a qualquer passagem do Corão que parecia contradizer a razão. Ao mesmo tempo, ele defendeu as doutrinas islâmicas da criação do mundo *ex nihilo* e da ressurreição do corpo. A maior parte dos filósofos muçulmanos que veio depois dele não fez nem uma coisa nem outra e, como resultado, não foram aceitos. Quase sem exceção, eles foram defensores de noções neoplatônicas de emanacionismo, de panteísmo materialista, da eternidade do universo, e da imortalidade da alma, mas não do corpo. Ao lidar com al-Ghazali, veremos mais especificamente aquilo a que se objetava na filosofia e por que ela foi rejeitada.

A promulgação do Corão criado por al-Ma'mun não ficou sem oposição. O califa exigia que os juízes religiosos fizessem um juramento dizendo que o Corão fora criado. Uma espécie de inquisição, a *mihnah* (o teste) foi instituída para aplicar isso (entre 833 e 848). A pena mais severa era a morte por descrença para aqueles que recusavam o teste. Somente aqueles que testemunhavam que o Corão era criado podiam ser testemunhas jurídicas. Aqueles que acreditavam no Corão incriado podiam ser e eram punidos e presos por abandonar a doutrina de *tawhid*. A *mihnah* depois foi estendida para incluir a doutrina do livre-arbítrio e outras questões.

Um dos prisioneiros mais famosos foi Ahmad ibn Hanbal (†855), fundador da mais literalista escola de jurisprudência islâmica. Foi chicoteado, mas sua vida foi poupada. Durante

---

[65] WATT, W. Montgomery. *Muslim Intellectual: A Study of Al-Ghazali*. Edinburgh: Edinburgh University Press, 1963. p. 21.

sua inquisição, respondeu todas as perguntas citando ou o Corão ou os *hadith*. Se uma pergunta não podia ser respondida dessa maneira, permanecia calado. Ibn Hanbal tornou-se o herói dos tradicionalistas. O *slogan* de seus defensores era "nada que é de Deus é criado e o Corão é de Deus". (A força empregada em nome dos mutazalitas às vezes é usada para desacreditá-los. Porém, pode-se afirmar que o uso da força para defender a racionalidade é em si razoável – aliás, até necessário em certas circunstâncias. Obviamente, os inimigos da razão não podem ser resistidos apenas pela razão).

Após al-Ma'mun, a doutrina mutazalita foi mantida pelos dois califas seguintes, al-Mu-'tasim (833-842) e Harun al-Wathiq (842-847), embora sem o entusiasmo de al-Ma'mun.

CAPÍTULO II

A derrota dos mutazalitas:
começa o fechamento

Apesar de os mutazalitas terem gozado de supremacia sob diversos califas, ela não duraria.

No segundo ano do reino do califa Ja'afar al-Mutawakkil (847-861), o jogo virou. A *mihnah* foi fechada e os juízes mutazalitas responsáveis pela inquisição foram nominalmente amaldiçoados dos púlpitos[66]. Adotar a doutrina mutazalita tornou-se um crime punível com a morte. Os mutazalitas foram expulsos do tribunal, removidos de todos os cargos no governo, e suas obras foram amplamente destruídas. Al-Mutawakkil libertou da prisão o idoso Ibn Hanbal, e proibiu *"a discussão dos detalhes do que é criado e do que é incriado numa cópia ou numa recitação vocal do Corão"*[67]. Ele também fechou a Casa da Sabedoria de al-Ma'mun (embora alguns digam que ele a tenha reaberto e que viera a apoiar pesquisas cien-

---

[66] ABUZ-ZUBAIR. "Imame Ahmad ibn Hanbal: Life & Madhab". Disponível em: http://www.islamicawakening.com/viewarticle.php?articleID=1193&, acessado em 7/jul/2019.
[67] KENNY, Joseph. *Theological Themes Common to Islam and Christianity. Op cit.*, cap. 5, 1.

tíficas e atividades de tradução). Apesar de sua ortodoxia religiosa, al-Kindi foi perseguido e expulso de Bagdá[68]. Al-Mutawakkil confiscou a biblioteca de al-Kindi, e o filósofo de sessenta anos recebeu sessenta chibatadas diante de uma multidão que aprovava o espetáculo[69].

As coisas piorariam ainda mais. O historiador Abu Jafar Muhammad ibn Jarir al-Tabari (838-923) conta que, entre abril de 892 a março de 892, *"os livreiros tiveram de jurar que não venderiam livros de teologia (kalam), de disputa dialética (gadal), ou de filosofia (falsava)"*[70]. E *"em 1855, todos os copistas profissionais de Bagdá foram obrigados a prometer, sob juramento, excluir de suas atividades profissionais a cópia de livros de filosofia"*[71]. Também,

> [...] a oposição dos tradicionalistas [sic] ao mutazalismo e a esses assuntos [teologia filosófica e disputa dialética] tiveram consequências na política educacional posterior porque foram os tradicionalistas [sic] que enfim formaram o currículo dos estudos jurídicos formais nas sociedades islâmicas. Nesse currículo eles não incluíram, como se deveria esperar, esses temas, mas também não incluíram nada das outras ciências traduzidas[72].

A *kalam* (teologia) foi banida do currículo de escolas de direito e, de maneira geral, de todas as instituições baseadas no fundo caritativo conhecido como *waqf*.

---

[68] KENNY, Joseph. *Philosophy of the Muslim World*. Op. cit.
[69] HOODBHOY, Pervez. *Islam and Science*. Op. cit., p. 111.
[70] GUTAS, Dimitri. *Greek Thought, Arabic Culture*. Op. cit., p. 161-62.
[71] HOODBHOY, Pervez. *Islam and Science*. Op. cit., p. 101.
[72] GUTAS, Dimitri. *Greek Thought, Arabic Culture*. Op. cit., p. 163.

A perseguição não trouxe um fim imediato à escola mutazalita de pensamento. A supressão dos mutazalitas também não impediu o florescimento dos *faylasuf* (filósofos) influenciados pelos gregos que os seguiam, como Al-Farabi (872-950), Avicena (981-1037) e o já citado Averróis. Alguns mutazalitas fugiram para áreas *shi'a* mais hospitaleiras na Pérsia oriental, governadas pelos Buwayhid.

Como observa Wadi Kayani,
> [...] o período Buwayhid claramente deu espaço para que a escola mutazalita se desenvolvesse muito mais, se espalhasse e se sofisticasse, como evidenciado pela obra de Qadi 'Abd al-Jabbar. Em segundo lugar, esse período também foi quando 120 imames dos imames *shi'a* em grande parte ocultaram-se, e assim, para os *shi'a*, não havia mais um guia infalível para desenvolver sua doutrina; isso estabeleceu um grande laço intelectual entre os *shi'a* e os *mutakallimum* mutazalitas[73].

Na ausência de um imame para guiá-los infalivelmente, os *shi'a* tiveram de pensar por conta própria. Os mutazalitas podiam lhes mostrar como fazer isso. Por fim, escreveu o historiador Albert Hourani, *"o ensinamento shi'a mais amplamente aceito continha elementos derivados da escola mutazalita"*[74].

Porém, o longo processo de deselenização e de ossificação começara. George Hourani, estudioso britânico-libanês, afirma que *"o ponto de virada na supressão do mutazalismo ocorreu no século XI, com proclamações de credos do califa Qadir a partir de 1017,*

---

[73] KAYANI, G. W. "The Political Factors That Brought the Asharite School to a Majority". May 2005. Disponível em: www.hawza.org.uk, acessado em 01/jul/2019.
[74] HOURANI, Albert. *A History of the Arab Peoples*. New York: Warner Books, 1992, p. 182.

seguidas por manifestações hambalis em Bagdá na década de 1060 e pelo favorecimento demonstrado aos asharitas pelos sultões Sljuq e por seu wazir Nizam al-Mulk"[75]. *"Assim terminou"*, escreve o físico paquistanês Pervez Hoodbhoy, *"a mais séria tentativa de combinar a razão com a revelação no islã"*[76]. *"No século XII"*, conclui, *"as escolas de pensamento conservadoras e antirracionalistas tinham destruído quase completamente a influência mutazalita. Essa reação foi tão dura que al-Ash'ari é considerado relativamente moderado em comparação com Ibn Hanbal, e depois com os wahhabis, que não permitiam nenhuma forma de especulação"*[77]. Richard Martin, professor de estudos islâmicos, acrescenta este obituário provisório: *"O mutazalismo, ao fim da era abássida, no século XIII, não era mais uma força intelectual em Dar al-Islam* [a morada do islã]. *Ele só existia em pequenos lugarejos remotos na região Cáspia e nas madrassas* [escolas] *e bibliotecas de Zaydi, no norte do Iêmen"*[78].

No século XIV, essas tendências antirracionalistas tinham chegado a um estágio que levou Arnold Toynbee (1889-1975) a dizer, sobre o maior pensador islâmico da época, que *"a solidão da estrela de Ibn Khaldun é tão impressionante quanto seu brilho"*[79]. Ironicamente, Ibn Khaldun era asharita. Mesmo em sua soberba obra *Muqaddimah (Introdução)*, é evidente o dano em seu descarte da física:

> Devemos evitar estudar essas coisas [classes gerais], porque cabe ao muçulmano a continência de não fazer o que não lhe diz respeito. Os problemas da física não têm importância para nós em nossas

---

[75] HOURANI, George. *Reason and Tradition in Islamic Ethics.* Op. cit., p. 57.
[76] HOODBHOY, Pervez. *Islam and Science.* Op. cit., p. 100.
[77] Idem. *Ibidem.*
[78] MARTIN, Richard C. & WOODWARD, Mark R. *Defenders of Reason in Islam.* Op. cit., p. 42.
[79] PATAI, Raphael. *The Arab Mind.* New York: Hatherleigh Press, 2002. p. 395.

questões religiosas nem em nossas subsistências. Portanto, devemos deixá-las de lado[80].

Um símbolo adequado da tensão entre a razão e a revelação no islã era a famosa biblioteca de Córdoba. Era uma das glórias da civilização mourisca. No século X, a biblioteca continha cerca de 400 mil volumes – mais livros do que havia na França e muito possivelmente em toda a Europa ocidental naquela época – com cerca de quinhentos funcionários. Porém, os muçulmanos não apenas a construíram, como também a destruíram, embora, segundo o historiador árabe Ibn Sa'id (1214-1286), isso tenha sido feito pelos bérberes, e não pelos árabes, em 1013. Numa história apócrifa muito anterior, que Georg Wilhelm Friedrich Hegel contou em sua *Filosofia da História*, o califa Omar ordenou a destruição do que tinha sobrado da biblioteca de Alexandria em 638. A história é espúria (a biblioteca não existia na época), mas Omar teria dito: *"Esses livros ou contêm o que está no Corão ou outra coisa. Nos dois casos, são supérfluos"*[81]. Isso, é claro, se parece muito com uma paráfrase daquilo que, segundo Ibn Khaldun, Omar escreveu a seu general vitorioso na Pérsia, ordenando a destruição de livros capturados. Mais recentemente, o Talibã seguiu uma injunção semelhante e ordenou a destruição de todos os livros no Afeganistão, exceto o Corão.

A oposição dos tradicionalistas

Os mais ofendidos pelos mutazalitas foram os estudiosos tradicionais da religião e os seguidores de Ahmad ibn Hanbal, presos e chicoteados por se recusarem a aceitar a doutrina

---

[80] JAKI, Stanley L. "The Physics of Impetus and the Impetus of the Qur'an". *Modern Age* (Spring, 1985). p. 159.
[81] DOULL, Floy E. "Peace with Islam". *Animus* (December 2004). 10, disponível em http://www2.swgc.mun.ca/animus/Articles/Volume%209/doull.pdf, acessado em 7/jul/2019.

de um Corão criado. O hambalismo é a escola mais literalista da *fiqh*, ou jurisprudência islâmica. Ele continua a ser seguido hoje, principalmente na Arábia Saudita.

Aqui, deve-se notar brevemente o papel das quatro escolas sunitas de pensamento e o papel que elas desempenham. Al Shafi'i (767-820), Abu Hanifa (c. 699-767), Ahmad ibn Hanbal (780-855) e Malik ibn Anas (c. 715-796) fundaram as quatro escolas sunitas, ou *madhabs*, entre as quais os muçulmanos sunitas podiam escolher com garantia de ortodoxia. A interpretação (*ijtihad*) do Corão e da Sunna, na medida em que foi necessária, foi realizada por esses quatro imames no começo do século IX. No século XII, pensava-se que não havia necessidade de maiores interpretações ou elaborações, só de aplicação; fechou-se a porta da *ijtihad* (a autorização para os estudiosos interpretarem individualmente os textos sacros por meio de *ra'y*, o juízo pessoal). Após a fixação da lei, a *taqlid* (o contrário da *ijtihad*) ou imitação das decisões reconhecidas, tornou-se a norma. É por isso que, segundo o estudioso britânico W. Montgomery Watt, *"a disciplina central da educação islâmica não era a teologia, mas a jurisprudência"*[82]. O caminho certo estava estabelecido. Dentro dele, todas as ações humanas eram categorizadas como: obrigatórias, "dever" (*fard*); "recomendadas" (*mandub*); legítimas ou indiferentes, "permitidas" (*mubah*); desencorajadas, "repreensíveis" (*makruh*); e "proibidas" (*haram*). Não havia nada que se pudesse fazer a respeito do que não houvesse guiamento. Bastava seguir as prescrições das instruções dos ulemás (os estudiosos da jurisprudência islâmica). Não havia necessidade de olhar além das sagradas escrituras. Obviamente, essa orientação não conduzia à filosofia, à ética, ou à teologia natural. Aliás, a filosofia foi removida do currículo da famosa universidade Al-Azhar, no Cairo, e

---

[82] WATT, W. Montgomery. *Islamic Philosophy and Theology*, Edinburgh: University Press Edinburgh, 1962. p. 76.

só retornou no fim do século XIX por insistência do reformador egípcio Muhammad 'Abduh⁸³83.

A porta para a *ijtihad* foi fechada de maneira tão decisiva que até os esforços para abri-la no começo do século XIX foram censurados. Quando Muhammad Ali as-Sanusi (1787-1859), conhecido como o Grande Sanusi, tentou reabrir a porta para a *ijtihad*, foi censurado numa típica *fatwa* pelo *mufti* do Cairo, que disse:

> Ninguém nega o fato de que a dignidade da *ijtihad* desapareceu há muito tempo, e que neste momento ninguém atingiu este grau de estudo. Aquele que se julgasse um *mujtahid* [um estudioso qualificado para exercer *ijtihad*] estaria sob a influência de suas alucinações e do demônio⁸⁴.

Ainda que todas as quatro escolas jurídicas fossem altamente críticas de *kalam* (teologia especulativa), era a *hambali* que rejeitava totalmente a aplicação do pensamento filosófico ao Corão, e até protestava contra os asharitas quando estes usavam a lógica aristotélica para atacar os mutazalitas, seu adversário comum. Segundo os hambalitas, você não deveria se contaminar usando as armas do inimigo. Em *Istihsan al-Khaud* (*A Vindicação da Ciência de Kalam*), al-Ash'ari descrevia as objeções levantadas pela escola ortodoxa contra o uso da razão em questões de fé:

> Parte das pessoas [isto é, o zahiritas e outras pessoas ortodoxas] inclinou-se à fé cega e ao seguimento cego (*taqlid*). Elas condenaram por "inovação aqueles que tentavam racionalizar os princípios da religião [...].

---

[83] RAHMAN, Fazlur. *Revival and Reform in Islam*. Oxford., *Op. cit.*, p. 123.
[84] MORTIMER, Edward. *Faith and Power: The Politics of Islam*. New York: Random House / Vintage Books, 1982. p. 74.

Disseram que, se essas discussões fossem o certo, o Profeta e seus Companheiros certamente teriam discutido; também observaram que o Profeta, antes da morte, discutiu e explicou plenamente todas as questões que eram necessárias desde o ponto de vista religioso, sem deixar nenhuma para ser discutida por seus seguidores; e, como ele não discutiu os problemas mencionados anteriormente, é claro que discuti-los deve ser considerado inovação[85].

A inovação (*bid'ah* ou *bida'ah*) é uma grande ofensa no islã. Maomé advertira: *"Toda inovação é Bida'ah, e toda Bida'ah é um desvio (Dalalah), e todo desvio está no fogo do inferno"*[86].

Ibn Hanbal julgava que a religião ficaria melhor sem a teologia. Como Deus falou ao homem, o homem não precisava mais pensar criticamente. A revelação toma o lugar da razão. No Corão e na Sunna (práticas do Profeta, ou seu caminho e atos), Alá proveu tudo o que todos os homens precisavam saber; era desnecessário considerar qualquer outra coisa. Afirmou Ibn Hanbal:

> A religião consiste apenas no livro de Deus, no *athar* [dizeres ou atos de homens piedosos], no *sunan* [práticas padrão], e em narrativas sãs de homens confiáveis a respeito de tradições válidas e sãs [*akhbar*] confirmando-se entre si [...] até que isso termina com o Mensageiro de Deus e seus Companheiros, e os Seguidores, e os Seguidores dos Seguidores, e depois deles os imames reconhecidos, que são tomados como exemplos, que mantêm

---

[85] HYE, M. Abdul, "Ash'arism". In: SHARIF, M. M. (Org.). *A History of Muslim Philosophy. Op. cit.*, cap. 11.

[86] *Hadith* citado em http://www.muslimwiki.com/mw/index.php/Bida'ah.

a Sunna e guardam o *athar*, que não reconhecem a heresia e não são acusados de falsidade nem de divergência [entre si]. Eles não são defensores de *qiyas* [raciocínio por analogia] e de *ra'y* [opinião pessoal], porque *qiyas* em religião não vale nada, e *ra'y* é a mesma coisa, e pior. Os defensores de *ra'y* e de *qiyas* na religião são hereges e estão no erro.[87]

Como o Corão não autorizava o uso de *kalam*, não havia necessidade dela. Ibn Hanbal afirmou: *"Quem quer que se envolva em qualquer retórica teológica não é contado entre os Ahl us-Sunnah, mesmo que por ela chegue à Sunna, até que abandone os debates e renda-se aos textos"*[88]. O uso de argumentos racionais violava a fé. A fé não se dirige à razão. Simplesmente aceitar – *bila kayfa* (sem dizer como). Como declarou Ibn Hanbal, *"toda discussão sobre algo que o Profeta não discutiu é um erro"*[89]. Diz-se que Ibn Hanbal nunca comeu melancia porque não há um exemplo conhecido de Maomé ter feito isso[90].

A imitação (*taqlid*) é o caminho, e está acima da crítica. Ibn Hanbal instruía:

> Aquele que supõe que *taqlid* [seguir uma autoridade sem criticá-la] não é aprovado e que sua religião, portanto, consiste em não seguir ninguém [...] apenas quer invalidar o *athar* e enfraquecer o conhecimento e a Sunna, e permanecer isolado em *ra'y*, em Kalam, e em heresia e divergência [dos outros][91].

---

[87] Ibn Hanbal.
[88] ZUMARLEE, A. (Ed.). *The Foundations of the Sunna.* (April 1991). p. 169. apud ULPH, Stephen. "The Fabric of Qur'anic Scripture". Manuscrito inédito, p. 3.
[89] HOODBHOY, Pervez. *Islam and Science.* Op. cit., p. 99.
[90] IBRAHIM, Raymond. *The Al-Qaeda Reader.* New York: Broadway Books, 2007. p. 8.
[91] KENNY, Joseph. *Theological Themes Common to Islam and Christianity. Op cit.,* caps. 4, 8.

O ensinamento de Ibn Hanbal fazia sentido para o muçulmano das ruas. Ele tornou-se tão popular que se diz que 150 mil pessoas teriam inundado as ruas de Bagdá para seu funeral[92].

Os tradicionalistas eram conhecidos como *ahl al-Hadith*, os comprometidos com a defesa da tradição, da autoridade dos *hadiths*. (Os *hadiths* são as "tradições" que relatavam vários ditos e atos de Maomé que foram primeiro transmitidos oralmente antes de serem redigidos em coletâneas, seis das quais são aceitas como fontes genuínas da revelação). Uma expressão contemporânea de sentimento hambalista da Arábia Saudita, que continua a seguir essa escola de *fiqh*, é a seguinte: *"Abandone o debate e renda-se ao texto"*[93]. Se aquilo que está revelado no texto exige a negação do intelecto, então que seja, *bila kayfa*.

O rebaixamento da razão

O asharismo, escola teológica mais oposta ao mutazalismo, defendia a doutrina hambalista, mas usava instrumentos filosóficos para apoiá-la. Eles abjuravam a razão enquanto primeiro dever do homem ou enquanto dona do papel principal de validação da revelação. A autonomia da razão era anátema para eles. A revelação era primária e suprema. No asharismo, como veremos, o primado da revelação sobre a razão nasce da natureza mesma daquilo que é revelado: Deus como pura vontade e força. A resposta a esse Deus é submissão, não interrogação.

Era apenas dentro dos limites da revelação que a razão poderia operar, de maneira restrita. Segundo o estudioso muçulmano paquistanês M. Abdul Hye, *"sua função [da razão] era*

---

[92] HOODBHOY, Pervez. *Islam and Science*. Op. cit., p. 99.
[93] Postado em allaahuakbar.net, acessado em 8/jul/2019, 2008.

racionalizar a fé nos princípios básicos do islã e não questionar a validade ou verdade dos princípios estabelecidos na base da revelação como corporificados no Corão e na Sunna"[94]. A lógica e até a metafísica podiam ser usadas para explicar e defender a verdade da revelação, mas não como fontes independentes de religião ou de conhecimento moral[95]. Na caracterização do renomado filósofo argelino-francês Muhammad Arkoun, a faculdade da razão deve aceitar *"o papel de serva do texto revelado; sua única função é moldar, vergar e sistematizar a realidade de acordo com os significados ideais que ela reconhece nos 'sinais' de Deus"*. Assim, o papel da mente é "refletir" – em sentido literal – verdades que já foram dadas ou reveladas, *"não aquelas que possam ser encontradas ao fim de uma busca gradual, e muito menos de uma demanda especulativa"*[96]. Certamente, nada fora do Corão e dos *hadith* poderia ser usado para interpretá-los. Cabe à razão calar-se diante daquilo que venha a achar contraditório e não consiga entender (*bila kayfa*).

Os asharitas ficavam particularmente ofendidos com a afirmação mutazalita de que a razão por si poderia discernir o bem e o mal. Eles negavam isso veementemente, e diziam que os mutazalitas estavam solapando a necessidade das escrituras dizendo que todos os homens tinham acesso a esse conhecimento. Se era assim, que necessidade haveria do Corão (ainda que os mutazalitas afirmassem que a revelação era necessária para que Deus esclarecesse Seu caminho para o homem)? Junto com os hambalitas, os asharitas, segundo a sarcástica caracterização do estudioso missionário britânico W. H. T. Gairdner,

---

[94] MACDONALD, Duncan B. *Development of Muslim Theology, Jurisprudence and Constitutional Theory*. Op. cit., p. 14.
[95] HOURANI, George. *Reason and Tradition in Islamic Ethics*. Op. cit., p. 10.
[96] ARKOUN, Muhammad. *Islam: To Reform or To Subvert?* London: Saqi Books, 2006. p. 161.

"*amaldiçoavam os homens que achavam que a preocupação de Deus com o bem de Suas criaturas poderia ser procurada como motivo para Suas ações em relação a eles; e que afirmavam que o homem era responsável por buscar a vontade de Deus, e por cumpri-la, caso a conhecesse*"[97].

O nome da escola asharita veio de seu fundador, Abu Hasan al-Ash'ari (873-935). Al-Ash'ari foi mutazalita até os quarenta anos, quando anunciou:

> Aquele que me conhece, que sabe quem sou, e aquele que não me conhece, que saiba que meu nome é Abu al-Hasan 'Ali al-Ash'ari, que eu costumava afirmar que o Corão é criado, que os olhos dos homens não verão Deus, e que as criaturas criam suas ações. Mirai! Arrependo-me de ter sido mutazalita. Renuncio a essas opiniões e assumo o compromisso de refutar os mutazalitas e de denunciar sua infâmia e torpeza[98].

Existem duas histórias sobre por que al-Ash'ari renunciou à escola mutazalita e depois tentou destruí-la. Uma diz que ele teve três sonhos em que Maomé aparecia para mandá-lo defender os *hadiths*. Como consequência dos dois primeiros sonhos, al-Ash'ari abandonou os métodos racionais e dedicou-se ao estudo do Corão e dos *hadiths*. No terceiro sonho, segundo W. Montgomery Watt, Maomé "disse com raiva que o tinha ordenado a defender as doutrinas que tinha relatado, mas não tinha ordenado que ele abandonasse os métodos

---

[97] GAIRDNER, W. H. T. *The Rebuke of Islam*. London: United Council for Missionary Education, 1920. (Também postado em: www.muhammadanism.org, 6 de março de 2003, acessado em 8/jul/2019).

[98] HYE, M. Abdul. "Ash'arism". *In*: SHARIF, M. M. (Org.). *A History of Muslim Philosophy. Op. cit.*, 4.

racionais"[99]. Assim, al-Ash'ari voltou a *kalam* (a teologia racional ou especulativa), mas como antimutazalita, para defender as doutrinas tradicionais de Ibn Hanbal.

A outra história é que sua desilusão aparentemente se deu por meio de uma resposta insatisfatória a uma pergunta apresentada a al-Jubba'i, seu antigo professor mutazalita. A fim de questionar os conceitos mutazalitas da providência e da justiça de Deus, al-Ash'ari apresentou ao professor o caso de três irmãos. O primeiro irmão viveu como um muçulmano fiel e foi para o paraíso ao morrer. O segundo viveu como infiel, cometeu atos maus, e foi para o inferno ao morrer. O terceiro morreu na infância, e terminou em algum lugar entre o paraíso e o inferno porque não teve tempo de tornar-se fiel, mas também não foi infiel.

Por que, perguntou al-Ash'arim, Deus não permitiu que a criança crescesse? Porque, teria respondido al-Jubba'i, Deus sabe o que é melhor, e a criança poderia ter crescido e virado infiel como o irmão mais velho.

Mas por que então, retrucou al-Ash'ari, Deus prolongou a vida do segundo irmão, se sabia que ele se tornaria infiel? Deus não é obrigado a fazer o melhor para o homem? Nesse caso, Ele tem de tornar todos os homens fiéis, para que vão para o paraíso. Claramente, não é isso o que acontece, pois a maioria dos homens no mundo é infiel. Portanto, concluía al-Ash'ari, a teoria mutazalita de que Deus deve fazer o que é melhor para o homem é falsa.

O que é interessante no argumento de al-Ash'ari é sua presunção de que a existência do livre-arbítrio do homem é incompatível com a justiça e a providência divinas. A menos que as pessoas sejam compelidas a ser boas, Deus não pode ser jus-

---

[99] WATT, W. Montgomery. *Islamic Philosophy and Theology. Op. cit.*, p. 65.

to. É como dizer que, se o homem é livre, não pode haver um Deus. Al-Ash'ari resolveu o dilema, como veremos, negando que tanto o livre-arbítrio do homem quanto a justiça de Deus supõem que Deus seja obrigado a qualquer coisa. Por trás da visão asharita, há uma concepção de Deus como pura vontade, sem razão, ou acima da razão.

É extremamente importante enunciar a teologia, a epistemologia e a metafísica envolvidas nessa posição por causa de seu impacto formativo na cultura islâmica sunita subsequente. Também, o extremismo de suas posições deve ser entendido dentro da perspectiva de ela ter sido considerada um "caminho do meio" entre o literalismo dos tradicionalistas e aquilo que era considerado o racionalismo radical dos mutazalitas.

A primazia da vontade

A visão asharita desenvolveu uma base teológica para a primazia da vontade afirmando que a revelação de Maomé enfatiza sumamente dois atributos de Deus: Sua onipotência e sua vontade ilimitadas. *"Deus procede como Lhe apraz"* (Corão 14, 27). A natureza de Deus é Sua vontade. Ele é o *"Executante de tudo quanto Lhe apraz"* (Corão 85, 16). Todas as religiões monoteístas afirmam que, para ser uno, Deus deve ser onipotente. Porém, o argumento asharita reduziu Deus a Sua onipotência concentrando-se exclusivamente em Seu poder ilimitado, em contraste com Sua razão. As "razões" de Deus são incognoscíveis pelo homem. Deus decide como Lhe apraz. Bastou apenas que Alá dissesse "seja" para fazer o mundo existir, mas Ele pode também dizer "não seja" para produzir seu fim – também sem motivo para fazê-lo. Sua palavra basta para criar ou aniquilar, embora Sua palavra seja Sua vontade, e não uma expressão de

Sua razão (*Logos*). Portanto, a criação não traz gravada a razão. Ela não pode refletir o que não há. Assim, não existe no universo uma ordem racional na qual se possa confiar, somente as manifestações da vontade de Deus a cada segundo.

Deus é tão poderoso que cada instante é o equivalente de um milagre. Nada intervém ou tem existência independente, ou mesmo semiautônoma. O universo não é de jeito nenhum autossubsistente. Em linguagem filosófica, essa visão, denominada "voluntarismo", sustenta que Deus é a primeira causa de tudo, e que não existem causas secundárias. Não existe mediação causal. Portanto, aquilo que parecem "leis naturais", como as leis da gravidade, da física etc., na verdade não são mais do que os costumes ou hábitos de Deus, que Ele tem total liberdade para romper ou mudar a qualquer instante.

Mais de 150 anos depois da morte de al-Ash'ari, um de seus sucessores, Abu Hamid al-Ghazali (1058-1111), escreveu, em *Libertação do Erro*:

> A natureza está inteiramente submetida a Deus; incapaz de agir por si, ela é um instrumento na mão do Criador; Sol, Lua, estrelas, e elementos estão submetidos a Deus e não podem produzir nada por si mesmos. Em uma palavra, nada na natureza pode agir espontaneamente e separadamente de Deus[100].

Pode-se dizer que tudo o que acontece é resultado de causas sobrenaturais, embora a palavra *sobrenatural* fique sem sentido na ausência da palavra *natural* da qual distingui-la. Como observou Duncan Macdonald, *"Os milagres e aquilo que consideramos as observações ordinárias da natureza estão no mes-*

---

[100] MACDONALD, Duncan B. *Development of Muslim Theology, Jurisprudence and Constitutional Theory*. Op. cit., caps. 3, 9.

mo nível"¹⁰¹. Na introdução de sua tradução de *A Incoerência da Incoerência*, de Averróis, Simon van den Bergh disse, espirituosamente: *"Pode-se dizer que, para o teólogo* [muçulmano], *toda natureza é milagrosa, e todos os milagres são naturais"*¹⁰². Em outras palavras, todo acontecimento "natural" é o resultado de um ato *divino* particular. Se isso é verdade, se a intervenção divina é usada para explicar fenômenos naturais, então explicá-los ou investigá-los racionalmente tornam-se formas de impiedade, se não de blasfêmia.

As consequências dessa visão voluntarista são tremendas. Se a criação existe simplesmente como sucessão de momentos miraculosos, ela não pode ser apreendida pela razão. Outras religiões, incluindo o cristianismo, reconhecem milagres. Mas os reconhecem precisamente como suspensões temporárias e extraordinárias da lei natural. Aliás, é isso que os define como milagres. A possibilidade do milagre só é admitida após serem descontadas todas as explicações possíveis de ele ter ocorrido por causas naturais. No pensamento voluntarista islâmico, por exemplo, não existem causas naturais para serem descontadas. Como resultado, a realidade torna-se incompreensível, e o propósito das coisas em si mesmas indiscernível, porque elas não têm lógica interna. Se a vontade ilimitada é o constituinte exclusivo da realidade, nada resta a respeito do que raciocinar. A primazia da vontade não tem limites na razão.

Macdonald escreveu que, para al-Ghazali, *"a vontade é o que há de fundamental no mundo, e o ponto de partida de toda especulação"*¹⁰³. Se os filósofos e os mutazalitas compartilhavam a

---

[101] Idem. *Ibidem*.
[102] AVERROES. *Tahafut al-Tahufat (The Incoherence of the Incoherence). Op. cit.*, p. 522.
[103] MACDONALD, Duncan B. *Development of Muslim Theology, Jurisprudence and Constitutional Theory. Op. cit.*, p. 7.

visão de que as coisas existem porque Deus primeiro as *pensou*, al-Ghazali invertia essa relação afirmando que *"Deus reconhece o mundo porque o quer e em querê-lo"*[104]. Em outras palavras, Deus conhece *porque* quer; a vontade precede o conhecimento. Para al-Ghazali, o pensamento ou conhecimento não vêm antes do ato; é o ato que produz o conhecimento. Apesar de ter sido escrita mais de meio milênio antes do *Fausto* de Johann Wolfgang von Goethe (1749-1832), a afirmação de al-Ghazali pressagia bem a substituição de Fausto do "Verbo" (*Logos*) pelo "Ato" no começo do Evangelho de São João. "No princípio era o Verbo" é transformado em "No princípio era o Ato". Esse contraste captura as duas teologias radicalmente diferentes dos mutazalitas e asharitas. Fazlur Rahman resumiu as diferenças dizendo que o asharismo *"fez de Deus um concentrado de poder e vontade, assim como o mutazalismo fizera d'Ele um concentrado de justiça e racionalidade"*[105].

Segundo M. Abdul Hye, os asharitas acreditavam que:
> Deus, por ser absolutamente livre em Sua ação, não é obrigado a agir segundo propósitos racionais. Ele não age teleologicamente, porque, do contrário, Suas ações seriam determinadas por algo exterior e alheio a Ele Mesmo, e Ele não permaneceria absolutamente livre. O propósito externo limitaria a onipotência de Deus. Como Baruch Spinoza (1632-1877), al-Ash'ari sustentava que não existe na mente de Deus um propósito que fosse determinar Sua atividade. Dessa visão antiteleológica, segue-se que a ação de Deus não é teleológica, que Ele não é

---

[104] DE BOER, T. J. *The History of Philosophy in Islam*. New York: Dover Publications, 1967. p. 163.
[105] RAHMAN, Fazlur. *Revival and Reform in Islam*. Op. cit., p. 119.

obrigado a fazer o que é melhor para Suas criaturas. Ele faz o que quer[106].

A pura vontade só tem um propósito, que é o exercício indiscriminado de si própria. Em si e por si, ela não tem direção e é, portanto, arbitrária.

O Deus incognoscível

Se Deus é pura vontade, então é incompreensível. Há dois motivos para isso. Um é a doutrina de *tanzih*, que refere a absoluta transcendência e total incomparabilidade de Deus. Não há correspondência nenhuma entre Deus e Sua criação. A distância entre o infinito e o finito é imensurável. Esse é o sentido da segunda metade da fórmula hambalita-asharita, *bila kayfa wala tashbih* (sem perguntar como, e sem fazer comparações). A comparação entre Deus e o homem não pode ser feita porque o homem não é feito à Sua imagem e semelhança. *"Nada se assemelha a ele"* (Sura 42, 11). Se existem numerosas afirmações no Corão sobre a proximidade ou contiguidade entre Deus e o homem, isso é necessariamente por causa da completa contingência da criação; é a proximidade do Queredor com o querido.

O outro motivo segue-se como mera conclusão da incompreensibilidade do mundo como produto direto e instantâneo da vontade de Deus. Se o mundo não pode ser entendido pela razão, como poderia seu Criador ser entendido? Qual seria o ponto de acesso? Deus é incompreensível *em Si* porque a pura vontade não tem razão. Deus é desconhecido porque é incognoscível. Aquilo que Alá revela no Corão não é Ele mes-

---

[106] HYE, M. Abdul. "Ash'arism". *In:* SHARIF, M. M. (Org.). *A History of Muslim Philosophy. Op. cit.*, p. 20.

mo, mas suas regras para o homem. O resultado é aquilo que Duncan MacDonald chamou de *"a horrenda impassibilidade do absoluto logicamente unificado"*[107].

Como consequência das visões asharitas, disse Fazlur Rahman, o esforço *"de buscar fins e propósitos em Suas leis não apenas não tem sentido, como também é uma grave desobediência a Ele"*[108]. A teologia da pura vontade anatematiza a busca por sentido racional. *"A teologia, assim, monopolizou o campo inteiro da metafísica, sem conceder ao puro pensamento nenhum direito a investigar a natureza do universo e a natureza do homem"*[109].

Pode-se ver como essa ideia de Deus influenciou os pensadores muçulmanos até os dias atuais, incluindo aqueles mais conhecidos pelo reformismo no fim do século XIX e no começo do XX. O famoso reformador egípcio Muhammad 'Abduh (1849-1905), que tinha esperanças de conciliar islã e modernidade, disse:

> Porém, a razão não tem a competência para penetrar a essência das coisas. Afinal, a tentativa de discernir a natureza das coisas, que necessariamente está relacionada à sua complexidade essencial, teria de levar à pura essência, e necessariamente não existe acesso racional a ela.

Claro que, se não é possível conhecer a essência de uma coisa, não se pode saber o que ela é. 'Abduh parece estar dizendo que a tentativa de apreender a essência de algo levaria inelutavelmente à essência de Deus, à pura essência, e essa busca é proibida. Prossegue ele:

---

[107] SHEHADI, Fadlou. *Ghazali's Unique Unknowable God*. Leiden: E. J. Brill, 1964. p. 83.
[108] RAHMAN, Fazlur. *Islam. Op. cit.*, p. 62.
[109] Idem. *Ibidem.*, p. 107.

O pensamento sobre a essência do criador, ou a busca de conhecimento da essência – isso é interditado à razão humana. Afinal, como sabemos, existe uma alteridade completa entre as duas existências, e o Ser Divino é imune a toda compositividade. Pedir para saber é extrapolar absolutamente o poder que o homem tem, e é um esforço vão e perigoso. É, aliás, um delírio, porque tenta o inconcebível, e é um perigo, porque leva a uma ofensa contra a fé, por envolver uma vontade de definição do indefinível e de limitação do ilimitável[110].

Em um veio similar, Isma'il Al-Faruqi (1921-1986), renomado filósofo palestino americano e professor de estudos islâmicos, escreveu:

> A vontade de Deus é Deus *in percipe* – a natureza de Deus até onde posso conhecer qualquer coisa a respeito d'Ele. Essa é a vontade de Deus e é tudo o que temos – e a temos perfeitamente no Corão. Porém, o islã não equipara o Corão com a natureza ou com a essência de Deus. Ele é "Verbo de Deus, Mandamento de Deus, Vontade de Deus". Porém, Deus não Se revela a ninguém. Os cristãos falam da revelação de Deus Mesmo – de Deus por Deus –, mas essa é a grande diferença entre o cristianismo e o islã. Deus é transcendente, e, uma vez que se fale em hierofania e imanência, a transcendência de Deus é comprometida. Não se pode ter transcendência completa e imanência ao mesmo tempo[111].

---

[110] SHEHADEH, Imad N. "The Predicament of Islamic Monotheism". *Biblotheca Sacra*, 161 (April-June 2004). p. 155.

111 Idem. *Ibidem.*, p. 149.

As implicações do cristianismo

Para entender o significado último do ensinamento asharita de um Deus sem razão, contrastemo-lo com o ensinamento cristão que também foi tentado a esses extremos, mas que o resistiu. Por que, por exemplo, essa preocupação exclusiva com a onipotência de Deus não afligiu o cristianismo, que, afinal, também é monoteísta? O cristianismo afirma que Deus é onipotente e também a causa primária de todas as coisas. Aliás, havia no cristianismo fortes tendências na mesma direção dos asharitas.

O pensador cristão primitivo Tertuliano questionou que relevância a razão poderia ter para a revelação cristã em sua famosa observação: *"O que Atenas tem a ver com Jerusalém?"* A posição antirracional era evidente na defesa do voluntarismo de Duns Scot e de Nicholas de Autrecourt[112]. Ficou violentamente manifesta nos movimentos milenaristas da Idade Média, e também um pouco no movimento conhecido como fideísmo – a fé apenas, *sola scriptura*. Em sua forma mais radical, essa escola defendia que as escrituras bastam. Esqueça a razão, a filosofia grega, e Santo Tomás de Aquino.

Porém, a posição antirracionalista em suas formas mais extremas nunca predominou no cristianismo, e foi considera-

---

[112] Da introdução de Simon Van den Bergh ao livro *A Incoerência da Incoerência*, de Averróis: *"Devo observar aqui que me parece provável que Nicholas de Autrecourt, 'o Hume medieval', foi influenciado pelas teorias asharitas de Ghazali. Ele nega, do mesmo modo que Ghazali, a conexão lógica entre causa e efeito: ex eo quod aliqua res est cognita esse, non potest evidenter evidentia reducta in primum principium vel in certitudinem primi principii inferri, quod alia res sit (cf. LAPPE, Nicolaus von Autrecourt. Beitr. z. Gesch. d. Phil. d. M. B.vi, H.2, 11); ele dá o mesmo exemplo de ignis e stupa, parece também defender a tese asharita como causa única de toda ação (cf. op. cit., 24), e cita em um momento a* Metafísica *de Ghazali (cf. LAPPE, Nicolaus von Autrecourt. Exigit ordo executionis, em Mediaeval Studies, vol. i, org. J. Reginald O'Donnell, Toronto, 1931, 208)"*. Disponível em: http://www.wikilivres.info/wiki/The_Incoherence_of_the_Incoherence/Introduction, acessado em 8/jul/2019.

da amplamente herética. O motivo de o cristianismo ter sido isolado da obsessão com a onipotência de Deus foi a revelação de Cristo como *Logos* no Evangelho de São João. Se Cristo é *Logos*, se Deus é não apenas todo-poderoso, Ele é a razão. Se os mutazalitas afirmavam algo similar, não tinham uma autoridade escritural de importância similar para confirmar sua posição de maneira inatacável, ao passo que seus adversários tinham vastos materiais escriturais para contrapor-se a eles.

A revelação cristã também afirma que tudo foi criado por meio de Cristo como *Logos*. Como foi por meio do *Logos* que todas as coisas foram criadas, a criação traz na razão a marca de seu Criador. A natureza dá testemunho de uma inteligibilidade derivada de uma origem transcendente. Bento XVI fala disso com frequência. Ele falou do *"mundo como produto da razão criativa"*, e disse que *"na origem de tudo está a razão criativa de Deus"*[113]. Mais ainda, Cristo, como *Logos*, é "Aquele que sustenta o universo com o poder da sua *palavra*" (itálicos meus) (Hb 1,3). Como a criação repousa primariamente sobre Sua Palavra – e não apenas sobre Sua vontade – a criação tem um fundamento constante e racional, no qual o homem pode confiar. Essa visão constitui um convite aberto ao exame das regras e das leis da criação a fim de conhecer o Criador, um convite muito familiar do Antigo Testamento (Sb 13,1-6). Em Romanos 1, São Paulo reiterou isso dizendo: "Desde a criação do mundo, as perfeições invisíveis de Deus, o seu sempiterno poder e divindade, tornam-se visíveis à inteligência, por suas obras". As leis da natureza não são um desafio à autoridade de Deus, mas expressão dela, como se vê na afirmação de Tomás de Aquino de que somos capazes de apreender coisas criadas com nossas mentes

---

[113] BENTO XVI. "Creation Is a Revelation of God's Presence", *National Catholic Register* (November 20, 2005).

porque elas foram primeiro "pensadas" por Deus. A razão e a revelação são compatíveis. A tensão entre Atenas e Jerusalém foi resolvida em Roma.

Como disse o então cardeal Ratzinger em seu pronunciamento de 29 de julho de 2005 em Subiaco,

> Desde o começo, o cristianismo entendeu-se como a religião do *'Logos'*, como a religião segundo a razão. Ela começou identificando seus percursos não nas outras religiões, mas no esclarecimento filosófico que abriu o caminho para que a tradição se voltasse para a busca da verdade e para o bem, para o Deus único que está acima de todos os deuses[114].

Em última instância, essa visão teológica evoluiu para a metafísica realista de Santo Tomás de Aquino, a qual depois virou o fundamento da ciência moderna, como explicou o padre Stanley Jaki (1924-2009), teólogo e físico húngaro, em seus volumosos textos sobre as origens da ciência moderna. Jaki apresentou, também, os motivos por que a ciência moderna foi natimorta no mundo muçulmano após o que pareceu seu verdadeiro começo[115]. Ninguém oferece um entendimento mais profundo das consequências da visão de Deus como pura vontade melhor do que Jaki. O sustento metafísico da lei natural não apenas lançou as bases da ciência moderna como também serviu de fundamento para o desenvolvimento gradual do governo constitucional.

O islã, por outro lado, perdeu o equilíbrio em sua forma asharita. Os asharitas receavam que o *Logos* fosse de algum

---

[114] RATZINGER, Joseph. "The Permanent Significance of the Christian Faith". Subiaco, 1 de abril de 2005. Disponível em: http://www.catholic.org/featured/headline.php?ID=2424, acessado em 01/jul/2019.

[115] Ver a extraordinária monografia: JAKI, Stanley. *Jesus, Islam, Science. Op. cit.*

modo comprometer a onipotência de que Deus precisa para ser um. Os teólogos asharitas então deduziram de sua visão voluntarista de Deus, de maneira apriorística, uma das mais estranhas e extremas construções metafísicas jamais concebidas. Eles pareciam pensar que, se Deus é *esse*, então, metafisicamente, as coisas devem ser *desse jeito*.

CAPÍTULO III

A metafísica da vontade

Al-Ash'ari elaborou uma metafísica para sustentar sua teologia voluntarista. Essa metafísica teve profundas implicações para a causalidade, para a epistemologia, e para a liberdade humana.

Al-Ash'ari usou a filosofia atomística primitiva grega para afirmar que a realidade é composta de átomos. Se os antigos gregos e romanos – como, por exemplo, Lucrécio (94-50 a.C.) – usaram o atomismo como fundamento para uma filosofia materialista, al-Asha'ari deu-lhe um uso oposto. Por meio do atomismo, Lucrécio desejava demonstrar que não existe intenção divina no mundo, e que as coisas não se movem *"promovendo algum plano divino"*[116][116], mas aleatoriamente. Al-Ash'ari desejava mostrar o contrário: que tudo depende diretamente da intervenção de Deus. Ele pôde usar o atomismo dessa forma porque, ao contrário de Lucrécio, que acreditava que a matéria era eter-

---

[116] LUCRÉCIO. *De Rerum Natura*, v. 76-81.

na, al-Ash'ari, como todo muçulmano ortodoxo, acreditava que a matéria tinha sido criada *ex nihilo*. A configuração dada por Deus a esses átomos a cada momento faz das coisas o que elas são. Em *Islam and the World*, o analista britânico Malise Ruthven explica: *"Os asharitas racionalizavam a onipotência de Deus dentro de uma teoria atomista da criação, segundo a qual o mundo era feito de pontos discretos no espaço e no tempo cuja única conexão era a vontade de Deus, a qual os recriava por inteiro a cada instante"*[117]. Por exemplo, existe uma coleção de átomos que é uma planta. Essa planta permanece planta enquanto você lê esta linha porque tem natureza de planta, ou porque Alá quer que ela permaneça uma planta de um instante a outro? Os asharitas sustentavam que ela só é uma planta agora. A planta permanecer planta depende da vontade de Alá, e se alguém afirma que ela deve permanecer planta porque tem natureza de planta, isso é *shirk* – blasfêmia (na forma de politeísmo, ou "associação de outros com Alá").

A fim de perceber exatamente o quão radical é a metafísica asharita, considere os exemplos a seguir, que dão à instabilidade do esquema metafísico asharita uma clareza estonteante.

Em *Islam and Science*, Pervez Hoodbhoy, físico na Universidade de Islamabad, escreve sobre os asharitas:

> Até uma flecha em alta velocidade pode ou não pode chegar ao destino, diziam, porque a cada instante de sua trajetória Deus destrói o mundo e em seguida o recria a cada momento. Onde a flecha estará no momento seguinte, considerando que estava em um determinado ponto em um momento anterior, não pode ser previsto, porque só Deus sabe como o mundo será recriado[118].

---

[117] RUTHVEN, Malise. *Islam in the World*. New York: Oxford University Press, 1984, p. 195.
[118] HOODBHOY, Pervez. *Islam and Science. Op. cit.*, p. 120.

O movimento é na verdade ilusório. As coisas não mudam em si mesmas. Um corpo apenas parece estar em movimento. O que está de fato acontecendo é que os átomos do corpo numa posição são aniquilados, e o objeto é então completamente reconstituído por átomos novos e similares em um segundo local microscopicamente distanciado do primeiro, e assim por diante, até que a aparência de movimento seja produzida por uma série de aniquilações e recriações sucessivas. As coisas na verdade não têm passado nem futuro. Elas só existem no agora.

Porém, essa sequência de aniquilações e criações quase instantâneas também vale para os objetos estacionários, e também para suas propriedades, como a cor. Nas palavras do filósofo canadense Floy E. Doull em "Peace with Islam":

> Por exemplo, não efetivamente tingimos o vestido de vermelho quando acreditamos que ele foi colorido com corante vermelho; em vez disso, naquele instante, Deus tornou a cor vermelha propriedade do vestido, e continuamente recria a cor vermelha a cada instante[119].

Duncan Macdonald resume:

> Os átomos-tempo, se me permitem a expressão, são igualmente sem extensão e possuemtêm um vazio absoluto – de tempo – entre eles. Assim como o espaço está apenas em uma série de átomos, o tempo também está apenas em uma sucessão de momentos e saltos desconexos através do vazio de um ao outro, com o puxão de um ponteiro de relógio. O tempo, nessa visão, está em grãos, e só pode existir

---

[119] DOULL, Floy E. "Peace with Islam". *Animus. Op. cit.*, p. 11.

em conexão com a mudança. As mônadas diferem das de Leibniz por não terem natureza em si mesmas, nenhuma possibilidade de se desenvolverem ao longo de certas linhas. As mônadas muçulmanas são, e depois não são; toda mudança e toda ação no mundo são produzidas por elas entrarem na existência e saírem logo depois, não por alguma mudança nelas mesmas[120].

Majid Fakhry explica mais:
O mundo, que eles definiam como tudo o que não é Deus, era composto de átomos e de acidentes. Agora, os acidentes (singular 'arad), diziam eles, não podem resistir por dois instantes do tempo, antes sendo criados continuamente por Deus, que os cria e aniquila a seu bel prazer. Al-Baqilani (†1013), que parece seguir Al-Ash'ari nesse ponto, efetivamente define o acidente como entes "cuja duração é impossível [...] e que deixam de existir no instante posterior à sua geração". Analogamente, os átomos (singular al-juz') a que os acidentes são intrínsecos são continuamente criados por Deus e persistem apenas por causa do acidente da duração (baqa') que Deus cria neles. Porém, na medida em que esse acidente de duração, assim como os outros acidentes, é ele mesmo perecível, o mundo inteiro de átomos e acidentes está em permanente estado de geração e corrupção[121].

---

[120] MACDONALD, Duncan B. *Development of Muslim Theology, Jurisprudence and Constitutional Theory. Op. cit.*

[121] FAKHRY, Majid, *Classical Arguments for the Existence of God*. Disponível em: http://www.muslimphilosophy.com/ip/pg1.htm, acessado em 01/jul/2019.

Para Abu Bakr al-Baqilani (†1013), discípulo de al-Ash'ari, a descontinuidade atomística das coisas criadas por si prova a absoluta transcendência e onipotência de Alá como único agente. Se a criação é um grupo de átomos flutuando livremente pelo espaço e pelo tempo, então, *ipso facto*, somente Alá pode fazê-los o que são a cada momento de qualquer maneira determinada[122]. Al-Baqilani chegava a dizer que esse conceito de atomismo era "coessencial" com o texto do Corão. Seu pensamento era tão consequente que Ibn Taymiyyah, pensador muçulmano do século XIII reverenciado pelos islamistas de hoje, saudou al-Baqilani como *"o melhor dos mutakallimun asharitas, sem rivais entre predecessores e sucessores"*[123].

A perda da causalidade

O catastrófico resultado dessa visão foi a negação da relação entre causa e efeito na ordem natural. Em *A Incoerência dos Filósofos*, al-Ghazali, que rejeitava veementemente Platão e Aristóteles, insistia que Deus não é limitado por ordem nenhuma, e que, portanto, não existe sequência "natural" entre causa e efeito, como no fogo que queima o algodão, ou, de modo mais colorido, *"entre a purgação dos intestinos e o uso de um laxante"*[124]. Em vez de um entendimento claro e obrigatório entre causa e efeito, existem apenas meras justaposições de eventos discretos que dão a impressão de que o fogo queima o algodão, mas Deus também poderia perfeitamente fazer de outro modo. (Essa doutrina é conhecida como ocasionalismo). Em outras palavras, não existe narrativa contínua de causa e efeito unindo esses momentos de maneira abrangente.

---

[122] GARDET, Louis. *Ilm al-Kalam*, 10. Disponível em: www.muslimphilosophy.com/ei/kalam.htm, acessado em 01/jul/2019.
[123] MCCARTHY, R. J. "Abu Bakr al-Baqillani". Disponível em: http://www.muslimphilosophy.com/ei2/baqillani.htm, acessado em 8/jul/2019.
[124] AL-GHAZALI. *The Incoherence of the Philosophers*. Op. cit., p. 170.

A refutação de al-Ghazali da causalidade precisa ser citada longamente para que apreciemos sua natureza abrangente e radical. Em *A Incoerência dos Filósofos*, ele afirmou:

> A conexão entre aquilo que habitualmente se julga uma causa e aquilo que habitualmente se julga um efeito não é para nós necessária. Por exemplo, não há conexão causal entre matar a sede e beber, entre a saciedade e comer, entre o queimar e o contato com fogo. A luz e o aparecimento do Sol, a morte e a decapitação, a cura e tomar remédios, a purgação dos intestinos e o uso de um laxante etc., [incluindo] tudo aquilo [que é] observável entre as coisas conectadas na medicina, na astronomia, nas artes, nos ofícios. Sua conexão deve-se ao decreto prévio de Deus, que as cria lado a lado, isso não sendo necessário em si mesmo, incapaz de separação. Pelo contrário, faz parte do poder [divino] criar a saciedade sem comer, a morte sem decapitação, continuar a vida após a decapitação, e daí por diante, em relação a todas as coisas conectadas [...].
>
> Nosso oponente afirma que o agente do queimar é exclusivamente o fogo; esse agente é natural, não voluntário, e não pode se abster do que está em sua natureza quando é colocado em contato com um substrato receptivo. Isso negamos, dizendo: o agente do queimar é Deus, por criar o preto no algodão e a desconexão de suas partes, e é Deus que faz o algodão queimar, e o faz cinzas, ou pelo intermédio de anjos, ou sem intermédio. Afinal, o fogo é um corpo morto que não tem ação, e qual é a prova de

que ele é o agente? De fato, os filósofos não têm nenhuma outra prova além da observação da ocorrência do queimar, quando há contato com o fogo, mas a observação prova apenas a simultaneidade, não a causalidade, e, na realidade, não existe outra causa [...] além de Deus[125].

É interessante contrastar essa visão com a de Santo Tomás de Aquino na *Suma Contra os Gentios*, na qual afirma que *"quem quer que responda à pergunta 'por que a madeira esquentou?' responde apropriadamente 'porque Deus quis' se pretende levar a pergunta até a causa primeira; mas inapropriadamente, se pretende excluir todas as outras causas"*. O Aquinate disse que esta última posição *"é o erro daqueles que creem que todas as coisas se seguem, sem nenhum plano racional, da pura vontade de Deus. É esse o erro dos defensores da Lei dos Mouros, como diz rabi Moisés [Maimônides]; segundo eles, não faz diferença se o fogo esquenta ou esfria, a menos que Deus [diretamente] queira que assim seja"*[126].

Sem causalidade na ordem natural, qualquer coisa pode sair de qualquer coisa, e nada se segue necessariamente. Como, nessas circunstâncias, pode o homem viver sem qualquer sentido prático e diário, sem saber o que se seguirá a quê? Como diz al-Ghazali (imitando as objeções dos adversários), *"Afinal, Deus é capaz de tudo, e não é necessário que o cavalo seja criado do esperma, nem que a árvore seja criada da semente — aliás, não é necessário que nenhum dos dois seja criado a partir de nada"*[127]. Como, então, o criador de cavalos ou o horticulturista fazem

---

[125] Idem. *Ibidem*.

[126] AQUINO, Santo Tomás de. *Summa Contra Gentiles* [*Suma Contra os Gentios*], Livro 3, cap. 97. Disponível em: http://www.op-stjoseph.org/Students/study/thomas/ContraGentiles3b.htm#97, acessado em 01/jul/2019.

[127] AL-GHAZALI. *The Incoherence of the Philosophers. Op. cit.*, p. 174.

seu trabalho? Se o fogo não queima o algodão, como o cozinheiro faz fogo para cozinhar uma refeição? Al-Ghazali responde que *"Deus criou dentro de nós o conhecimento de que Ele não realizará tudo que é possível"*[128]. Deus, aparentemente, mantém seus hábitos – a doutrina de *'ada* (o "hábito" de Deus). *"São possibilidades que podem ou não podem ocorrer. Porém, o hábito contínuo de sua ocorrência repetida, uma vez após a outra, fixa inabalavelmente em nossas mentes a crença em sua ocorrência segundo hábitos pregressos"*[129]. Mas é *só* isso – uma crença em um hábito, nada mais.

O sentido último disso é que *"não há unidade no mundo, moral, física, ou metafísica; tudo depende da vontade individual de Alá"*[130]. Averróis expressou a consequência inescapável dessa posição ao dizer que

> Uma vez que se afirme que não há intermediários entre os começos e os fins dos produtos, dos quais depende a existência desses fins, não haverá ordem nem organização [neste mundo]. E se não há ordem nem organização, então não haveria indicação de que esses entes existentes têm um agente voluntário e cognoscente. Afinal, a ordem, a organização e a fundamentação dos efeitos nas causas são os indicadores de que [entes existentes] foram produzidos por meio de conhecimento e sabedoria[131].

É esse exatamente o ponto controverso: para Averróis e Santo Tomás de Aquino, a origem da criação é conhecimento e

---

[128] Idem. *Ibidem.*
[129] Idem. *Ibidem.*
[130] MACDONALD, Duncan. *Aspects of Islam.* New York: Macmillan Company, 1911. p. 142.
[131] AVERROES. *Faith and Reason in Islam,* p. 87.

sabedoria; para al-Ghazali, é vontade e poder. Conhecimento e sabedoria têm ordem intrínseca; vontade e poder, não.

Al-Ghazali parece ter sido impelido a abraçar essa visão porque ele, como al-Ash'ari, achava que aceitar causa e efeito na ordem natural significaria que Deus agia por necessidade e não por livre-arbítrio. Isso significaria um mundo criado por necessidade, e não *ex nihilo*, livremente. Se "x causa y" na ordem natural de tal modo que "y *deve* seguir-se a x", então uma sequência determinista de causalidade necessária poderia ser readaptada em toda a cadeia do ser até chegar ao próprio Alá. Deus então seria incapaz de milagres, cuja defesa parece uma das grandes preocupações de al-Ghazali. Também, a sugestão da operação autônoma ou semiautônoma de causa e efeito natural invalidaria a onipotência de Deus e implicaria o politeísmo, permitindo uma causa que não é Deus. Se Ele não é a única causa, então Ele não é Deus, que não admitirá outras causas diante de Si.

Foi tão grande a influência da escola asharita, e em particular de al-Ghazali, que a negação da causalidade secundária foi embutida na ortodoxia sunita. Ela foi repetida pelo jurista *hanafi* egípcio Ahmad ibn Naqib al-Misri (†1368) em *Confiança do Viajante: Manual Clássico de Lei Sacra Islâmica*. Al-Misri escreveu que *"a ciência dos materialistas"* baseia-se na *"convicção dos materialistas de que as coisas em si mesmas ou por sua própria natureza têm um influência causal que independe da vontade de Alá. Acreditar nisso é uma incredulidade que afasta a pessoa dos limites do islã"*[132].

Trazendo esse ensinamento ao século XV, Muhammad Yusuf as-Sanusi, usando alguns dos exemplos de al-Ghazali, escreveu:

---

[132] AL-MISRI, Ahmad ibn Naqib. *Reliance of the Traveller: A Classic Manual of Sacred Islamic Law* (Umdat al-Salik). Org. trad. Nuh Ha Mim Keller. Beltsville: Amana Publications, 1997.

Você fica ciente da impossibilidade de que qualquer coisa no mundo venha a produzir qualquer efeito, porque isso supõe a remoção daquele efeito do poder e da vontade de nosso majestoso e poderoso Protetor [...]. Aliás, a comida não tem efeito na saciedade, nem a água na umidificação da terra [...] nem o fogo no queimar [...]. Saiba que é Deus desde o começo, sem que as demais coisas que acompanham tenham qualquer intervenção ou efeito, nem por sua natureza, nem por uma faculdade ou peculiaridade nelas colocadas por Deus, como pensam muitas pessoas ignorantes [...]. Quem quer que afirme que as coisas produzem efeitos por sua própria natureza é um incrédulo.

Quanto ao aparecimento de causas, *"Deus as criou como sinais e indicações das coisas que ele deseja criar sem qualquer conexão lógica entre elas e aquilo de que são indicações. Assim, Deus pode romper a ordem habitual das coisas sempre que deseja, e para quem quer que Ele deseje"*[133].

Esse ensinamento e seus profundos efeitos são os motivos pelos quais, mesmo no século XXI, Fouad Ajami disse: *"Onde quer que eu vá no mundo islâmico, sempre encontro o mesmo problema: causa e efeito, causa e efeito"*[134]. Dou um exemplo deste problema do fim do século XX. Em *Islam and Science*, o físico paquistanês Pervez Hoodbhoy escreve sobre a tentativa do Instituto de Estudos de Políticas Públicas, ramo do grupo islamista Jamaat-e-Islami, de garantir que os livros-texto de ciência do

---

[133] GUILLAUME, Alfred. *Islam. Op. cit.*, p. 141. Ver, também: KENNY, Joseph. *Philosophy of the Muslim World. Op. cit.*, p. 61.
[134] Como dito ao autor, em Washington, DC, em 2005.

Paquistão estivessem suficientemente islamizados. As instruções do instituto ditavam que *"ao escrever um livro de ciências para crianças do terceiro ano, não se deve perguntar: 'O que acontece se um animal não comer?' Antes, deve-se perguntar o seguinte: 'O que acontecerá se Alá não der comida ao animal?'"*[135]. Também, afirma Hoodbhoy, *"O efeito não deve ser relacionado à causa física. Fazer isso leva ao ateísmo. Por exemplo, diz a recomendação do instituto: 'há um veneno latente no subtítulo* A energia causa mudanças *porque ela dá a impressão de que a energia é a verdadeira causa, e não Alá'"*. Hoodbhoy conclui: *"O pressuposto básico da ciência – de que cada efeito físico tem uma causa física correspondente – está sendo especificamente refutado. Em vez de forças físicas, é a contínua intervenção divina que move a matéria"*[136].

A eliminação de causa e efeito torna a previsão epistemologicamente impossível, e teologicamente indesejável. Isso pode resultar em certas condutas peculiares que afetam questões cotidianas. Assim, observa Hoodbhoy, *"Muitos ulemás ortodoxos, se não a maioria, afirmam que a previsão de chuva está fora daquilo que pode ser legitimamente conhecido pelo homem, e usurpa o domínio sobrenatural. Por conseguinte, entre 1983 e 1984, as previsões do tempo foram silenciosamente suspensas pela mídia paquistanesa, embora depois tenham sido restabelecidas"*[137]. Se um Deus incalculável cria o clima diretamente, então o clima não pode ser calculável.

A perda da epistemologia

A previsão do tempo não foi a única vítima epistemológica do asharismo. Em *A Incoerência da Incoerência*, sua refutação de al-Ghazali, Averróis disse que a atividade da razão

---

[135] HOODBHOY, Pervez. *Islam and Science. Op. cit.*, p. 54.
[136] Idem. *Ibidem.*, p. 55.
[137] Idem. *Ibidem.*, p. 47.

"não é nada mais do que seu conhecimento de entes existentes por meio do conhecimento de suas causas". Portanto, *"quem repudia as causas também repudia a razão"*[138]. A negação da causalidade torna *"impossível o conhecimento genuíno, [e] vai nos deixar apenas com a opinião (doxa)"*[139]. Ou, da mesma obra: *"Negar a existência de causas eficientes que são observadas nas coisas sensíveis é um sofisma [...]. A negação da causa supõe a negação do conhecimento, e a negação do conhecimento supõe que nada no mundo pode ser realmente conhecido"*[140]. Outra vez, ele observa que, se a causalidade é negada, *"não existe conhecimento fixo de nada"*, porque *"o verdadeiro conhecimento é o conhecimento da coisa de acordo com o que ela é em si mesma"*[141]. Nesse sentido, a metafísica asharita impossibilita a epistemologia, e veda a seus partidários o conhecimento da realidade.

Certamente não se pode conhecer a ética. Como observou George Hourani, estudioso britânico-libanês, a principal objeção de al-Ash'ari contra a ética racionalista era que *"a razão humana independente supõe um limite ao poder de Deus; afinal, se um homem pudesse julgar o que é certo e errado, ele poderia decidir aquilo que Deus poderia legitimamente prescrever ao homem, e isso seria presunçoso e blasfemo"*. Os asharitas também objetavam que os mutazalitas *"apropriavam-se da função da revelação e a inutilizavam"*[142]. Em sua metafísica, os asharitas garantiam que esse conhecimento ético não pode ser obtido, independentemente da revelação.

---

[138] AVERROES. *Tahafut al-Tahufat (The Incoherence of the Incoherence). Op. cit.*, p. 522.
[139] FAKHRY, Majid. "Rationality in Islamic Philosophy". In: DEUTSCH, Eliot & BONTEKOE, Ron (Ed.). *A Companion to World Philosophies*. Oxford: Blackwell, 1997. p. 508.
[140] AVERROES, *The Incoherence of the Incoherence. Op. cit.*, p. 317.
[141] Idem. *Ibidem.*, p. 325.
[142] HOURANI, George. *Reason and Tradition in Islamic Ethics. Op. cit.*, p. 17.

A moralidade, ou aquilo que é justo, não pode ser conhecida racionalmente por dois motivos. Um é prático: a razão está corrompida demais pelo interesse do homem. Na caracterização da visão asharita feita pelo estudioso muçulmano Fazlur Rahman, *"em um estado natural, a única lei era o interesse. E, como os seres humanos considerarão boas todas as coisas que promovem seu interesse próprio, e más aquelas que impedem seu interesse próprio, Deus, portanto, precisa declarar, por meio da revelação, o que é bom e o que é mau"*[143]. Essa derrogação do *status* da razão quanto a sua corrupção é repetida por al-Ghazali em seu livro *Moderação na Crença*, no qual ele escreve que a razão está tão infectada pelo interesse do homem que não pode conhecer princípios morais; eles só podem ser conhecidos por meio da revelação. Essa era a típica visão asharita de que o homem chama de "bom" o que quer que promova seus interesses próprios, e de "mau" o que quer que os subverta. Portanto, as leis do homem não passam de expressões de sua vontade corrompida.

Os mutazalitas objetavam contra a posição de al-Ghazali de que cada pessoa vai simplesmente criar seu próprio "bem" em conformidade com seus desejos, dizendo:

> Seu discurso se resume a isto: que o "bem" e o "mal" (racionais) podem ser reduzidos a propiciar ou a impedir desejos. Mas vemos que um ser racional considera bom aquilo em que ele não (necessariamente) enxerga nenhum benefício, e (às vezes) considera mau aquilo em que poderia encontrar benefício [...]. Se alguém vê um homem ou animal à beira da morte, acha bom ir salvá-lo [...] ainda que não creia na *sharia*, e também que não espere benefício nenhum disto neste mundo, e também,

---

[143] RAHMAN, Fazlur. *Islam. Op. cit.*, p. 61.

ainda, que isso ocorra em um lugar onde não há ninguém para vê-lo e elogiá-lo por fazer isso. Podemos efetivamente supor a ausência de qualquer motivo (egoísta) [...]. Fica então claro que "bom" e "mau" têm um sentido diferente daquele descrito por você[144].

Al-Ghazali respondeu a essa objeção com uma abordagem tão reducionista que chega a ser quase protomarxista, definindo a razão como excrescência do interesse próprio, quando não das próprias forças materiais. Como parafraseado por Fazlur Rahman, al-Ghazali afirmava que *"quem faz o resgate é levado primariamente a salvar um ser vivo em perigo porque se não fizesse isso feriria seus próprios fortes sentimentos naturais de compaixão: assim, ele está satisfazendo a si mesmo ao resgatar a pessoa em perigo"*[145].

O outro motivo pelo qual o homem não pode distinguir certo e errado de maneira independente, que realmente torna o primeiro motivo próximo do insincero, é epistemológico: o homem *não pode* conhecer aquilo que não existe para ser conhecido (se ele é interessado ou não). Como nada é intrinsecamente certo ou errado, não há nada para ser conhecido sob esse aspecto. Como consequência, o teólogo asharita Abu'l el-Ma'ali al-Juwayni (1028-1085), professor de al-Ghazali, concluía que *"para o servo ou para Deus, nada é obrigatório segundo a razão"*[146]. Essa importante afirmação significa que nada que o homem sabe ou pode descobrir por meio da razão poderia ter qualquer peso moral quanto ao que ele deve ou não deve fazer. Também

---

[144] Idem. *Ibidem.*, p. 106.
[145] Idem. *Ibidem.*
[146] HOURANI, George. *Reason and Tradition in Islamic Ethics. Op. cit.*, p. 133.

significa que as obrigações "morais" que Deus estabelece para o homem não têm origem na razão, nem há nada que Deus seja obrigado a fazer pela razão. Deus pode mandar o que é mau ser bom, ou o que é bom ser mau. A razão não tem nada a ver com a justiça nem com a moralidade. Só a vontade divina absoluta lhes diz respeito.

A perda da moralidade objetiva

Como a razão não é uma fonte de verdade moral, al-Ghazali chega à mesma conclusão que al-Juwayni: *"Da razão não decorre obrigação nenhuma, mas só da charia"*[147]. O motivo metafísico da autoridade exclusiva da revelação em questões morais é que as coisas ou atos não são bons nem maus em si mesmos, segundo sua natureza ou essência. Todos os atos são em si moralmente neutros. Como ensinava al-Juwayni, *"o intelecto não indica nem que uma coisa é nobre nem que é vil em um juízo obrigante (hukm al-takif). Ele é informado a respeito daquilo que deve considerar nobre e vil apenas pelos recursos da lei (shar') e por aquilo que a tradição torna necessário. O princípio do que deve ser dito [sobre algum assunto] é que coisa nenhuma é nobre em si mesma, por seu gênero, ou por um atributo que lhe pertença"*[148].

Essa versão do islã responde de maneira decisiva à famosa pergunta de Sócrates no *Eutifro*: "O piedoso ou santo é amado pelos deuses por ser piedoso? Ou é piedoso por ser amado pelos deuses?"[149] A resposta asharita é a última opção. Alá não ordena certo comportamento porque seja bom; ele é bom porque Alá ordena. Igualmente, Alá não proíbe o assassinato porque seja mau; ele é mau porque Alá proíbe.

---

[147] RAHMAN, Fazlur. *Islam. Op. cit.*, p. 106.
[148] BRAGUE, Rémi. *The Law of God*. Chicago: University of Chicago Press, 2007. p. 166.
[149] PLATÃO. *Eutifro*.

Se Alá é pura vontade, bem e mal são apenas convenções de Alá – algumas coisas são *halal* (permitidas/legítimas) e outras são *haram* (proibidas/ilegítimas), simplesmente porque Ele diz que são e pronto. O mal é simplesmente o que é proibido. O que é proibido hoje poderia ser permitido amanhã, sem incoerência. Deus, em suma, é um positivista jurídico.

Al-Ash'ari expressou essa visão em um diálogo de perguntas e respostas:

> Como o Criador não está sujeito a ninguém nem é obrigado por ordem nenhuma, nada pode ser mau da parte d'Ele.
> *Objeção*: Então, mentir é mau somente porque Deus declarou que é mau.
> *Resposta*: Certamente. E se Ele declarasse que é bom, seria bom; e se Ele ordenasse mentir, ninguém poderia contradizê-lO[150].

Assim, al-Ash'ari excluía tudo de objetivo no caráter dos próprios atos. O mal é apenas uma regra, ou melhor, é não obedecer à regra. Para al-Ash'ari, uma coisa é má somente por ser proclamada má por Deus. Conhecemos os limites e as fronteiras porque foram revelados. Al Juwayni afirmou: *"Assim, o sentido de 'bem' é aquele para cujo agente a escritura revela louvor, e a intenção de 'mal' é aquilo para cujo agente a escritura revela culpa"*[151].

Ninguém, no entanto, é uma autoridade acima de Deus que possa estabelecer limites ou fronteiras para Ele. Escreveu al-Ash'ari:

> A prova de que Ele é livre para fazer o que quer que faça é que Ele é o Monarca Supremo, submetido a

---

[150] *Kitāb al-Ibāna 'an Usul al-Diyāna*. Trad. W. Klein. New Haven, 1940. P. 47-49. Disponível em www.sacred-texts.com, acessado em 8/jul/2019.

[151] HOURANI, George. *Reason and Tradition in Islamic Ethics. Op. cit.*, p. 125.

ninguém, sem nenhum superior acima de Si que possa permitir, ordenar, censurar, proibir, ou prescrever o que Ele fará, e estabelecer limites para Ele. Sendo assim, nada pode ser mau da parte de Deus. Uma coisa é má da nossa parte somente porque transgredimos o limite e a fronteira estabelecida para nós, e fazemos aquilo que não temos o direito de fazer. Porém, como o Criador não está submetido a ninguém, nem é limitado por mandamento nenhum, nada de Sua parte pode ser mau[152].

Portanto, Deus não está submetido à justiça e à injustiça. Não há um padrão segundo o qual Ele possa ser questionado. Se Alá é pura vontade, um ato de Sua pura vontade não pode ser moralmente diferenciado de outro ato de Sua pura vontade. Não há padrões fora d'Ele com os quais fazer isso; aliás, não há padrões dentro d'Ele, também, ou ao menos Ele não está submetido a eles. Ele está além do bem e do mal. Nesse sentido, Deus é nietzscheano. A visão asharita de Deus é uma vindicação ou expressão teológica da famosa afirmação de Trasímaco, na *República*, de que o certo é a lei do mais forte. O "asharismo" é a teologia do "manda quem pode", no sentido de afirmar que a força *deveria* estabelecer o que é certo. Como Deus é o mais forte, seu governo é correto por definição. Alá, então, é não apenas um nietzscheano; é também um sofista, como Trasímaco. George Hourani chama isso de "subjetivismo teísta". Ele afirma:

> É subjetivista porque relaciona os valores à visão de um juiz que os *decide*, negando qualquer coisa objeti-

---

[152] WILLIAMS, John A. (Ed.). *Islam: An Anthology of Some Key Texts Across the Entire Spectrum of Islamic Tradition*. London: Forgotten Books, 1962. p. 193.

va no caráter dos atos em si mesmos que os tornasse certos ou errados, independentemente da decisão ou da opinião de qualquer pessoa. E teísta porque se considera que é Deus quem decide o valor. Um nome mais comum disso é "voluntarismo ético"[153].

O filósofo iraniano Abdulkarim Soroush considera os asharitas os "nominalistas" do islã[154].

Que tipo de sociedade é produzida por essa adoção do Deus nietzscheano? Isso será discutido posteriormente no livro. Por ora, podemos nos perguntar se existe alguma conexão entre ela e a situação observada em Jerusalém pelo autor francês François-René de Chateaubriand (1768-1848) em seu *Itinéraire de Paris à Jérusalem*, de 1811, que chega assustadoramente perto do que se poderia imaginar como sociedade organizada em torno do dito de Trasímaco:

> Acostumados a seguir a sorte de um senhor, não têm lei que os conecte a ideias de ordem e de moderação política; matar, quando se é mais forte, parece-lhes um direito legítimo; eles exercitam esse direito ou submetem-se a ele com a mesma indiferença [...]. Eles não conhecem a liberdade; não têm direitos de propriedade; seu Deus é a força[155].

Em todo caso, parece que essa extraordinária concepção de Deus sem moral é a solução para o problema da teodiceia que o asharismo criou ao negar o livre-arbítrio do homem, ficando ao mesmo tempo com a existência do mal. Enquanto

---

[153] HOURANI, George. *Reason and Tradition in Islamic Ethics. Op. cit.*, 17.
[154] DOULL, Floy E. "Peace with Islam". *Animus. Op. cit.*, p. 15.
[155] VALIUNAS, Algis. "Encountering Islam". *Claremont Review of Books*, Spring 2007. p. 32.

os mutazalitas podiam afirmar que a origem do mal estava na vontade livre mas desordenada do homem, os asharitas não podiam recorrer a essa explicação por negarem essa liberdade. Se Deus é a única causa de tudo, não é Ele também a causa do mal? Para poder absolver Deus dessa acusação, colocaram-nO acima da moral ou desprovido dela. Al-Juwayni descartou a explicação dos mutazalitas para o sofrimento, que justificava Deus dizendo que Ele usaria o sofrimento como remissão dos pecados ou como base para algum bem futuro maior. Para al--Juwayini, essa justificativa era desnecessária e presunçosa; segundo a paráfrase de al-Juwayni feita por George Hourani sobre as *"dores infligidas por Deus a homens e animais"*, *"basta saber que elas foram criadas por Deus, e tudo criado por Deus é bom somente por esse motivo"*[156]. Com esse pequeno truque positivista, desaparece o problema do mal.

Apesar de não ser asharita, Ahmad ibn Hazm, seguidor da seita *zahiri* (que interpretava o Corão segundo seu sentido literal e sem o uso de *qyias*, ou analogias), articulou claramente a mesma visão na Espanha do século XI, o que mostra o quão disseminada tinha ficado a refutação dos mutazalitas. Ele proclamou:

> Qualquer pessoa que diga que Deus não faria nada além do que é bom segundo nosso entendimento, e não criaria nada que nosso entendimento classifica como mau, deve ouvir que [...] aplicou perversamente o raciocínio humano a Deus. Nada é bom sem que Alá determine, e nada é mau, exceto por sua decisão. Nada no mundo, de fato, é bom ou mau em sua própria essência, mas aquilo que Deus considerou bom é bom, e o agente, virtuoso; e, igualmente, aquilo que Deus considerou mau é mau, e o

---

[156] HOURANI, George. *Reason and Tradition in Islamic Ethics*. Op. cit., p. 133.

agente é um pecador. Tudo depende do decreto de Deus, pois um ato que pode em um momento ser bom pode ser mau em outro[157].

Em seu discurso em Regensburg, o papa Bento XVI referia-se a esse aspecto do islã quando citou Ibn Hazm: *"Se fosse a vontade de Deus, teríamos até de praticar a idolatria"*[158]. Assim, a *"obrigação [moral] só é inteligível segundo os ordenamentos da revelação"*, e certamente não a partir da razão. Ibn Hazm disse: *"Cabe apenas ao intelecto entender o mandamento de Deus, o Exaltado, e [entender] a obrigação [ou necessidade] (wujub) de evitar a transgressão em casos em que se deve temer a punição eterna"*[159].

No século XIV, al-Misri reiterou os ensinamentos asharitas sobre a impossibilidade de a razão conhecer a ética, e sobre o monopólio que a revelação tinha desse conhecimento:

> A premissa básica dessa escola de pensamento é que o bem dos atos daqueles moralmente responsáveis é aquilo que o Legislador (Alá ou Seu mensageiro) indicou que é bom ao permiti-lo ou ao pedir que fosse feito. E o mau é aquilo que o Legislador indicou que é mau ao pedir que não fosse feito. O bom não é aquilo que a razão considera bom, nem o mau aquilo que a razão considera mau. A medida de bom e mau, segundo essa escola de pensamento, é a Lei sagrada, não a razão[160].

---

[157] MURAWIEC, Laurent. *The Mind of Jihad*. Cambridge: Cambridge University Press, 2008. p. 155.

[158] "Discurso na Universidade de Regensburg". Citado em: http://www.ewtn.com/library/papaldoc/b16bavaria11.htm, acessado em 8/jul/2019.

[159] HOURANI, George. *Reason and Tradition in Islamic Ethics*. Op. cit., p. 170.

[160] AL-MISRI. *Reliance of the Traveller*.

Muhammad Yusuf as-Sanusi demonstrou a constância com que essa visão era afirmada ao reformulá-la no começo do século XV:

> É impossível para o Exaltadíssimo determinar que um ato é obrigatório ou proibido [...] por causa de algum objetivo, porque todos os atos são iguais na medida em que são Sua criação e produção. Portanto, a especificação de que certos atos são obrigatórios e outros são proibidos, ou possuem qualquer outra determinação, acontece por pura escolha d'Ele, a qual não tem causa. A inteligibilidade não tem lugar nenhum nisso, podendo ser conhecida apenas pela lei revelada (*shairi'a*)[161].

Essa visão é relevante ainda hoje. Como conta Ed Husain, muçulmano britânico, em *The Islamist*, [*O Islamita*]:

> O *sheikh* Nabhani [fundador do Hizb ut-Tahrir, grupo dedicado à restauração do califado] sempre ensinou que não existe moralidade no islã; era simplesmente aquilo que Deus ensinava. Se Alá permitisse, era moral. Se proibisse, era imoral[162].

As consequências dessa orientação ética foram captadas pelas descrições do comportamento árabe depois de Maomé, feitas por Ignaz Goldziher, grande estudioso judeu húngaro do islã:

> As pessoas não perguntavam o que, em uma determinada situação, seria bom ou adequado em si mesmo, mas aquilo que o Profeta e seus Compa-

---

[161] KENNY, Joseph. *Islamic Monotheism: Principles and Consequence*. p. 8.
[162] HUSAIN, Ed. *The Islamist*. London: Penguin Books, 2007. p. 42.

nheiros tinham dito a respeito, como tinham agido, e o que, assim, tinha sido transmitido como as devidas visão e ação[163].

Como nada é bom ou adequado em si mesmo, essa era a única alternativa – uma espécie de positivismo jurídico completo, enraizado em textos da escritura e em relatos do que Maomé fez e falou. Em vez de dedicar-se à filosofia moral, era preciso discernir a *isnad*, ou cadeia de transmissão, para autenticar um dito de Maomé nos *hadiths* que pudesse se aplicar a uma certa situação para guiamento moral – caso não houvesse uma clara diretriz do próprio Corão. O dito, ou *hadith*, poderia ser julgado, não segundo algum mérito intrínseco ou valor moral, mas *somente* por sua genealogia e pela credibilidade das testemunhas. Eis um exemplo do uso da *isnad* para validar um *hadith* usado pelo vice de Osama bin Laden (1957-2011), Ayman al-Zawahiri:

> Ouvimos de Harun bin Ma'ruf, citando Abu Wahab, que citou Amru bin al-Harith, citando Abu Ali Tamamah bin Shafi, que ouviu Uqbah bin Amir dizendo: "Ouvi o Profeta dizer do púlpito: 'Contra eles preparem sua força'"[164].

É difícil exagerar a importância da posição asharita. Ela impossibilita a filosofia moral, como na *Ética* de Aristóteles. Nessa forma de islã, não há sentido em o homem realizar sua natureza, nem sentido no "bem" como aquilo que o ajuda a fazer isso, nem sentido em o homem realizar sua natureza definindo seu "bem". Antes o bem é entendido apenas como questão de obe-

---

[163] MURAWIEC, Laurent. *The Mind of Jihad*. Op. cit., p. 156.
[164] WRIGHT, Lawrence. "The Rebellion Within". *New Yorker*, June 2, 2008.

diência aos mandamentos externos de Deus – quaisquer que sejam – sem relação com qualquer lógica interna no homem ou na criação. Como afirma o Corão: *"É possível que repudieis algo que seja um bem para vós e, quiçá, gosteis de algo que vos seja prejudicial; todavia, Deus sabe todo o bem que fizerdes"* (2, 216). Não apenas você não sabe, como você *não pode* saber. Assim, você só pode perceber o que é bom ou mau por meio do Corão ou da *sharia*. Isso significa que, nessa forma de islã, não pode haver distinção entre lei e moralidade. A lei é a moralidade. Não há moralidade fora da lei revelada. Como consequência, escreveu Fazlur Rahman, o ensinamento de que *"a razão pura não cria obrigação nenhuma, ou de que 'a razão não é um Legislador' (inna l-aql laysa bi-shari) tornou-se o axioma jurídico de todos os juristas muçulmanos"*[165]. É possível enxergar a penetração dessa visão até o século XIX. 'Abd al-Ali Muhammad al Ansari afirmou: *"Ninguém que professe o islã teria a audácia de considerar legisladora a razão humana"*[166].

Isso explica a avassaladora proeminência da jurisprudência no islã sunita. Sua dominância é o resultado direto da metafísica ocasionalista, do colapso subsequente da epistemologia e da ética voluntarista proferida pelos asharitas. Sua proeminência vem de um processo de eliminação. Tudo o que resta é *fiqh* ou jurisprudência. Isso teve consequências importantes, de longo alcance, para o mundo muçulmano. Como explica o estudioso muçulmano contemporâneo, Bassam Tibi,

> A ortodoxia-*fiqh* teve o poder de determinar o currículo da educação islâmica. Assim, foi perdida a distinção entre *fiqh* e *falsafa* [filosofia]. No islã, *ilm* [ciência] foi identificada com *fiqh*. Debate nenhum

---

[165] RAHMAN, Fazlur. *Revival and Reform in Islam. Op. cit.*, p. 61.
[166] BRAGUE, Rémi. *The Law of God. Op. cit.*, p. 160.

era permitido, e essa mentalidade levou ao declínio da civilização islâmica[167].

Acrescenta ele: *"O controle do sistema educacional permitiu que a ortodoxia-*fiqh *impedisse a disseminação da tentativa dos racionalistas islâmicos de escapar do conceito religioso herdado da ordem natural do mundo"*[168]. Isso resultou na substituição do pensamento crítico pela decoreba. O traço mais proeminente da educação muçulmana tornou-se a memorização.

A deslegitimação da ética como campo de investigação racional também levou, muito logicamente, à infantilização moral de muitos muçulmanos, que não tinham permissão para pensar por conta própria se um ato era bom ou mau, legítimo ou proibido. Se você não tem o conhecimento necessário da lei quanto a um ato específico, deve consultar a autoridade da jurisprudência. No islã contemporâneo, isso resultou, em lugares como o Cairo, em coisas como programas disque-*fatwa*, em que um *mufti* fica à disposição para responder por telefone, mediante pagamento, as questões morais do dia. A TV, o rádio, e os jornais também oferecem torrentes de *fatwas*. A *reductio ad absurdum* a que isso chegou foi ilustrada pelo padre Samir Khalil Samir, jesuíta egípcio, com os seguintes exemplos do Cairo em 2006: *"Deve ou não deve uma lavanderia (há lavanderias por toda parte no Egito) lavar as roupas de uma mulher que normalmente não usa seu véu islâmico?" "Se uma mulher sai do banho nua e há um cachorro no apartamento, ela fez algo proibido?"* Resposta: *"Depende do cachorro. Se for macho, a mulher fez algo proibido"*.

Outra *fatwa*, relatada nos jornais: *"Enquanto rezo, passa uma mulher. Minha prece é válida ou não?"* Resposta: *"Se um ju-*

---

[167] TIBI, Bassam. *Islam's Predicament with Modernity*. New York: Routledge: 2009. p. 244.
[168] Idem. *Ibidem.*, p. 254.

mento, uma mulher, ou um cachorro preto passam, a prece deve ser repetida". Explicação: *"O jumento é um animal impuro; o cachorro preto poderia ser Satanás disfarçado; as mulheres são impuras de qualquer jeito"*[169].

Em vez de aceitar a moralidade como algo dentro do alcance da razão, os asharitas pareciam sofrer de um temor subjacente de que, se o homem pudesse chegar autonomamente a um entendimento do bem e do mal, talvez também pudesse ser autônomo. Essa possibilidade não poderia ser permitida, pois questionaria diretamente o *status* radicalmente contingente do homem como alguém que depende totalmente de um Deus todo-poderoso. Deus não é "como" nada, nem comparável a nada. Se o homem pudesse definir a moralidade por meio da razão, ele seria, de certo modo, semelhante a Deus ou à Sua semelhança. Essa proposição era pura *shirk*.

Aqueles que procuram o motivo de a liberdade de consciência não ser reconhecida nas quatro escolas jurídicas do islã sunita podem encontrar uma explicação possível meditando sobre este ensinamento. A premissa básica da liberdade de consciência é que o homem é capaz de apreender a verdade moral, e que todos os homens são dotados dos meios de alcançá-la por meio de sua razão. Isso é verdadeiro até à luz da corrupção do homem pelo interesse. Como escreveu Santo Agostinho (354-430), *"não há alma, por mais corrompida, em cuja consciência Deus não possa falar, desde que a razão ainda opere. Afinal, quem escreveu a lei natural nos corações dos homens, se não Deus?"*[170]

---

[169] SAMIR, Samir Khalil. "Imams' Ignorance Holds Back Cultural Development of Those Who Want to Live According to Islam". *Asia News* (September 6, 2006). Disponível em: http://www.asianews.it/index.php?l=en&art=7143&dos=73&size=A, acessado em 07/jul/2019.

[170] BRAGUE, Rémi. "Are Non-Theocratic Regimes Possible?" *Intercollegiate Review* (Spring 2006), p. 11.

Solape a integridade da razão e você subverte o fundamento da liberdade de consciência. Como a razão não tem integridade no islã asharita, não há base para a liberdade de consciência. Aliás, não existe termo árabe para consciência[171]. Isso, é claro, não significa que o islã não tenha senso moral. Simplesmente significa que seu senso moral não é produto da consciência. Aliás, essa forma de islã não admite a possibilidade de que haja qualquer base racional a partir da qual rejeitar o islã, porque ela não oferece qualquer base para a razão. O islã é chamado de *din al-fitra*, a religião "natural" do homem, porque foi diretamente revelada por Alá, a primeira e única causa. Portanto, o desvio dela deve ser visto como forma de perversidade voluntária. O Corão adverte: *"quem quer que almeje [impingir] outra religião, que não seja o islã, [aquela] jamais será aceita e, no outro mundo, essa pessoa contar-se-á entre os desventurados"* (3, 85).

É por isso que a escola sunita prescreve a morte para a apostasia.

A perda da justiça

A lei é tudo o que resta nas ruínas – a lei como imposição voluntarista e externa de Deus. Mais ainda, trata-se de uma lei que não tem nada a ver com a justiça no sentido clássico do termo. É uma lei oca, puramente jurídica, sem fundamento na lei natural. Se justiça é dar às coisas o que lhes é devido segundo o que elas são, então é preciso saber o que as coisas são a fim de agir de maneira justa. Como as coisas na visão asharita não têm natureza, portanto, não é possível apreendê-las desse modo; elas são apenas reuniões momentâneas de átomos.

O que, então, é a justiça, e como ela pode ser discutida? Somente, ao que parece, dizendo que Alá manda fazer certas coisas e

---

[171] GOLDZIHER, Ignaz. *Introduction to Islamic Theology and Law*. Op. cit., p. 16.

não fazer outras – o âmbito exclusivo da revelação. Como definiu al-Shafi'i, fundador da escola jurídica *shafi'i*: *"Justiça é agir em obediência a Deus"*[172]. O que quer que a lei ordene é justo, e não há como pensar na justiça fora dessa definição. Em *Al-Mustasfa fi'Ilm al-Usul* [o melhor sobre o tema da teologia (islâmica)], al-Ghazali deixou isso explícito: *"Wajib* [aquilo que é obrigatório ou necessário] *não tem sentido (ma'na), exceto o que o Deus, o Exaltado, fez necessário (awjaba) e ordenou, ameaçando de punição pela omissão; assim, se não há revelação, qual o sentido de* wajib*?"*[173].

A resposta a essa pergunta retórica, obviamente é: nenhum. Nada é necessário no comportamento do justo além daquilo que Deus revelou ser necessário; também não como responder à pergunta sobre aquilo que o justo deveria fazer que não seja recorrer à revelação.

E, como pergunta al-Ghazali, outra vez retoricamente, *"Se Ele não tivesse anunciado, como se saberia que haveria Recompensa?"*[174]. Claro que, a partir de premissas asharitas, não se saberia nem se poderia saber, caso Ele não tivesse anunciado. Ao contrário dos mutazalitas, al-Ghazali não pode responder que a recompensa poderia ser inferida da natureza de um Deus cuja essência inclui o atributo da justiça, da qual ele imbuiu no homem algum sentido. E, ao contrário do ensinamento mutazalita, a revelação não simplesmente *revela* o que é bom ou mau; ela *constitui* o que é bom ou mau. Portanto, ela é a única fonte de informações sobre o que deve ser recompensado.

Por que Deus decidiu punir certos atos e recompensar outros? Como Deus pode criar regras sem razão, não pode haver resposta para essa pergunta. Porém, qual poderia ser o

---

[172] HOURANI, George. *Reason and Tradition in Islamic Ethics. Op. cit.*, p. 33.
[173] Idem. *Ibidem.*, p. 140, 156.
[174] Idem. *Ibidem.*, p. 156.

conteúdo dessa justiça? Se você age de acordo com esse entendimento de justiça, pode-se confiar que há consequências para o seu comportamento? Como as coisas são *haram* apenas por convenção de Alá, Alá não pode decidir arbitrariamente recompensar aqueles que cometem esses atos, e punir aqueles cujos atos são *halal*? Isso pareceria bater de frente com o Corão, no versículo 25 da terceira Sura: *"Que será deles, quando os congregarmos, no Dia Indubitável, em que cada alma será recompensada segundo o seu mérito, e não será defraudada?"*

Porém, o Corão também afirma: *"Ele perdoará a quem desejar e castigará a quem Lhe aprouver, porque é Onipotente"* (2, 284). E *"Ele perdoa a quem Lhe apraz e castiga quem quer. Só a Deus pertence o reino dos céus e da terra e tudo quanto há entre ambos, e para Ele será o retorno"* (5, 18). E *"Ele castiga a quem deseja e perdoa a quem Lhe apraz, porque é Onipotente"* (5, 40).

Al-Ghazali explica:

> A justiça de Alá não deve ser comparada com a justiça do homem. Pode-se supor que um homem aja de maneira injusta invadindo a posição de outro, mas não se pode conceber injustiça na posição de Alá. Está em Seu poder verter dilúvios sobre a humanidade, e, caso Ele fosse fazer isso, sua justiça não poderia ser acusada. Não há nada que Ele possa ser obrigado a fazer, nem se pode supor injustiça nenhuma d'Ele, nem Ele pode ter qualquer obrigação com absolutamente ninguém[175].

Não se pode conceber injustiça nenhuma em Alá porque, segundo al-Ghazali, a justiça significa cumprir uma obrigação – algo que fosse causar um grave dano caso não fosse feito.

---

[175] AL-GHAZALI. *The Incoherence of the Philosophers. Op. cit.*

Deus não tem obrigações, nem pode ser prejudicado. Bem e mal, justiça e injustiça, dizem respeito a algo realizar ou frustrar um propósito. Como Deus não tem propósito, esses termos são supérfluos para Ele. Ele pode fazer qualquer coisa, e não é possível que haja culpa nenhuma. Como diz o Corão, *"Ele não poderá ser questionado quanto ao que faz"* (21, 23).

Em *O Caminho do Meio na Teologia*, al-Ghazali diz:
> Afirmamos que é admissível para Deus, o Exaltado, não impor obrigações a Seus servos, mas também impor-lhes obrigações incumpríveis, causar dor a Seus servos sem compensação e sem ofensa [anterior da parte deles]; que não é necessário para ele cuidar do que é mais vantajoso para eles, nem recompensar a obediência ou punir a desobediência[176].

Isso, é claro, é a antítese da posição mutazalita de que Deus tem de recompensar o bem e punir o mal, e de que Ele não imporá ao homem obrigações que estão além de sua capacidade de cumprir.

Al-Ghazali coloca as seguintes palavras na boca de Deus: *"Estes para a bênção; e estes para o Fogo, e não me importo"*[177]. Por mais perturbadora que seja essa expressão da indiferença divina, ela claramente se baseia em um *hadith*:
> Abu Darda' relatou que o Santo Profeta disse: Alá criou Adão quando o criou. Então tocou seu ombro direito e tirou uma raça branca como se fossem sementes, e tocou seu ombro esquerdo e tirou uma raça negra como se fossem pedras de carvão. Então Ele disse àqueles que estavam em seu ombro direito: Para o paraíso, e

---

[176] HOURANI, George. *Reason and Tradition in Islamic Ethics*. Op. cit., p. 144.
[177] GAIRDNER, W. H. T. *The Rebuke of Islam*. Op. cit., p. 58.

não me importo. E disse aos que estavam no ombro esquerdo: Para o Inferno, e não me importo[178].

Uma história popular de um incidente muito provavelmente ficcional, relatado pelo historiador oitocentista *Sir* William Muir, ilustra o mesmo ponto:

> Quando o Califa Omar viajou para Jerusalém para receber sua rendição, ele fez um discurso, durante o qual usou esta citação do Corão: "Quem quer que o Senhor deseje guiar, será corretamente guiado; e quem o Senhor desviar, este não encontrará guardião nem guia". "Deus nos livre!", gritou um sacerdote cristão da multidão, interrompendo o califa, e sacudindo a vestimenta em um gesto de discórdia indignada; "o Senhor não desvia ninguém, mas deseja a direção correta para todos". Omar perguntou o que aquele cristão "inimigo do Senhor" estava dizendo. Ele diz, respondeu o povo, que "Deus não desvia ninguém". Omar retomou o discurso, e uma segunda vez o sacerdote interrompeu-o naquelas palavras chocantes. Omar ficou com raiva, e disse: "Por Deus! Se ele repetir isso de novo, certamente vou decapitá-lo agora mesmo". Assim, o cristão ficou calado, e Omar continuou. "Aquele que é guiado pelo Senhor, ninguém desvia; e aquele que o Senhor desvia, não pode ser guiado"[179].

Claro que as palavras do padre neste diálogo poderiam ter vindo também de um mutazalita.

---

[178] Idem. *Ibidem*. Citação de: AL HADIS. *Mishkat-ul-Masabih*. Trad. al-Haj Maulana Fazlul Karim. New Deli: Islamic Book Service, 1998. Vol. 3, cap. xxxii, 454w, p. 117-18.

[179] MUIR, Sir William. *Corân*. London: Society for Promoting Christian Knowledge, 1854. p. 55-56. Disponível em: www.muhammadanism.org, setembro de 2006, acessado em 07/jul/2019.

Essa visão da arbitrariedade de Alá foi mantida de modo constante pelos asharitas e por suas escolas aliadas. No *Kitab al-Fisal* (*Exame Crítico Detalhado*), Ibn Hazm (994-1064) afirmou: "*Ele julga como Lhe apraz, e o que quer que Ele julgue é justo*"[180]. Ibn Hazm deixa claro que "o que quer" pode significar qualquer coisa: "*Se Deus, o Exaltado, informou-nos de que nos puniria pelos atos dos outros [...] ou por nossa própria obediência, tudo isso seria certo e justo, e seríamos obrigados a aceitar*"[181]. O teólogo asharita al Fakhr al-Razi (1149-1209) declarou: "*É possível, de acordo com nossa religião, que Deus mande os blasfemadores para o paraíso e os justos e fiéis para o fogo (eterno), porque só a Ele pertence o domínio, e ninguém pode detê-lO*"[182]. Isso, é claro, é o exato oposto do ensinamento de Abd al-Jabbar sobre "a promessa e a ameaça", e também de múltiplos versículos do Corão que dizem que a justiça de Alá é confiável.

Para quem está de fora, essa dimensão caprichosa dessa forma do islã era clara já desde a Idade Média. O grande filósofo judeu Maimônides (1135-1204) falava de suas experiências no Egito para ilustrar a maneira como pensam alguns muçulmanos. Toda manhã, o califa passeia pelo Cairo e toda manhã ele toma o mesmo caminho, disse Maimônides, mas amanhã ele poderia tomar um caminho diferente. Por quê? Porque ele é o califa e pode fazer o que quer. Toda manhã, o Sol nasce no leste e se põe no oeste. Acontece assim há anos; aconteceu hoje. Mas amanhã ele pode nascer no sul e se pôr no norte. Isso depende da vontade de Alá e não se pode dizer que o Sol não fará isso. (Aliás, certos textos apocalípticos islâmicos preveem

---

[180] HOURANI, George. *Reason and Tradition in Islamic Ethics*. Op. cit., p. 173 (Fisal, 3:98 e 105).
[181] Idem. *Ibidem.*, p. 174 (Fisal, 3:92).
[182] SHEHADEH, Imad N. "The Predicament of Islamic Monotheism". Op. cit., p. 149.

que o Sol nascerá no oeste). Maimônides concluiu que *"a coisa que existe* [na natureza] *com certas formas, dimensões, e propriedades permanentes e constantes apenas segue a direção do hábito [...]. Sobre esse fundamento seu tecido inteiro é construído"*[183].

Maimônides não foi o único a ter reparado que isso é um problema. Em *Aulas sobre a História da Filosofia*, Georg Wilhelm Friedrich Hegel observava que, nessa versão do islã, "a atividade de Deus é representada como perfeitamente desprovida de razão"[184]. Hegel disse:

> Tudo o que podemos discernir aqui é a completa dissolução de toda interdependência, de tudo o que diz respeito à racionalidade [...]. [A atividade de Deus] é totalmente abstrata, e é por isso que a diferenciação que foi postulada por meio dela é totalmente contingente [...]. Os árabes desenvolveram ciências e filosofia dessa maneira, nas quais tudo é capricho[185].

Em *O Declínio do Ocidente*, Oswald Spengler escreveu que:
> O islã é precisamente *a impossibilidade de um Eu como um poder livre em relação ao divino* [...]. Na caverna cósmica inteira existe apenas uma causa, que é a base imediata de todos os efeitos visíveis: a divindade, a qual não tem mais motivo nenhum para seus atos[186].

---

[183] JAKI, Stanley. *Jesus, Islam, Science*. Op. cit., p. 214; MAIMONIDES, *Guide for the Perplexed*. Parte 1, cap. 73, 128.

[184] DOULL, Floy E. "Peace with Islam". *Animus*. Op. cit., p. 11.

[185] HEGEL, G. W. F. "Arabic Philosophy". In: *Lectures on the History of Philosophy*. Ed. Brown. Oxford: Oxford University Press, 2009. p. 38-39.

[186] SPENGLER, Oswald. *The Decline of the West*. Trad. Arthur Helps. Oxford: Oxford University Press, 1991.

Esse aspecto de Alá também foi notado pelo islamista radical Sayyid Qutb (1906-1966), em *A Sombra do Corão*:

> Toda vez que o Corão formula uma promessa definida ou lei constante, ela é acompanhada de uma afirmação que dá a entender que a vontade Divina não tem nenhuma limitação ou restrição, inclusive aquelas baseadas em uma promessa de Alá ou em uma lei Sua. Afinal, Sua vontade é absoluta, além de qualquer promessa de lei[187].

A perda do livre-arbítrio

Assim como a metafísica asharita torna incompreensível qualquer noção da justiça de Deus – sendo a justiça definida como *o que quer que Deus faça* –, ela também tem um impacto devastador na noção de liberdade humana. Enquanto, para os mutazalitas, a liberdade do homem é uma questão de justiça divina, para os asharitas a liberdade do homem é uma ofensa à onipotência de Deus. Para eles, Deus não seria onipotente se outro ser sequer fosse potente. O poder é indivisível. Se o homem é a causa de suas próprias ações, então como Deus pode ser onipotente? A Primeira Causa tem de ser a única causa. Quais são, então, as implicações para o homem, uma vez que ele é constituído por átomos espaço-temporais que estão instantaneamente entrando e saindo da existência diretamente por ordem de Deus? Será que os seres humanos guardam qualquer capacidade de agir por conta própria? Em seu livro *Al-ibanah 'an Usul al-Diyanah* (*A Clara Formulação dos Elementos Fundamentais da Fé*), al-Ash'ari descreve o poder arbitrário de Deus como algo que sobrepuja a iniciativa humana:

---

[187] QUTB, Sayyid. *A Sombra do Corão. apud* SHEHADEH, Imad N. "The Predicament of Islamic Monotheism". *Op. cit.*, p. 149.

Acreditamos que Alá criou tudo, simplesmente mandando; Seja, como Ele diz [Corão, 16, 40]: "Sabei que quando desejamos algo, dizemos: Seja! e é"; e que nada há de bom ou mau na terra, exceto aquilo que Alá preordenou. Sustentamos que tudo acontece por meio da vontade de Alá, e que ninguém pode fazer coisa nenhuma antes que Ele efetivamente a faça, nem fazê-la sem assistência de Alá, ou fugir do conhecimento de Alá. Sustentamos que não existe Criador além de Alá, e que os atos da criatura são criados e preordenados por Alá, como Ele disse [Corão 37, 94:]: "Apesar de Deus vos ter criado, bem como o que elaborais" [...]. Sustentamos que Alá ajuda os fiéis a obedecê-lO, favorece-os, é gracioso para com eles, reforma-os e guia-os; que Ele desviou os infiéis, não os guiou nem os favoreceu com sinais, como afirmam os ímpios hereges. Porém, caso Ele fosse favorecê-los e reformá-los, eles teriam sido justos, e, se Ele os tivesse guiado, eles teriam sido guiados corretamente [...]. Porém, foi vontade d'Ele que eles fossem ímpios [singular: *kafir*], como Ele previu. Assim, Ele os abandonou e vedou seus corações. Acreditamos que bem e mal resultam do decreto e da preordenação de Alá [*qada' wa qadar*]: bom e mau, doce ou amargo, e sabemos que aquilo que desviou de nós não poderia ter-nos alvejado, ou que aquilo que nos alvejou não poderia ter-se desviado, e que as criaturas não são capazes de obter benefícios ou malefícios sem Alá[188].

---

[188] AL-ASH'ARI. *Al-ibanah 'an Usul al-Diyanah. apud* FAKHRY, Majid, "Rationality in Islamic Philosophy". *Op. cit.* p. 507-08.

O homem, portanto, não pode nem originar nem concluir uma ação. Segundo al-Ash'ari, ele só pode tencionar, e é pela intenção que ele é julgado. Duncan Macdonald resume a visão de al-Ash'ari:

> Nenhum outro ser além de Alá detém qualquer ato – *qualquer ato*. Desde Alá e de Alá tudo são atos. Em sentido nenhum pode-se dizer quando, por exemplo, eu levanto este livro, que o ato me pertence [...]. Assim, o movimento da minha mão para segurar o livro, seu movimento erguendo o livro, o movimento do próprio livro para cima, todos envolvem uma sequência – rápida, claro – invisível – de criações miraculosas diretamente de Alá[189].

Segundo Macdonald, para al-Ash'ari:

> O homem não pode criar coisa nenhuma; Deus é o único criador; o poder do homem também não produz efeito nenhum em suas ações. Deus cria em Sua criatura poder (*qudrah*) e escolha (*ikhtiyar*). Então Ele cria nele as ações correspondentes ao poder e à força criados[190].

Para dar o próprio exemplo de al-Ash'ari, um homem pega a caneta e escreve. Porém, é Deus que cria nele a vontade de escrever, o poder de escrever, e em seguida o movimento da mão sobre o papel com a caneta. Alá então causa o aparecimento das figuras no papel quando a caneta o toca.

Em que sentido, então, podem estes ser atos do homem? Al-Ash'ari responde com a curiosa ideia de que o homem os

---

[189] MACDONALD, Duncan. *Aspects of Islam. Op. cit.*, p. 136-38.
[190] MACDONALD, Duncan B. *Development of Muslim Theology, Jurisprudence and Constitutional Theory. Op. cit.*

"adquire" de Deus, que é sua verdadeira causa. A teoria da aquisição é um tanto similar à do *jabrita* Jahm bin Safwan (†745), que disse que as ações do homem só podem ser imputadas a ele do mesmo modo como se imputa "o fruto à árvore". O asharita Al Shahrastani (†1153) tentou explicar que *"Deus cria, no homem, o poder, a capacidade, a escolha, e a vontade de realizar um ato, e o homem, dotado desse poder derivado, escolhe livremente uma das alternativas, e tenciona ou quer fazer a ação, e, correspondendo a essa intenção, Deus cria e completa a ação"*[191]. Também, Alá cria na mente do homem que age sua aceitação dessa ação, o que significa que até sua aquisição de seu ato é criada diretamente por Alá. Se um homem acha que está agindo livremente, é só porque Alá colocou nele essa opinião.

Al-Ash'ari não foge da irrealidade dos atos do homem – no sentido de eles não serem atos verdadeiramente produzidos pelo livre-arbítrio do homem e por sua ação – pressuposta por essa teoria, ao explicar que Deus pode criar o ato e a vontade de agir, também. "Se é permissível que Deus crie a oração em outra pessoa para que a outra pessoa se torne uma pessoa que ora, por que não Lhe seria permissível criar uma vontade em outra? [Ao fazer isso] aquela pessoa se torna uma pessoa que quer. Ou [por que não criar] fala, fazendo daquela pessoa um falante"? Em seguida ele apresenta a objeção mutazalita de que essa fala na realidade não é fala por causa de seu caráter involuntário, como alguém que falasse durante o sono. Al-Ash'ari responde: "A fala de um epilético ou de alguém que dorme também não é na realidade uma fala; *nem é na realidade uma fala a fala de uma pessoa acordada*"[192]. Al-Ash'ari iguala o discurso consciente e racional com murmúrios inconscientes

---

[191] Al-Shahrastani.
[192] RAHMAN, Fazlur. *Revival and Reform in Islam.* Op. cit., p. 59.

e irracionais. A pessoa desperta é tão pouco a causa de sua fala quanto a pessoa adormecida da sua, porque a única causa *real*, o único agente *real* é Deus.

Al-Ash'ari deixa isso claro em um formato de diálogo:

> *Pergunta*: Por que a ocorrência do ato, que é uma aquisição, não prova que ele não tem agente além de Deus, assim como prova que não tem criador além de Deus?
> *Resposta*: Isso é exatamente o que dizemos.
> *Pergunta*: Então por que isso não prova que não há ninguém com poder além de Deus?
> *Resposta*: Ele não tem agente que o faça exceto Deus, e ninguém com poder sobre ele que o faça como realmente é, no sentido de que o cria, exceto Deus[193].

Se o homem não tem a capacidade de causar seus próprios atos, é claro que o livre-arbítrio não faz sentido, nem a ideia de "aquisição". Em sua crítica à posição asharita, Averróis aponta a afirmação dos asharitas de que *"embora o homem tenha o poder de 'adquirir', aquilo que ele adquire e o ato de adquirir são ambos criados por Deus"*. *"Isso, porém"*, disse Averróis, *"não faz sentido, porque, se Deus todo-poderoso cria tanto o poder de adquirir quanto aquilo que o homem adquire, então o servo deve necessariamente ser determinado a adquirir isso"*[194].

No lugar do livre-arbítrio, os asharitas reforçaram a predileção tradicionalista pela predestinação. Al-Ghazali disse: *"Atrás deste mar [de justiça divina abrangente] está o mistério da predestinação, onde os muitos vagam, perplexos, e que aqueles que foram iluminados estão proibidos de divulgar. A essência é que bem e mal são*

---

[193] WILLIAMS. *Islam*. p. 192.
[194] AVERRÓIS. *Faith and Reason in Islam*. p. 107.

predeterminados. O que está predeterminado necessariamente passa a existir depois de um ato prévio de volição divina. Ninguém pode se rebelar contra o juízo de Deus. Ninguém pode apelar de Seu decreto e mandamento"[195]. É interessante notar que al-Ghazali, que se rebelou contra a ideia de causalidade determinista no mundo natural como uma relação necessária entre causa e efeito, era, no entanto, um renhido defensor da predestinação, que insistia que tudo acontece necessariamente. Parece que a causalidade, em si, não era o problema, mas *quem* era o causador.

Como a ação direta de Deus sobre o comportamento humano opera metafisicamente? O estudioso do islã Len Goodman observou:

> Os asharitas admitiam que agimos por capacidades [...]. Porém, as capacidades, na versão asharita, são criadas por Deus no momento mesmo da ação. Elas não têm existência prévia (como meras disposições de potencialidades não atualizadas), e não são polivalentes [capazes de mais de uma coisa]. Se a capacidade para uma ação fosse anterior ao ato, afirmava Ash'ari, então o ato já teria acontecido[196].

Em outras palavras, tudo é instantâneo, ou, como sugere Goodman, *"somente o atual é real"*. Também, a potência existe apenas para um ato particular, e não é um poder preexistente de agir em geral. Como disse al-Ash'ari: *"Ninguém pode fazer nada antes de fazer"*[197]. Fazlur Rahman ilustra o que isso significa: *"Antes que eu levante o braço, não tenho o poder de levantar o braço; Deus*

---

[195] ORMSBY, Eric L. (Ed.). *Theodicy in Islamic Thought*. Princeton: Princeton University Press, 1984. p. 40-41.
[196] GOODMAN, Len. "Humanism and Islamic Ethics". *Logos*, 1.2 (Spring 2002), p. 16.
[197] HOURANI, George. *Reason and Tradition in Islamic Ethics. Op. cit.*, p. 12.

cria esse poder em mim no momento em que efetivamente levanto o braço"[198]. A ação que acontece é a única ação que poderia ter acontecido. Al-Ash'ari explicava: *"É uma condição do poder criado que sua existência inclua a existência do objeto do poder"*[199]. A ação *tinha* de acontecer. Em outras palavras, isso é o inverso da formulação de Fazlur Rahman da objeção jabrita de que liberdade para o homem é servidão para Deus. Para os asharitas, a liberdade para Deus significa a servidão para o homem.

Essa posição asharita explica a preferência de muitos pensadores muçulmanos por usar os termos "substância e acidentes" ao descrever a realidade, bem como sua aversão concomitante aos termos aristotélicos "potência e ato" ou "matéria e forma". Potência e ato são intrínsecos a coisas que têm natureza persistente. A natureza de uma coisa define em potência aquilo que ela tem a capacidade de se tornar – aliás, aquilo que ela deverá se tornar – na atualidade, mas ainda não se tornou. Assim, uma bolota é potencialmente um carvalho. Não importa onde esteja a bolota em sua trajetória a caminho de tornar-se um carvalho, sua natureza a impede de tornar-se um homem, ou algo diferente de um carvalho.

É precisamente isso que os asharitas disputavam com sua insistência na simultaneidade de potência e ato. Uma coisa é aquilo que é somente no momento em que é, depois do que ela poderia se tornar outra coisa, ou, mais precisamente, ser substituída por outra coisa. O carvalho pode *parecer* a mesma coisa ao longo do tempo, mas só porque a série de momentos em que ele existe forma sequências familiares. Por motivos que o homem não pode compreender, a vontade direta de Deus costuma manter essas sequências numa ordem familiar, mas elas não têm ordem em si ou

---

[198] RAHMAN, Fazlur. *Revival and Reform in Islam. Op. cit.*, p. 59.
[199] HOURANI, George. *Reason and Tradition in Islamic Ethics. Op. cit.*, p. 122.

dentro de si. Mesmo al-Ghazali se maravilhava com a constância com que Deus mantinha em sequência o fogo e a queima do algodão, mas ele fechava a porta a qualquer investigação que pudesse produzir conhecimento a esse respeito: *"A predisposição para receber formas varia através de causas ocultas a nós, e não está no poder da carne conhecê-las"*[200]. Assim, não há enteléquia, não há "ter dentro de si seu fim", na formulação de Aristóteles. Como Deus não age teleologicamente, Suas criaturas não têm *telos*.

A extraordinária afirmação da simultaneidade entre potência e ato chega perigosamente perto de negar o princípio da contradição – que uma coisa não pode ser e não ser, sob o mesmo aspecto, no mesmo momento, no mesmo lugar – sem o quê tudo desaba na incoerência. Trata-se de uma poderosa demonstração das distâncias a que os asharitas achavam necessário chegar para proteger sua noção da soberania e da onipotência radicais de Alá, em nome do quê eles colocavam tudo o mais em risco metafísico. Ela também esvazia o termo *potência* de qualquer sentido real, pois um átomo não pode existir com o potencial de ser qualquer coisa além daquilo que é em sua instância infinitesimal de existência. Realmente não existe potência, somente o ato puro e instantâneo, com Alá sendo o único agente.

Muito se perde com a negação da existência da potência. A noção aristotélica de potência e ato era uma solução para o desconcertante problema metafísico de como as coisas podiam mudar e mesmo assim, de algum modo, permanecerem as mesmas. Os pré-socráticos tinham proposto ou que tudo era mudança e nada permanecia igual (Heráclito) ou que tudo permanecia o mesmo e a mudança era uma ilusão (Parmênides). As duas noções contrariavam a experiência diária da humanidade de que as coisas mudam, mas de algum modo mantêm sua identidade.

---

[200] AL-GHAZALI. *The Incoherence of the Philosophers. Op. cit.*, p. 177.

Algo persiste na mudança. A posição dos asharitas parece um regresso à posição pré-socrática de Heráclito. Ela também toma para si grande parte do vasto problema epistemológico que Sócrates notou para Crátilo, discípulo de Heráclito: se a mudança é tudo, como o homem pode conhecer? Sócrates perguntou:

> Podemos realmente dizer que existe conhecimento, Crátilo, se todas as coisas mudam continuamente, e nada permanece? O conhecimento não pode continuar a menos que permaneça e mantenha sua identidade. Porém, se o conhecimento mudar sua própria essência, ele perderá imediatamente sua identidade, e não haverá conhecimento[201].

Ao subverter a fundação do conhecimento dessa maneira, a posição asharita também cria problemas consigo mesma: se fosse verdadeira, como se poderia saber que é verdadeira? Como seria possível notar que tudo está mudando, a menos que algo no observador da mudança permanecesse o mesmo? Em outras palavras, como poderia existir a memória, base da identidade e da civilização?

Como essa visão das coisas dificilmente poderia ter sido atingida empiricamente, qual poderia ter sido a motivação para adotá-la – particularmente quando ela parece contrariar tanto a experiência comum da realidade? Por que, poderíamos perguntar, os asharitas julgaram necessário abraçar o ceticismo grego a esse ponto?

Fazlur Rahman sugeriu:

> Os *mutakallim*[202] rejeitavam a doutrina aristotélica de matéria e forma como pré-requisito para rejeitar

---

[201] PLATÃO. *Crátilo*.
[202] "Filósofos". (N. T.)

a causalidade natural, e reformularam o asharismo atomista primitivo com novos argumentos até que a afirmação do atomismo e a negação da causalidade natural passassem a ser enxergados quase como um dogma religioso cardeal, passo considerado necessário para provar a criação temporal do mundo e a escatologia islâmica[203].

Eles começaram com uma conclusão recebida da revelação, e em seguida deduziram aquilo que achavam necessário para sustentá-la em termos metafísicos. Isso os levou a abandonar a causalidade no mundo natural. Em suma, os asharitas foram compelidos, por sua teologia, a negar a realidade.

Quanto a al-Baqilani e à escola asharita em geral, Macdonald ofereceu uma hipótese relacionada:

> Na verdade, sua filosofia é essencialmente um ceticismo que destrói a possibilidade de uma filosofia a fim de levar os homens de volta para Deus e para Suas revelações, e compeli-los a vê-lO como o único grande fato do universo[204].

Em outras palavras, a política de terra devastada do asharismo para a razão tentou deixar o homem sem alternativas. Ou é o Deus deles, ou nada.

---

[203] RAHMAN, Fazlur. *Islam. Op. cit.*, p. 97.
[204] MACDONALD, Duncan B. *Development of Muslim Theology, Jurisprudence and Constitutional Theory. Op. cit.*, p. 203.

CAPÍTULO IV

O triunfo do asharismo

Apesar de seu radicalismo, o asharismo varreu praticamente todo o mundo sunita. De fato, os ulemás (os estudiosos da lei islâmica) de cada escola, excetuando os *hambalis* literalistas, passaram a aceitar o asharismo. Em contraste com os mutazalitas, hereges racionalistas, e os hambalitas tradicionalistas, a escola asharita passou a ser conhecida – o que é notável – como o *"caminho do meio"*[205]. Essa percepção desenvolveu-se porque os hambalitas eram na verdade mais extremos em sua rejeição da razão. Eles disputavam até mesmo o uso limitado que al--Ash'ari fez dela ao defender ou explicar dogmas religiosos.

Quando os hambalitas desfrutavam de um alto *status* em Bagdá, no tempo do vizir al-Kundri, as preces de sexta-feira incluíam maldições contra os asharitas. Por volta de 1063, porém, Nizam al-Mulk, o poderoso vizir do sultão Alp-Arslan, do

---

[205] Estudiosos como George Makdisi disputaram isso, afirmando que os tradicionalistas na verdade exerceram mais influência do que os asharitas.

império Seljuk, mandou parar com as maldições. Segundo W. Montgomery Watt, estudioso britânico do islã, al-Mulk também *"começou a implementar uma política de apoiar e fortalecer os asharitas contra as outras escolas teológicas e jurídicas"*[206]. Em 1067, al-Mulk abriu uma universidade em Bagdá, a Nizamiyya, para propagar ensinamentos asharitas, e fundou ao menos outras oito em lugares que iam de Mosul a Herat. *"Assim"*, conclui Watt, *"a teologia asharita tornou-se a forma de doutrina islâmica apoiada pelo governo"*[207]. Em 1077, al-Ghazali começou seus estudos na universidade Nizamiyya, em Nishapur, onde permaneceu até 1085. Depois, de 1091 a 1095, al-Ghazali atuou como reitor da universidade Nizamiyya, em Bagdá.

Com o apoio do Estado, a influência da escola asharita espalhou-se, e ela se tornou a mais influente do mundo árabe sunita. Com seu sucesso, veio o entendimento, amplamente aceito, de que a escola mutazalita era herética. Em *El Khutat El Maqrizia (Os Planos Maqrizianos)*, o famoso historiador muçulmano al-Maqrizi (†1442) oferece um relato de como o asharismo triunfou, que fica ainda mais interessante por causa do papel de destaque desempenhado pelo famoso Saladino, que recapturou Jerusalém dos cruzados:

> A [escola] *madhdhab* de Abu'l Hasan al-Ash'ari espalhou-se no Iraque de cerca de 380 AH[208], e dali foi para o Sham [o Levante]. Quando o rei Salahuddin Ysuf bin Ayyub, vitorioso, tomou o controle do Egito, seu principal juiz, Sadruddin 'Abdul Mallik bin 'Isa bin Darbas al-Marani e ele próprio

---

[206] WATT, W. Montgomery. *Islamic Philosophy and Theology. Op. cit.*, p. 49.
[207] Idem. *Ibidem.*
[208] AH indica *anno Hegiare*. O calendário muçulmano começa com a *Hijra*, ou Hégira, a migração de Maomé de Meca para Medina, que aconteceu em 622 da Era Cristã.

eram adeptos dessa escola de pensamento. A *madhdhab* também foi espalhada pelo justo governante Nuruddin Marhmud bin Zinki em Damasco. Salahuddin memorizou um texto composto por Qutbuddin Abu'l Ma'ali Mas'ud bin Muhammad bin Mas'ud an'Naysaburi, e esse texto (asharita) passou a ser estudado e memorizado pelos filhos de Salahuddin. Isso deu proeminência e *status* à *madhdhab* [atribuída] a al-Ash'ari, e foi adotada pelo povo durante seu governo. Isso foi continuado por todos os governantes sucessivos de Bani Ayyub (os Aiúbida) e depois durante o governo dos reis turcos (os Mamluk). Abu 'Abdullah Muhammad bin Tumart, um dos governantes do al-Marghrib (Marrocos), concordou com essa tendência (asharita) quando viajou a al'-Iraq. Ele levou consigo a *madhdhab* asharita por meio de Abu Hamid al-Ghazali, e, quando Ibn Tumart voltou a al-Maghrib, causou um choque, e começou a ensinar ao povo local a *madhdhab* asharita e instituiu-a para o povo[209].

Al-Ghazali e o ataque à filosofia

Enquanto a influência asharita efetivamente suprimia os ensinamentos mutazalitas no mundo sunita, foi al-Ghazali quem estendeu a crítica asharita à própria filosofia. Al-Ghazali é uma figura titânica, considerada por muitos muçulmanos a segunda pessoa mais importante do islã, logo depois de Maomé. Ele foi chamado de "Prova do Islã", e foi considerado um

---

[209] AL-JASSIM, Sheikh Abu-Uthman Faisal bin Qazar. "The 'Ash'aris: In the Scales of Ahl us-Sunnah, 11". Disponível em: http://www.salafimanhaj.com/pdf/SalafiManhaj_AshariCreed.pdf, acessado em 8/jul/2019.

mujaddid (reavivador ou reformador), que Maomé prometera que viria a cada século para revitalizar o islã. Al-Ghazali é amplamente reverenciado ainda hoje. Em grande parte, é por causa de sua influência que o asharismo tornou-se ortodoxia sunita e que a filosofia sofreu seu golpe de misericórdia. Foi também al-Ghazali quem integrou o sufismo, o lado místico do islã, ao mundo ortodoxo sunita, onde ele tinha sido considerado altamente suspeito por sua negligência dos deveres islâmicos e por sua propensão ao panteísmo.

O ataque à filosofia, liderado por al-Ghazali, surgiu naturalmente das objeções lançadas pelos asharitas contra uma teologia racional e contra uma ética racional. Essas objeções aplicavam-se igualmente à filosofia, porque são objeções ao próprio papel da razão. Porém, além dessas questões gerais, al-Ghazali enunciou várias objeções específicas contra a filosofia, garantindo que ela não receberia uma adesão ampla no mundo muçulmano.

A intenção de al-Ghazali era demonstrar que, a partir de uma base filosófica, as principais posições dos filósofos (e particularmente as de Avicena, o mais renomado filósofo e médico de seu tempo) não poderiam ser provadas pela razão. Ainda mais, ele queria mostrar que a filosofia e a razão eram incapazes de oferecer certeza intelectual. Aliás, afirmava ele, a filosofia não tem certezas próprias que possa oferecer[210]. Em *A Incoerência dos Filósofos*, ele disse:

> Aquilo [...] que afirmamos é que os filósofos não são capazes de conhecer essas coisas por meio da demonstração racional. Se essas coisas fossem verdadeiras, os profetas as conheceriam por inspiração ou revelação; porém, argumentos racionais não podem prová-las.

---

[210] SHEIKH, M. Saeed. *Islamic Philosophy*. p. 104.

Ele anunciou, portanto: *"Fui levado a rejeitar os sistemas filosóficos"*[211]. Após solapar o caminho da razão, al-Ghazali voltou-se para o sufismo, em que, dizia, encontrou a certeza que buscava nas experiências místicas.

Em sua autobiografia, *A Libertação do Erro*, al-Ghazali primeiro enfrenta os materialistas, que negam a existência de um Criador, e os naturalistas, que, embora admitam um Criador, negam a imortalidade da alma. Ambas essas escolas foram refutadas pelos teístas, entre os quais al-Ghazali conta Sócrates e Platão. Aristóteles melhorou Sócrates e Platão, *"mas não pôde eliminar de sua doutrina as máculas de infidelidade e de heresia que desfiguram o ensinamento de seus antecessores. Devemos, portanto, considerá-los todos infiéis, e também os ditos filósofos muçulmanos, como Ibn Sina [Avicena] e Al-Farabi, que adotaram seus sistemas"*. A filosofia de Aristóteles, diz al-Ghazali, pode ser dividida em três partes: *"a primeira contém matérias que podem ser justamente acusadas de impiedade, a segunda está manchada de heresia, e a terceira somos obrigados a rejeitar absolutamente"*[212].

Ao mesmo tempo em que admite que a validade da matemática, da lógica e da física era inofensiva à fé, al-Ghazali acusa a metafísica de ser a mais ofensiva, porque é *"terreno fértil dos erros dos filósofos"*. Esses erros são reduzidos por ele a *"vinte proposições: três delas são antirreligiosas, e as outras dezessete são heréticas"*. As três proposições mais escandalosas são: (1) *"Corpos não ressuscitam; somente espíritos são recompensados ou punidos; punições futuras serão, portanto, espirituais, não físicas"*; (2) *""Deus reconhece universais, não*

---

[211] AL-GHAZALI. *Deliverance from Error*, 3, em http://www.fordham.edu/halsall/basis/1100ghazali-truth.html, acessado em 8/jul/2019. apud HORNE, Charles F. (Ed.). *The Sacred Books and Early Literature of the East*. New York: Parke, Austin, & Lipscomb, 1917. Vol. VI: *Medieval Arabia*. p. 99I133. Reprodução de: *The Confessions of al-Ghazali*. Trad. Claud Field. London: J. Murray, 1909.
[212] Idem. *Ibidem.*, p. 9.

específicos'. Isso é manifestamente antirreligioso"; e (3) *"Eles afirmam que o universo existe por toda a eternidade e nunca irá terminar"*[213]. Essas três proposições, afirma ele, estão em contradição direta com os ensinamentos islâmicos da ressurreição corporal; com o sofrimento físico no inferno e com o prazer no paraíso; com a onisciência de Deus; e com a criação *ex nihilo*. Ao enfrentar cada raciocínio, al-Ghazali demonstra a incerteza de *qualquer* posição sobre esses assuntos obtida pela razão.

Enquanto os filósofos afirmavam que somente a alma é imortal, al-Ghazali diz que Deus pode recriar o corpo na ressurreição, assim como tinha criado o corpo originalmente – ou exatamente como era, ou analogamente. Deus poderia facilmente recriar aquilo que tornara inexistente. A objeção equivocada a essa possibilidade vem daqueles que não aceitam Deus como causa imediata e direta de tudo. Dentro da metafísica atomista asharita, a ressurreição corporal não é problema.

Os filósofos afirmavam que Deus só poderia conhecer universais e não particulares, porque o conhecimento de particulares supõe alguma mudança em Deus, o que é impossível. Ele não conhece particulares, que são as condições de tempo e lugar, porque estas são objetos de experiência sensorial, que Deus, como espírito, não pode partilhar. A refutação de al-Ghazali é que Deus é onisciente, portanto há de conhecer particulares também. Al-Ghazali defende a doutrina corânica de que "a menor partícula no céu ou na terra" não foge ao conhecimento de Deus. A mudança no objeto do conhecimento, diz ele, não supõe a mudança no Conhecedor, que conhece todas as coisas simultaneamente na eternidade.

Para o islã ortodoxo, a maior pedra de tropeço em Aristóteles é a eternidade da matéria, que era aceita por quase todos

---

[213] Idem. *Ibidem.*, p. 11.

os filósofos muçulmanos, com a exceção de al-Kindi. Al-Farabi e Avicena adotavam a visão de que os céus eram eterna e necessariamente produzidos por Deus. Não apenas um mundo necessário e eterno compromete a criação *ex nihilo*, como leva inevitavelmente ao panteísmo.

Al-Ghazali passa quase um quarto do famoso *A Incoerência dos Filósofos* nessa questão. Ele considera particularmente digna de contestação a ideia de que o mundo existe necessariamente, como emanação de Deus, como os raios do Sol. A posição do filósofo era motivada pela consideração de que a criação do mundo por Deus em um momento particular do tempo implicaria uma mudança em Deus, o que é impossível. Um ser perfeito não pode mudar. Assim, o mundo deve ter existido sempre, eternamente emanado de Deus.

Para al-Ghazali, a afirmação dos filósofos contradiz a liberdade de Deus de criar ou não criar; em outras palavras, um mundo eterno é uma negação do livre-arbítrio de Deus. Al-Ghazali responde a posição dos filósofos dizendo que ela é incoerente, que eles não podem provar a impossibilidade da criação *ex nihilo*. Aristóteles defendia a existência de Deus como Causa Primeira porque uma regressão infinita de causas não causadas é impossível. Esse argumento cai por terra, diz al-Ghazali, se o mundo é eterno, porque, se os corpos são eternos, não exigem causa. Uma série infinita não seria possível; aliás, a eternidade do mundo exigiria que uma série infinita de causas e efeitos, de pais e filhos, já tivesse surgido e desaparecido.

Onde, dentro dessa série infinita, seria possível inserir uma Causa Primeira?, pergunta al-Ghazali. Seria claramente impossível. Portanto, os filósofos que sustentam essa posição não podem demonstrar a existência de Deus como Causa Primeira. Também não é possível falar devidamente de um Criador de um universo que emana eternamente do Criador. Como poderia haver uma relação causal entre duas coisas eternamente existentes?

Com este silogismo, al-Ghazali descarta habilmente o argumento em prol da eternidade do mundo:

> Um infinito real não pode ser completado por adições sucessivas. A série temporal de acontecimentos passados foi completada por adições sucessivas. A série temporal de acontecimentos passados não pode ser um infinito real[214].

Se este breve resumo fica devendo aos méritos dos argumentos, ele pretende demonstrar o objetivo geral da ênfase de al-Ghazali na inadequação da razão para chegar à certeza. Ele queria mostrar que aquilo que os filósofos afirmavam não era resultado da razão, mas era realmente uma forma distinta de fé, oposta àquela baseada na revelação islâmica, porque os filósofos "*contrariam os princípios da religião*". Ao contrário do islã, a fé deles não tinha fundamento.

Amostras de títulos de capítulos de *A Incoerência* ilustram seu objetivo de desacreditar a capacidade dos filósofos de provar qualquer coisa:

> IV. Mostrar sua incapacidade de provar a existência do criador do mundo.
>
> V. Sobre sua incapacidade de provar por argumentos racionais que Deus é um, e que não é possível supor dois entes necessários, um dos quais não tem causa;
>
> IX. Sobre sua incapacidade de provar por argumentos racionais que existe causa ou criador do mundo;

---

[214] AL-GHAZALI, *The Incoherence of the Philosophers*. Op. cit. (Paginação somente na versão impressa).

XII. Mostrar sua incapacidade de provar que Deus também conhece a Si mesmo;

XIV. Mostrar sua incapacidade de provar que o céu está vivo, e que obedece a Deus por meio de seu movimento rotatório;

XVIII. Sobre sua incapacidade de dar uma demonstração racional de sua teoria de que a alma humana é uma substância espiritual que existe em si mesma[215].

A questão realmente não é se al-Ghazali efetivamente venceu os filósofos nessas questões. Em *A Incoerência da Incoerência*, espirituosa refutação de al-Ghazali, Averróis certamente questionou que tivesse vencido. Porém, resta a questão de que se considerou amplamente que al-Ghazali vencera, e esmagadoramente.

O triunfo do ceticismo: a incerteza do conhecimento

Após a surra total dos filósofos, permanecia a questão: do que, então, o homem pode ter certeza, e como ele saberá disso? Essa é a questão intrigante que al-Ghazali coloca para si em seu relato autobiográfico em *A Libertação do Erro*. Ele audaciosamente anuncia ao leitor que relatará *"minhas experiências desemaranhando a verdade perdida na teia de seitas e de divergências de pensamento, e como ousei subir dos baixos níveis da crença tradicional até o ápice supremo da certeza"*[216]. Sem modéstia, al-Ghazali afirma que, para preparar-se para a empreitada, dominou a totalidade do conhecimento relevante: *"Não há filósofo cujo sistema eu não tenha compreendido, nem teólogo cujas sutilezas doutrinais eu não tenha captado. O*

---
[215] Idem. Ibidem.
[216] AL-GHAZALI. *Deliverance from Error*, 3.

sufismo não tem segredos que eu não tenha penetrado"²¹⁷. Ele é o mestre de tudo.

Al-Ghazali conta ter abandonado *"as cadeias da tradição e libertei-me de crenças hereditárias"* ainda jovem. Em seguida, ele decide *"averiguar, antes de tudo, quais são as bases da certeza"*. Al-Ghazali define a certeza de maneira extraordinária: *"certeza é o conhecimento claro e completo das coisas, conhecimento que não deixa espaço para dúvida nem para possibilidade de erro ou de conjetura, de modo que não fique espaço na mente para que o erro encontre entrada"*²¹⁸. Essa certeza deve ser tão sólida que nem mesmo um milagre poderia abalá-la. *"Todas as formas de conhecimento que não unem essas condições* [impermeabilidade à dúvida etc.], *não merecem confiança nenhuma, porque não estão além do alcance da dúvida, e o que pode ser atingido pela dúvida não pode constituir certeza"*²¹⁹. Esse padrão aparentemente traria consigo uma receita para o desastre; por definição, os seres humanos achariam impossível obter conhecimento tão certo.

De onde, nos perguntamos, teria al-Ghazali tirado seus critérios de certeza? Como poderia alguma coisa ser tão certa? Então soa um eco de uma afirmação similar de certeza. Ele vem da fonte real desde a qual trabalhava, e à qual retornou triunfante. A resposta está no começo da segunda sura do Corão, que afirma: *"Eis o livro que é indubitavelmente a orientação dos tementes a Deus"* (Corão 2, 2). Parece, então, que a única coisa sobre a qual não existe dúvida é o Corão. Porém, como chegar a essa percepção? Quais são os meios de obter essa certeza? Parece que é preciso ser *"temente a Deus"*. Logo veremos como al-Ghazali buscou esse estado de consciência e chegou ao tipo

---

[217] Idem. *Ibidem.*
[218] Idem. *Ibidem.*, p. 4.
[219] Idem. *Ibidem.*

de certeza de que precisava para realizar o desejo expressado na sura 102: *"Se soubésseis da ciência certa!"*

Al-Ghazali formulou exigências para a certeza que são tão estritas que não há muito suspense em suas explorações dos vários campos do conhecimento para ver se elas darão resultados que atendem seus requisitos. Claro que não: a conclusão já está mais ou menos dada. O ceticismo dogmático de al-Ghazali é corrosivo demais para permitir que qualquer coisa resista a seus poderes de dissolução. Porém, o ceticismo dogmático é nada mais do que outro tipo de dogma. Aliás, é menos convincente, porque suas premissas não resistem a que ele seja aplicado a si mesmo. É fácil objetar que al-Ghazali deveria ter sido mais cético em relação a seu ceticismo. Porém, ele é radicalmente cético com um propósito; seu ceticismo deve ser entendido nos termos do destino desejado a que o levou.

Al-Ghazali começa a avaliar as coisas que acha que sabe.

> Então examinei o conhecimento que tinha, e descobri que em nada dele, com a exceção das percepções sensíveis e dos princípios necessários, eu gozava daquele grau de certeza que acabo de descrever. Então refleti, tristemente, o seguinte: "Não podemos ter esperanças de encontrar a verdade, exceto em matérias evidentes por si mesmas – isto é, em percepções sensíveis e em princípios necessários"[220].

Ele descobre, porém, que sua confiança nas percepções sensíveis está equivocada. Por exemplo,

> O olho vê uma estrela e acredita que é uma grande peça de ouro, mas as conclusões matemáticas provam, pelo contrário, que ela é maior do que a terra.

---

[220] Idem. *Ibidem*.

> Essas noções, e todas as outras que os sentidos declaram verdadeira, são subsequentemente contraditadas pelo veredito da razão.

Assim, *"minha confiança nelas foi abalada"*[221].
Ele prossegue:
> Então refleti comigo: se não posso confiar na evidência dos sentidos, devo confiar apenas em noções intelectuais baseadas em princípios fundamentais, como os seguintes axiomas: dez é mais do que três. A afirmação e a negação não podem coexistir. Uma coisa não pode ser ao mesmo tempo criada e existir desde a eternidade, vivendo e sendo aniquilada simultaneamente, necessária e impossível no mesmo instante[222].

Em seguida, ele abandonou sua confiança nesses princípios necessários, incluindo o princípio indispensável de não contradição. Sua dúvida sistêmica fazia as seguintes objeções:
> Quem pode garantir a você que você pode confiar nas evidências da razão mais do que nas dos sentidos? Você acreditou em nosso testemunho até ele ser contradidado pelo veredito da razão; do contrário, você teria continuado a crer nele até hoje. Bem, talvez haja, acima da razão, outro juiz que, caso aparecesse, condenaria a razão por falsidade, assim como a razão nos refutou. E, se esse terceiro árbitro ainda não está evidente, não se segue que ele não existe[223].

---

[221] Idem. *Ibidem.*, p. 4, 5.
[222] Idem. *Ibidem.*, p. 5.
[223] Idem. *Ibidem.*

Al-Ghazali se pergunta se isso não é como, quando, *"dormindo, você presume que seus sonhos sejam indiscutivelmente reais?"* O autor continua sua argumentação:

> Ao acordar, você os reconhece pelo que são – quimeras sem fundamento. Quem pode lhe assegurar, então, a confiabilidade de noções que, acordado, você deriva dos sentidos e da razão? Em relação a seu estado presente, elas podem ser reais; mas também é possível que você adentre outro estado de ser, que terá a mesma relação com seu estado atual quanto isso tem com sua condição ao dormir. Nessa nova esfera, você reconhecerá que as conclusões da razão não passam de quimeras[224].

Claro que especulações como essas reduzem tudo a bobagens e impossibilitam pensar. Uma vez que você negue a confiabilidade dos sentidos e jogue fora o princípio de não contradição, todo discurso que faça sentido acaba. Não surpreende que o efeito disso em al-Ghazali tenha sido uma aguda crise mental, quando não psicológica: *"Esse estado infeliz durou cerca de dois meses, durante os quais não fui, é verdade, explicitamente ou por profissão, mas moral e essencialmente, um cético absoluto"*. Então:

> Deus enfim dignou-se a curar-me dessa doença mental; minha mente recuperou a sanidade e o equilíbrio, os pressupostos primários da razão recuperaram, comigo, toda sua precisão e força. Devo minha libertação não à concatenação de provas e de argumentos, mas à luz que Deus fez com que pene-

---

[224] Idem. *Ibidem.*

trasse em meu coração – a luz que ilumina o limiar de todo conhecimento[225].

Al-Ghazali foi, segundo ele afirma, curado não pela razão, mas pela graça.

Outra vez são, ele embarca em um exame das afirmações respectivas dos diferentes buscadores da verdade. Os primeiros são os teólogos ortodoxos. Eles têm mérito enquanto apologistas que *"preservam a pureza de crenças ortodoxas de toda inovação herética"*, mas têm seus limites.

Seu principal esforço foi denunciar as autocontradições de seus adversários e refutá-los por meio das premissas que eles professavam aceitar. Porém, esse método de argumentação tem pouco valor para quem só admite verdades autoevidentes. A teologia escolástica, por conseguinte, não podia me satisfazer, nem me curar da doença da qual eu sofria[226].

Em seguida vêm os filósofos. Já vimos as objeções de al--Ghazali a eles em *A Incoerência*. "Todos, apesar de sua diversidade, estão marcados com o selo da infidelidade e da antirreligião". Ele conclui que, para a humanidade em geral, *"a leitura de textos filosóficos tão repletos de utopias vãs e delirantes deveria ser proibida, assim como as margens escorregadias de um rio são proibidas para quem não sabe nadar"*[227]. Al-Ghazali, porém, incorporou a lógica silogística aristotélica à sua teologia, a qual teve efeito duradouro sobre *kalam*[228].

---

[225] Idem. *Ibidem*.
[226] Idem. *Ibidem.*, p. 7.
[227] AL-GHAZALI. *The Incoherence of the Philosophers.* Op. cit.
[228] KENNY. *Theological Themes Common to Islam and Christianity.* cap. 11.

A solução para o misticismo sufi
Por fim, al-Ghazali enfrenta os sufis e descreve seu objetivo:

Libertar a alma do jugo tirânico das paixões, libertá-la de suas inclinações erradas e de seus maus instintos, para que no coração purificado haja apenas espaço para Deus e para a invocação do seu santo nome.

Não se tratava, então, de um exercício intelectual, mas espiritual. *"Ficou claro para mim que o último estágio não poderia ser atingido pela mera instrução, mas apenas pelo rapto, pelo êxtase, e pela transformação do ser moral"*. Portanto, diz al-Ghazali, *"vi que o sufismo consiste antes de experiências do que de definições, e que aquilo de que eu carecia pertencia ao domínio não da instrução, mas do êxtase e da iniciação"*[229].

Conhecer esse caminho e segui-lo mostraram-se duas coisas distintas, e a disparidade entre elas provocou a crise espiritual seguinte na vida de al-Ghazali. Apesar de ele ter *"visto que a única condição do sucesso era sacrificar honras e riquezas e cortar os laços e apegos da vida mundana"*, ele não conseguiu exatamente fazer isso. Ele procurava decidir abandonar sua prestigiosa posição de professor em Bagdá, mas, em seguida, desistia. Enfim,

Deus fez com que um impedimento acorrentasse minha língua e me impedisse de dar aulas. Em vão desejei, no interesse dos meus alunos, continuar a ensinar, mas minha boca ficou muda. O silêncio a que fui condenado lançou-me em um violento desespero; meu estômago enfraqueceu; perdi todo apetite; não conseguia nem engolir um pedaço de pão, nem beber uma gota d'água[230].

---

[229] AL-GHAZALI. *Deliverance from Error*, 14.
[230] Idem. *Ibidem.*, 15.

Ele recuperou-se dessa condição deplorável, para a qual os médicos não tinham cura, só depois de "refugiar-se em Deus como um homem nas últimas e sem recursos". Em seguida, demitiu-se da universidade Nizamiyya de Bagdá em 1095, deixou mantimentos para a família, deu tudo o mais, e foi viver como asceta na Síria, na Palestina, e, por fim, em Meca. Ele relata:

> Dez anos se passaram desse jeito. Durante meus períodos sucessivos de meditação, foram-me reveladas coisas impossíveis de contar. Tudo o que direi para a edificação do leitor é o seguinte: soube de fonte segura que os sufis são os verdadeiros pioneiros da senda de Deus; que não há nada mais belo do que a vida deles, nem mais digno de louvor do que sua regra de conduta, nem mais puro do que sua moral[231].

Em 1105, al-Ghazali voltou a sua cidade natal de Tus (no Irã oriental), onde estabeleceu um albergue sufi. Em 1106, voltou a dar aulas, dessa vez na universidade Nizamiyya em Nishapur, a pedido do vizir do príncipe Seljuk de Khurasan. Em 1109, aposentou-se e voltou a Tus, onde morreu em 1111.

Aquilo que pode parecer cheio de *hybris* na obra de al--Ghazali, como suas afirmações extravagantes em *A Libertação*, era na verdade parte de uma estratégia para justificar a ortodoxia e a revelação sunitas. Ao demonstrar que nenhum dos argumentos racionais sobre questões de importância vital é conclusivo, al-Ghazali obrigou que se recorresse à revelação, única autoridade restante, e depois fundamentou isso por meio do misticismo. Sua busca sufi mostrou que é por meio do suprarracional que a certeza do Livro é confirmada.

---

[231] Idem. *Ibidem.*, 16.

Ele terminou *A libertação* como terminou a vida, com uma bela prece espiritual que ajuda a explicar a profunda reverência que se tem por al-Ghazali no mundo islâmico até hoje. Ela diz:

> Rogo a Deus Onipotente que nos coloque nas fileiras dos eleitos, entre aqueles a quem Ele guia no caminho de segurança, em quem Ele inspira fervor, para que não o esqueçam; a quem Ele limpa de toda impureza, para que nada reste neles exceto Ele; sim, entre aqueles em quem Ele habita completamente, para que não adorem ninguém além d'Ele[232].

Nem aqueles dentro do islã que criticavam al-Ghazali, como Ibn Taymiyyah, duvidavam de sua sinceridade.

A incursão de al-Ghazali pelo sufismo (de *suf*, a lã áspera de que são feitas as roupas sufi) não foi desprovida de perigos. Os ulemás sunitas ortodoxos olhavam o sufismo com suspeita porque ele tinha evoluído de piedosos exercícios de purgação espiritual para afirmações extravagantes e altamente heterodoxas. O sufismo também tinha ficado muito popular. O rígido legalismo do islã sunita e sua ênfase em observâncias rituais obrigatórias faz com que seja fácil entender o apelo do sufismo. Assim como a negação de causa e efeito por parte dos teólogos asharitas não impedia o muçulmano médio de sensatamente fazer uma fogueira para cozinhar uma refeição, a divindade asharita despersonalizada – colocada além da moralidade, inescrutável, e inabordável – não impedia os muçulmanos de conceber algo mais. O sufismo surgiu em reação a essa descrição espiritualmente estéril de Deus. Ele oferecia um encontro mais pessoal e amoroso com Deus. No

---
[232] Idem. *Ibidem.*, 21.

sufismo, os muçulmanos buscavam e afirmavam encontrar o Alá misericordioso e compassivo que os conhecia e com quem poderiam ter uma experiência pessoal – até mesmo, poder-se-ia ousar dizer, uma união.

Al-Ghazali tratou tanto do tema do amor quanto da esterilidade dos ulemás sunitas:

> O amor por Deus é o ponto mais alto de todas as estações, a soma dos maiores graus, e não há estação depois da estação do amor, exceto seu fruto e suas consequências [...] assim como não há estação antes do amor que não seja prelúdio dele, como a penitência, a longanimidade, e a ascese [...]. Porém, alguns dos *"ulam"* negam a possibilidade do amor por Deus, e dizem que ele não significa nada além de perseverar na obediência a Deus, Exaltado seja, ao passo que o verdadeiro amor a Deus é impossível, exceto metaforicamente, ou em circunstâncias muito peculiares. E, como eles negam a possibilidade de amar Deus, também negam qualquer intimidade com Ele, e as outras consequências do amor. Assim, devemos necessariamente tratar aqui dessa questão, e mencionar neste livro as provas da Lei do amor, e apresentar sua realidade e os traços que a ocasionam[233].

Pode-se notar que al-Ghazali fala apenas do amor do homem por Deus, não do amor de Deus pelo homem. É particularmente problemático que Alá possua o atributo de amar, porque isso O coloca em relação com um ser contingente. Como pode um Ser totalmente transcendente amar uma criatura infinita-

---

[233] Idem. *Ibidem*.

mente abaixo de Si? Como pode Deus desejar? Uma tradição sufi, bastante alheia ao que é permissível na ortodoxia sunita, expressa belamente o anseio de Deus pelo homem: *"Eu era um tesouro escondido, por ser desconhecido. Então quis ser conhecido. Por isso criei criaturas e me dei a conhecer a elas; e por Mim elas Me conheceram"*. Esse lado do sufismo, al-Ghazali não poderia permitir.

"Quando há amor", disse al-Ghazali, *"deve haver no amante um senso de incompletude; um reconhecimento de que o amado é necessário para uma realização completa do eu"*. Para Deus, isso é impossível, pois Ele é completo em Si mesmo.

> O amor de Deus significa que ele retira o véu do coração do homem; que Deus quer e quis, desde toda eternidade, que o homem O conhecesse, e que Deus faz com que o homem O conheça. Deus não procura o homem. Ele apenas afeta o homem para que o homem volte-se e O procure; não pode haver mudança em Deus; nem desenvolvimento algum n'Ele; não há suprimento de uma carência n'Ele mesmo. Ele só afeta o homem para que o homem venha a Deus[234].

Apesar das muitas citações no Corão a respeito do amor de Deus pelos servos obedientes, isso deve ser entendido como predileção de Deus, expressão de Sua vontade. Ele pode favorecer o homem quando este O obedece, mas não o ama. A ideia cristã de ágape, de um amor divino superabundante e incondicional pelo homem, é completamente alheia à versão de al--Ghazali do islã – mas não ao sufismo.

Dois outros problemas pareciam colocar o misticismo sufi fora do espectro da ortodoxia sunita. Um era o monismo em que

---

[234] MACDONALD, Duncan. *Aspects of Islam. Op. cit.*, p. 201.

o adepto (isto é, praticante) sufi submergia e se tornava um com Deus. Essa noção era blasfema. O homem não era divino e não podia se divinizar pela união com Deus. O outro era o conhecimento autorizado que esses sufis afirmavam ter de suas experiências únicas, que os colocavam acima ou além da *sharia*. Essas afirmações chegaram a extremos em figuras como Abu Yazid al-Bistami (†875), o primeiro a personificar esses riscos com sua declaração: *"Então Ele me mudou de minha identidade para Seu eu [...]. Assim, ordeno com Ele com a língua de Sua Graça, dizendo, 'como estou comigo Contigo?' Ele disse: 'Sou teu através de Ti; não há Deus além de Ti'"*[235]. Enquanto al-Bistami afirmava a extinção de si no êxtase do encontro com Deus, ele também dava a entender uma autoidentificação com o divino ao exclamar: *"Glória a mim, como é grande o meu valor"*[236], e *"Dentro destas vestes não há nada além de Alá"*[237]. Mansur al-Hallaj (c. 858-922) chegou ao ponto de dizer: *"Eu sou a verdade"*[238], afirmação chocante quando você se dá conta de que "verdade" é um dos 99 nomes de Deus. Ao contrário de outros sufis, que fingiam loucura para escapar da censura sunita, al-Hallaj insistia ser completamente são. Ele também falava abertamente às multidões: esoterismo para as massas. Um tribunal extraordinário em Bagdá tomou sua declaração como afirmação literal de ser Deus, e ele acabou submetido a uma horrenda execução por blasfêmia.

O problema do conhecimento especial ou esotérico dos sufis ficou manifesto em uma declaração atribuída a al-Tustari (†896), que disse:

---

[235] RAHMAN, Fazlur. *Revival and Reform in Islam. Op. cit.*, p. 112.

[236] FAKHRY, Majid. *A History of Islamic Philosophy. Op. cit.*, p. 243.

[237] SHEIKH, M. Saeed. "Al-Ghazali". In: SHARIF, M. M. (Org.). *A History of Muslim Philosophy. Op. cit.* Em: http://ghazali.org/articles/hmp-4-30.htm#INF, acessado em 8/jul/2019.

[238] RAHMAN, Fazlur. *Islam. Op. cit.*, p. 137.

O Ser Senhor tem um segredo que, caso manifestado, destruiria o Ser Profeta; e o Ser Profeta tem um segredo que, se divulgado, anularia o conhecimento; e os gnósticos têm um segredo que, se manifestado por Deus, transformaria a lei em nada[239].

Transformar a lei em nada era exatamente aquilo que os ulemás temiam – uma ab-rogação da lei divina sobre a qual estava fundada a comunidade muçulmana por algo que afirmava ser superior a ela. O que poderia ser mais perigoso? Os ulemás viam que certos sufis dispensavam-se das observâncias rituais do islã com a desculpa de que eles transcendiam esses rituais. De fato, alguns até afirmavam que a verdade (*al haqq*) a que tinham chegado transcendia as diferenças confessionais: *"Não sou nem cristão, nem judeu, nem muçulmano"*[240]. Ou, pior ainda, *"até a crença e descrença serem similares, homem nenhum será verdadeiro muçulmano"*[241].

Também, a ênfase sufi numa busca pessoal por Deus por meio da contemplação não era congruente com a ideia da *umma* (a comunidade de fiéis) como ordem política/religiosa/social para a salvação da comunidade. A salvação pessoal não podia sobrepujar o empreendimento comunitário de realizar o projeto de um islã universal.

A intuição substitui a razão

Mesmo assim, al-Ghazali deu o mergulho arriscado no misticismo sufi porque não parecia haver termo nenhum de discurso racional que ele pudesse buscar. Talvez não seja de se

---

[239] Idem. *Ibidem.*, 142.
[240] GOLDZIHER, Ignaz. *Introduction to Islamic Theology and Law.* Op. cit., p. 151.
[241] Idem. *Ibidem.*, 153.

admirar que ele tenha se voltado para dentro e virado místico. Poder-se-ia dizer que ele não exatamente fugiu para o misticismo, mas se encaixotou nele. Como a razão não era um caminho confiável para a realidade nem para Deus, como se poderia conhecer a verdade da revelação? O que tinha ficado para al--Ghazali depois de ter devastado os filósofos e bloqueado o caminho da razão para a realidade? Apesar de seu ceticismo às vezes ser visto como presságio do ceticismo de David Hume, o agnosticismo moral de al-Ghazali não se estendia a Deus e à revelação. Para al-Ghazali, segundo Fazlur Rahman, *"somente o conhecimento que levava diretamente ao sucesso no além merece esse nome no verdadeiro sentido da palavra. Esse conhecimento é totalmente esotérico e explora as profundezas do encontro sufi com Deus"*[242]. Considera-se que a conclusão do versículo parcial da sura 102 que diz *"Se soubésseis da ciência certa [...]"* seja *"não teríeis vos distraído dos preparativos para o Além"*. Tendo obtido essa certeza de conhecimento, a atenção de al-Ghazali agora estava fixada[243].

Mal chega a ser estranho que alguém que achava que a criação de Deus não era mediada por causas secundárias – que cada momento era avivado por um ato direto da vontade de Deus – por fim concluísse que o único conhecimento seguro vem da experiência, sem o intermediário do intelecto. Deus cria sem mediação, por isso qualquer experiência d'Ele precisa ser direta. A intuição toma o lugar da razão. Tudo o que a razão pode fazer é fazer você perceber isso. Tudo o que a razão pode conhecer são seus próprios limites. *"Você sabe necessariamente que atingiu um ponto além do intelecto"*, escreve al-Ghazali, *"e aí*

---

[242] RAHMAN, Fazlur. *Revival and Reform in Islam*. Op. cit., p. 88.
[243] Segundo a tradução Saheeh International-Riyadh do Corão—como o texto efetivo termina como indicado, o tradutor especula, com certa autoridade, sobre o final.

se abre para você o olho para o qual o não visto é revelado, e só pode ser percebido por poucos"[244].

E o que é revelado?

> Eles passam a ver, no estado de vigília, anjos e almas de profetas; ouvem suas vozes e sábios conselhos. Por meio dessa contemplação de formas e de imagens celestiais, eles sobem gradualmente a alturas que a linguagem humana não pode alcançar, que não podem nem ser indicadas sem cair em erros graves e inevitáveis. O grau de proximidade com a Divindade que eles atingem é visto por alguns como mistura de ser (*haloul*), por outros como identificação (*ittihad*), por outros ainda como união íntima (*wasl*). Porém, todas essas expressões estão erradas, como explicamos em nossa obra intitulada "O Principal Objetivo". Aqueles que atingiram esse estágio deveriam se limitar a repetir os versos: Aquilo que vivencio não tentarei dizer; / Diga que sou feliz, mas não me pergunte mais nada. Em suma, aquele que não chega à intuição dessas verdades por meio do êxtase conhece apenas o nome da inspiração. [...]
> Essa condição possível é, talvez, aquilo que os sufis chamam de "êxtase" (*hal*), isto é, segundo eles, um estado em que, absortos em si mesmos, e, com as percepções sensíveis suspensas, eles têm visões além do alcance do intelecto[245].

---

[244] ORMSBY, Eric L. "The Taste of Truth". *In*: BURRELL David B. & McGINN, Bernard (Eds.). *God and Creation: An Ecumenical Symposium*. South Bend: University of Notre Dame, 1990. p. 151. Disponível em: http://www.ghazali.org/articles/e01.pdf, acessado em 8/jul/2019.

[245] AL-GHAZALI. *Deliverance from Error*, 61. Op. cit.

"Além do alcance do intelecto" em termos "que a linguagem humana não pode alcançar" é o ponto chave. O conhecimento certo é suprarracional. Em *A Libertação do Erro*, al-Ghazali explica que essa inspiração ou revelação *"pertence a uma categoria de ramos do conhecimento que não podem ser atingidos pela razão"*, e que *"a percepção das coisas que estão além do alcance da razão é apenas um dos traços peculiares à inspiração"*[246]. O homem deve atingir um plano mais elevado da realidade *"por meio do qual percebe coisas invisíveis, os segredos do futuro, e outros conceitos tão inacessíveis à razão quanto os conceitos da razão são inacessíveis à mera discriminação, e àquilo que é percebido pela discriminação dos sentidos"*[247].

Qual, então, é o sentido da correspondência *"além do intelecto"* entre o homem e Deus? Como vimos, al-Ghazali repetidas vezes enfatiza que não é a razão. Aqui não há *Logos* nenhum. Se não é a razão do homem o receptáculo da mensagem de Deus, o que é? Como o homem pode sequer chegar a conhecer Deus, incomparavelmente superior a ele? Se o homem pode conhecer Deus, deve haver nele algo que corresponde ao divino. Dentro do judaísmo e do cristianismo, isso não é problema, porque o Gênesis diz que o homem foi criado "à imagem de Deus", e o Livro da Sabedoria declara que *"Deus criou o homem para a imortalidade, e o fez à imagem de sua própria natureza"* (Sabedoria 2, 23). Porém, isso é blasfêmia no islã sunita ortodoxo. A doutrina de *tanzih* significa precisamente que não há correspondência. Um *hadith* parece dar uma abertura ao ecoar o Gênesis: *"Deus criou o homem à sua imagem"*. Porém, como observa o padre Samir Khalil Samir, *"na realidade, o sentido do adjetivo 'sua' no islã é 'à imagem do homem'"*[248].

---

[246] Idem. *Ibidem.*, 18, em http://www.fordham.edu/halsall/basis/1100ghazali-truth.html, acessado em 8/jul/2019.

[247] Idem. *Ibidem.*

[248] SAMIR, Samir Khalil. *111 Questions on Islam. Op. cit.*, p. 210.

Assim, a passagem, explicada, diz: *"Deus criou o homem à imagem do homem"*. Como o homem pode se relacionar com Deus se não há semelhança entre eles?

O triunfo da vontade

Obviamente, a fonte do relacionamento não pode ser a razão, porque não há razão em Deus, e porque a razão é uma faculdade inferior no homem. Não surpreende que os asharitas, tendo reduzido Deus à pura vontade, vejam na vontade o único ponto de correspondência entre Deus e o homem. Segundo o estudioso do árabe De Lacy O'Leary, para al-Ghazali *"o elemento essencial dessa alma* [a do homem] *não é a inteligência, que está relacionada com a moldura corporal, mas a vontade: igualmente, Deus é conhecido primariamente não como pensamento ou como inteligência, mas como a volição que é a causa da criação"*[249].

Duncan Macdonald oferece essencialmente a mesma análise:

> [...] a concepção primária [de al-Ghazali] é *volo, ergo sum* [quero, logo existo]. Não é o pensamento que o impressiona, mas a volição. Do pensamento ele não pode desenvolver nada; da vontade pode vir o universo inteiro. Porém, se Deus, o Criador, é um Queredor, então também é queredora a alma do homem. Eles são semelhantes e, portanto, o homem pode conhecer e reconhecer Deus[250].

E essa relação é aquilo que se descobre no estado superior de consciência que somente a experiência sufi produz. Em *Gema*

---

[249] DE LACY O'LEARY. *Islamic Thought and its Place in History*. Op. cit., p. 221-22.
[250] MACDONALD, Duncan B. *Development of Muslim Theology, Jurisprudence and Constitutional Theory*. Op. cit., cap. 3, 8.

do Corão, al-Ghazali relata que o estado superior revela que *"de fato, não há nada na existência além de Deus e de Seus atos, pois tudo o que há além d'Ele é Seu ato"*[251]. A pura vontade produz o puro ato. Em *Nicho de Luzes*, al-Ghazali escreve que os místicos

> São capazes de ver visualmente que não existe ser no mundo além de Deus, e que o rosto de todas as coisas é perecível, exceto Seu rosto (Corão 28, 88), não no sentido de que perece em algum momento determinado, mas no sentido de estar perecendo eterna e infindamente e não se poder conceber que seja de outro jeito. De fato, tudo além d'Ele, considerado em si mesmo, é puro não ser [...]. Portanto, nada é, exceto Deus Todo-Poderoso e Seu rosto[252].

Paul Valéry (1871-1945) brincava com esse tipo de afirmativa: *"Deus fez tudo de nada, mas o nada fica aparecendo"*[253]. Em si, nada existe realmente. Esse é o resultado não apenas da doutrina islâmica de criação *ex nihilo*, mas também do monismo de sua teologia.

Al-Ghazali pode ter conseguido contornar por pouco o panteísmo em que caíram e continuariam a cair outros sufis, mas é o caso de perguntar quão tênue é a linha entre dizer que nada existe além de Deus e dizer que tudo o que existe é Deus. G. B. MacDonald observou que *"é parte da ironia da história da teologia muçulmana que a própria ênfase na unidade transcendental levaria ao panteísmo"*[254]. W. H. T. Gairdner chamou o islã de *"panteísmo de*

---

[251] RAHMAN, Fazlur. *Revival and Reform in Islam. Op. cit.*, p. 118-19.

[252] FAKHRY, Majid. *A History of Islamic Philosophy. Op. cit.*, p. 249.

[253] VALÉRY, Paul. *Mauvaises Pensées et Autres* (1942). *Encarta Book of Quotations* (2000). p. 951.

[254] MACDONALD, Duncan B. *Development of Muslim Theology, Jurisprudence and Constitutional Theory. Op. cit.*, cap. 3, 8.

*pura força"*²⁵⁵. Uma ênfase excessiva em um Deus Único pode facilmente metamorfosear-se numa ênfase em Deus como o Único, a qual inelutavelmente incorpora tudo ao Único, com nada fora. Ficamos ou com o monismo ou com o panteísmo.

A perda da realidade

Gairdner explicou a lógica por trás desse dilema intratável:
E de fato, vemos com frequência, na história do pensamento islâmico, homens que, em sua insistência em absoluta *tanzih* [pura transcendência], afirmaram positivamente exatamente isso, a saber, que somente Alá existe, e que toda outra existência é ilusória, uma semelhança. Esse é o pensamento por trás de seu nome para Deus – *Al Haqq* [a única Realidade]. Eles querem dizer que nenhum outro ser tem realidade ou existência. Esses homens, quer saibam ou não, são puros panteístas, sua crença se assemelha ao panteísmo filosófico indiano, em que tudo o que vemos é Maya [ilusão]. Assim, a pura *tanzih* facilmente cai no extremo oposto. Na linguagem desses homens, *tawhid* não significa apenas chamar Deus de Único, mas chamá-lO de o Único – isto é, negar realidade ou até mesmo existência a todo e qualquer fenômeno²⁵⁶.

A proposição metafísica a operar aqui, a menos que algo seja causa da sua própria existência, parece afirmar que não

---

²⁵⁵ GAIRDNER, W. H. T. *The Muslim Idea of God*. Madras Allahabad Rangoon Colombo, 1925. 13. Disponível em: http:muhammadanism.org, 11/ago/2003, acessado em 07/jul/2019.
²⁵⁶ GAIRDNER, W. H. T. *God as Triune, Creator, Incarnate, Atoner*. p. 34-35. Postado em http:muhammadanism.org, 16/jul/2007.

pode haver realidade nesse algo. Como apenas Deus é causa de sua própria existência, somente Deus existe; o que Ele criou, portanto, deve ser ilusão.

Se Deus é a única Realidade, então aceitar a realidade do mundo torna-se uma forma de politeísmo – de colocar o real em competição com o único Real. Porém, negar a realidade do mundo por esse motivo também leva de volta ao panteísmo, ao fazer do mundo parte da única Realidade. A atração quase inescapável do panteísmo na doutrina islâmica de *tanzih*, apesar das claras injunções corânicas contra ela, torna particularmente irônica a expulsão de al-Ghazali da filosofia do islã sunita, a partir da ideia de que ela abraçava o panteísmo por meio do emanacionismo de Aristóteles.

A importância da adoção do sufismo por al-Ghazali para nosso tema geral é que a insubstancialidade da realidade no sufismo torna a razão ainda menos importante, ao mesmo tempo em que eleva aquilo que está além da razão – *Al Haqq*. Também, aquilo que está além da razão não é comunicável. Não pode ser ensinado. Está além da linguagem. A experiência espiritual de al-Ghazali é intrinsecamente inefável, e, portanto, privada.

Hans Jonas (1903-1993), especialista alemão em gnosticismo, diagnosticou o tipo de conhecimento que al-Ghazali referia como gnóstico por natureza: *"Ele está intimamente relacionado à experiência revelatória, de modo que a recepção da verdade, ou por um saber sagrado ou secreto, ou pela iluminação interior, toma o lugar dos argumentos racionais e da teoria"*[257]. Apesar de al-Ghazali ter falado contra o gnosticismo, não está exatamente claro que ele mesmo não o tenha praticado. Em *O Nicho de Luzes*, ele fala

---

[257] JONAS, Hans. *Gnostic Religion: The Message of the Alien God and the Beginnings of Christianity*. Boston: Beacon Press, 1963. p. 34-35.

do "estado" místico de al-Hallaj, e de outros "inebriados", e das expressões que eles emitem em sua intoxicação mística – *"atrás dessas verdades"*, diz al-Ghazali, *"também estão segredos em que não é legítimo adentrar"*[258]. Terá ele invadido esse território proibido?

Em *O Nicho de Luzes*, al-Ghazali afirma que o objetivo da busca pela verdade é *"um Existente que transcenda TUDO que é compreensível pela Intuição humana [...], transcendente a toda caracterização que fizemos anteriormente e separado delas"*[259]. Em uma nota de rodapé sobre essa afirmativa, W. H. T. Gairdner, tradutor e comentador, oferece uma visão extremamente perspicaz de al-Ghazali:

> Em Ghazzâlî [sic] encontram-se o mais extremo agnosticismo e o mais extremo gnosticismo, e encontram-se neste ponto; afinal, como ele diz, "as coisas que ultrapassam um extremo passam para o extremo oposto". Para ele, "Crido por ser Incrível" torna-se *"Gnosis por ser Agnoston"*. O que para ele salvava o *Universo* de sua teologização niilista era sua ontologia. O que para ele salvava *Deus* de seu agnosticismo avassalador era a experiência do salto místico, sua própria *mi'râj* pessoal. Isso pode ter sido não racional, mas para ele foi experiência. Até aqueles que consideram que a experiência sensacional do Sûfismo [sic] foi pura auto-hipnose não podem condená-la, nem o senso de realidade que ela trouxe, ao homem que tinha saído do ateísmo e do panteísmo por meio do pensamento, e que, no entanto, só por seu pensamento teria sido

---

[258] AL-GHAZALI. *The Niche for Lights*. Trad. W. H. T. Gairdner (primeiro publicado como Monografia Vol. XIX pela Royal Asiatic Society, London 1924) – escaneado em http:sacred-texts.com, outubro de 2001.

[259] Idem. *Ibidem.*, p. 52.

deixado, ao fim de sua busca, com um Absoluto Desconhecido e Incognoscível[260].

Al-Ghazali fez com que fosse seguro ser sufi ao trazer o sufismo para dentro da ortodoxia sunita. Por essa síntese, ele recebe o crédito de ter revitalizado o islã. Apesar de al-Ghazali certamente parecer ter flertado com o gnosticismo, ele resolveu a dificuldade de incluir o sufismo dentro do islã sunita dizendo, segundo Fazlur Rahman, que *"o sufismo não tem conteúdo cognitivo nem objeto além das verdades da Fé. Portanto, ele reprovava a pretensão de misticismo teosófico e censurava os homens em delírios de êxtase"* [grifos no original][261]. Apesar dessa façanha, os ulemás permaneceram desconfiados do sufismo, e encontraram amplos motivos para desconfiar de um dos sufis mais famosos, Ibn al-Arabi (†1240), cujos ensinamentos eram amplamente monistas e panteístas.

Além da razão

A principal questão aqui é que a incorporação do sufismo não chegou a melhorar a posição da razão dentro do islã sunita, pois seu principal acesso ao divino se dá por meios *"além da razão"*, que simplesmente afirmavam, por meio de experiências místicas, as verdades da fé. *"Observe em seu coração o conhecimento do profeta, sem livro, sem professor, sem instrutor"*[262], disse Jalal al-Din Rumi, o grande poeta sufi persa do século XIII. Como escreveu Fazlur Rahman, *"o sufismo proclamava que só Deus existe. Tanto o asharismo quanto o sufismo ensinavam a passividade em relação a Deus, pois ambos subscreviam a inanidade das*

---

[260] Idem. *Ibidem*.
[261] RAHMAN, Fazlur. *Islam. Op. cit.*, p. 144.
[262] GOLDZIHER, Ignaz. *Introduction to Islamic Theology and Law. Op. cit.*, p. 153.

*causalidades voluntárias naturais e humanas"*²⁶³. Nesse sentido, certas tendências dentro do islã sunita foram reforçadas. À absoluta dependência asharita da vontade de Deus agora se unia a tendência sufi a descartar este mundo. A irrealidade deste mundo transmitia uma indiferença a ele. A passividade resultante facilmente se traduzia em quietismo.

Acabamos com uma dupla depreciação da razão – primeiro por parte do asharismo, depois pelo sufismo. Pode-se objetar contra essa conclusão de que o misticismo sufi denegria a razão. Algo *"além da razão"* não é necessariamente irrazoável, e isso certamente é verdade²⁶⁴. A razão sã admite seus próprios limites. Deus é infinito, e a mente humana, finita. Alguma forma de misticismo existe em todas as religiões. Porém, o misticismo de al-Ghazali precisa ser visto dentro do contexto de ele ter primeiro solapado a autoridade da razão para simplesmente conhecer a realidade. A razão não é deixada como proteção contra potenciais delírios no misticismo; só o dogma da revelação é que protege. Assim, fica-se sem meios de abordar a mais básica investigação tentada pelos mutazalitas: será que a própria revelação é razoável? Al-Ghazali destruiu o padrão com o qual julgar uma resposta a essa pergunta vital, ou até sequer perguntá-la.

Em *A Libertação do Erro*, al-Ghazali afirma:

> A única função benéfica do intelecto é ensinar-nos aquele fato [de que os profetas são os médicos das doenças do coração], dando testemunho da veracidade da profecia e de sua própria incompetência para captar aquilo que pode ser captado pelo olho

---

²⁶³ RAHMAN, Fazlur. *Revival and Reform in Islam. Op. cit.*, p. 118.

²⁶⁴ Além da razão não significa necessariamente contra a razão, a menos que insista na aceitação de algo diretamente contrário a ela – como a inexistência do mundo, em que alguns sufis insistem.

da profecia; ele nos toma pela mão e nos leva para a profecia assim como os cegos são entregues a guias, e pacientes confundidos, a médicos compassivos. Até aí chegam o progresso e o avanço do intelecto; depois desse ponto, ele é dispensado[265].

Obviamente, al-Ghazali rejeitava a posição mutazalita de que não existe fé sem razão, ou de que a fé exige assentimento racional, já que, para ele, a razão é "cega".

Assim, al-Ghazali louvava a *Hajj* – a peregrinação obrigatória a Meca – precisamente por estar além da razão. Ele ressaltava a irracionalidade a fim de enfatizar a autossuficiência da revelação como sua justificativa. Em *O Reavivamento das Ciências Religiosas*, ele escreveu:

> A peregrinação é a coisa mais irracional do islã. Nela, realizamos gestos e ritos que são absolutamente irracionais. Por esse motivo, a peregrinação é o lugar onde podemos, mais do que em qualquer outro lugar, demonstrar nossa fé, porque a razão não entende rigorosamente nada dela, e é só a fé que nos leva a realizar aquelas ações. A obediência cega a Deus é o melhor indício do nosso islã[266].

A partir de bases similares, al-Ghazali objetava contra as afirmações do filósofo ético muçulmano Ibn Miskawayh (940-1030) quanto à importância da prece comunitária e de outros rituais. Como resumido em *A History of Islamic Philosophy*,

> [...] al-Ghazali ficou furioso com a sugestão de Ibn Miskawayh de que o objetivo da oração comunitária

---

[265] HOURANI, George. *Reason and Tradition in Islamic Ethics*. Op. cit., p. 165-66.
[266] SAMIR, Samir Khalil. *111 Questions on Islam*. Op. cit., p. 180.

é fundamentar a religião na gregariedade natural dos seres humanos em sociedade. Para al-Ghazali, isso parecia diminuir o esforço religioso, pois ele defendia que a importância dos esforços religiosos está no fato de serem eles especificados pela religião, e não poderia haver outro motivo. Sua lógica consiste em não ter razão. Deus indica a vasta lacuna que existe entre ele e nós estabelecendo tarefas desagradáveis e difíceis. Para Ibn Miskawayh, a razão do ritual está em seu papel desempenhado para ajudar-nos a nos adaptarmos à vida religiosa, usando as nossas disposições naturais, de modo que as regras e os usos da religião sejam essencialmente razoáveis[267].

Essa noção, é claro, é contrária à concepção de al-Ghazali da religião como algo inacessível ao intelecto. Regras irracionais funcionam melhor para fazer o homem submeter-se a Deus.

Judah ha-Levi, seguidor judeu de al-Ghazali, escreveu um ataque à filosofia intitulado *Kuzari*, no qual concluía que o homem deveria abordar a revelação de Deus precisamente por meio do abandono do intelecto: *"Considero que chegou ao mais alto grau de perfeição aquele que está convencido de verdades religiosas sem tê-las examinado ou raciocinado a seu respeito"*[268]. Para al-Ghazali, a noção de Deus como pura vontade faz com que a incompreensibilidade seja elevada ao grau de virtude. Como explica Rémi Brague em seu recente livro *A Lei de Deus*, *"alguns autores (islâmicos) chegam a especificar que 'ser escravo' [de Deus]*

---

[267] "Ibn Miskawayh". *In*: NASR, Seyyed Hossein & OLIVER, Leaman (Eds.). *History of Islamic Philosophy*. New York: Routledge, 2001. cap. 8, p. 1211.
[268] KOHLER, Kaufmann & BROYDE, Isaac. "Arabic Philosophy – Its Influence on Judaism". Disponível em: http://www.jewishencyclopedia.com/viewjsp?artid=1688&letter=A, acessado em 8/jul/2019.

exclui formalmente a busca pelas razões por trás dos mandamentos (ta'lil)"[269]. A razão é irrelevante para a submissão exigida, e, aliás, é um obstáculo para ela.

Uma versão contemporânea dessa visão da irrelevância da razão para a fé é contada pelo dr. Tawfik Hamid em *The Development of the Jihadist's Mind*, seu relato do recrutamento terrorista. Para entender a história, é preciso saber que o jumento é considerado um símbolo de inferioridade na cultura árabe (é por isso que os cristãos eram obrigados a andar em jumentos e não a cavalo nos primeiros governos muçulmanos). Quando Hamid era estudante de medicina no Cairo, foi abordado por Muchtar Muchtar, do Jeemah Islamiyah, principal grupo terrorista do Egito. Recorda Hamid:

> [...] a caminho (da mesquita), Muchtar enfatizou a importância central no islã do conceito de *al-fikr kufr*, a ideia de que o próprio ato de pensar (*fikr*) faz de você um infiel (*kufr*). Ele me disse: 'Seu cérebro é como um jumento que só consegue levar você até a porta do palácio do rei (Alá). Para entrar no palácio após chegar à porta, você precisa deixar o jumento (sua mente inferior) do lado de fora'. Com essa parábola, Muchtar queria dizer que um muçulmano realmente dedicado não pensa mais, mas obedece automaticamente os ensinamentos do islã[270].

A história de Muchtar, em última instância, tem suas raízes no descarte do intelecto por al-Ghazali e *Munqidh*. O episódio de Muchtar é a *reductio ad absurdum* da ideia de Deus

---

[269] BRAGUE, Rémi. *The Law of God. Op. cit.*, p. 166.
[270] HAMID, Tawfik. "The Development of a Jihadist's Mind". *Current Trends* (April 6, 2007), em http:www.currenttrends.org.

como pura vontade, sem ser limitado pela razão. Na parábola de Muchtar, a razão – o jumento – não tem relação com Deus, o rei, a todo-poderosa pura vontade[271]. A irrelevância da razão facilmente se transforma em antipatia em relação a ela, como se via nas placas colocadas pela polícia religiosa do Talibã no Afeganistão: *"Joguem a razão para os cachorros: ela fede a corrupção"*[272]. No islã, os cachorros são considerados animais impuros, e, portanto, os devidos destinatários da razão corrupta.

---

[271] Com essa comparação, não pretendo sugerir que al-Ghazali fosse simpatizar com o terrorismo, assim como eu não diria que Friedrich Nietzsche era nazista. Mesmo assim, ambos tiveram seus ensinamentos vulgarizados em um nível em que sua ênfase na primazia da vontade teve resultados infelizes.
[272] WEIGEL, George. *Faith, Reason, and the War against Jihadism*. New York: Doubleday, 2007. p. 50.

CAPÍTULO V

A infeliz vitória de al-Ghazali e a deselenização do islã

A influência de al-Ghazali no mundo árabe e muçulmano foi avassaladora. O impacto geral de seu pensamento foi muito notado, por suas enormes consequências. Em última instância, sua importância pode consistir, nas palavras de M. Abdul Hye, professor de filosofia paquistanês, em ele *"ter popularizado tanto a filosofia asharita que ela praticamente se tornou a teologia da comunidade muçulmana em geral, assim permanecendo até os dias de hoje"*[273]. Garantida por al-Ghazali, a ascendência da escola asharita significou o fim concreto da tentativa de assimilação do pensamento grego pelo islã sunita. *A Incoerência dos Filósofos*, segundo o pensador contemporâneo Seyyed Hossein Nasr, *"quebrou a espinha da filosofia racionalista e, na verdade, encerrou a carreira da filosofia [...] na parte árabe do mundo islâmico"*[274]. Como

---

[273] HYE. "Ash'arism", cap. 11, em http://www.muslimphilosophy.com/hmp/index.html, acessado em 8/jul/2019.
[274] NASR, Seyyed Hossein. *Islamic Life and Thought*. Albany, New York: State University Press, 1981. p. 72.

disse Fazlur Rahman, *"sem satisfazer as exigências da ortodoxia,* [a filosofia] *não conseguiu obter o passaporte para a sobrevivência"*[275].

Por meio do ensinamento de que nada certo poderia ser conhecido pela razão, al-Ghazali causou prejuízos incalculáveis à posteridade islâmica sunita. O sonho do califa al--Ma'mun com Aristóteles (*"o bem é aquilo que é racionalmente bom"*) virou um pesadelo. O homem não era capaz de conhecer o que é bom, e precisava submeter sua vida e sua mente à obediência cega. Se al-Ghazali certamente incorporava alguns instrumentos filosóficos à teologia, ele usava esses instrumentos para solapar a filosofia enquanto estudo independente. Em *The Encyclopaedia of Islam*, G. B. MacDonald diz: *"Al-Ghazali ensinava que o intelecto só deveria ser usado para destruir a confiança nele próprio"*[276]. Duncan Macdonald concluía:

> Quando ele terminou, não restava base intelectual para a vida; seu lugar é ao lado dos céticos gregos e ao lado de Hume. Somos lançados de volta para a revelação, aquela que foi dada diretamente por Deus à alma individual, ou aquela que foi dada por meio dos profetas[277].

Que utilidade, então, eles tinham para a razão? A resposta de Macdonald:

> Sua utilidade, para eles, era demonstrar que ela não tinha utilidade [...]. Eles cortaram a possibilidade de lidar com a religião por meio da razão [...]. Usavam a razão para eliminar a possibilidade de filo-

---

[275] RAHMAN, Fazlur. *Islam. Op. cit.*, p. 117.

[276] Citado em http://www.ghazali.org/articles/hmp-4-30.htm, acessado em 8/jul/2019, nota 21.

[277] MACDONALD, Duncan B. *Development of Muslim Theology, Jurisprudence and Constitutional Theory. Op. cit.*, p. 7.

sofar a respeito do mundo e da vida, e, então, tendo expulsado a filosofia de campo junto com quaisquer possibilidades nesse sentido, apoiaram-se naquilo que seus pais lhes tinham dito e naquilo que lhes aparecia em sua própria experiência religiosa"[278].

A tentativa de helenizar o islã teve o efeito oposto.

Quase cem anos depois de *A Incoerência dos Filósofos*, de al-Ghazali, Averróis (1126-1198) tentou lançar um contra-ataque ao desprezo da filosofia por al-Ghazali em *A Incoerência da Incoerência* (1180), que é uma refutação quase que linha por linha do livro de al-Ghazali. Depois de todos os danos provocados pelos asharitas e por al-Ghazali, Averróis tentou restaurar a paridade entre a razão e a revelação, assim como propusera al-Kindi. Ele também insistia, um tanto como os mutazalitas, que o estudo da filosofia era uma obrigação, segundo a lei divina. Em *O Livro do Tratado Decisivo*, Averróis afirmou que *"o objetivo e a intenção deles* [dos anciãos] *em seus livros é a intenção mesma a que a Lei nos insta* [...] *quem quer que proíba que qualquer pessoa capacitada possa refletir a esse respeito* [...] *certamente barra as pessoas no portão pelo qual a Lei as conclama a conhecer Deus"*[279]. Averróis também diagnosticou corretamente o subjetivismo ético intrínseco ao asharismo como algo similar ao dos sofistas gregos (a diferença ficava por conta de um regente divino que estabelecia arbitrariamente as regras do asharismo, e de um regente humano, no caso do sofismo). *"Todas essas ideias são como as de Protágoras!"*, exclamava[280].

---

[278] MACDONALD, Duncan. *Aspects of Islam. Op. cit.*, p. 148-49.
[279] AVERRÓIS. *The Book of the Decisive Treatise.* seção 10. Citado também por: KLEVEN, Terence J. "For Truth Does Not Oppose Truth". *Op. cit.*, p. 9.
[280] HOURANI, George. *Reason and Tradition in Islamic Ethics. Op. cit.*, p. 275.

Mas era tarde demais. Foram os livros de Averróis que foram queimados, não os de al-Ghazali. Em 1195, na praça da cidade de Córdoba, 108 livros de Averróis foram incinerados, e o estudo da filosofia foi proibido. Como um dos grandes intérpretes de Aristóteles, Averróis teve um impacto muito maior na Europa medieval do que em seu próprio mundo. Aliás, a maior parte de seus livros sobreviveu por ter sido preservada na Europa. Como observa o padre Joseph Kenny:

> A maior parte de seus importantes comentários sobre Aristóteles, excetuando o da *Metafísica*, está perdida em árabe, tendo sido queimada por seus inimigos, mas está preservada em traduções latinas ou hebraicas, graças ao fascínio judaico e europeu com seu pensamento no começo do século XIII[281].

A deselenização do islã

As "ciências intrusas" não iriam mais invadir o islã. Foram expulsas. O resultado, como observa o professor Joel Kraemer da Universidade de Chicago, foi que *"a assimilação da herança grega no oriente pode ser chamada de 'trágica esterilidade'"*[282]. G. E. von Grunebaum, professor de Estudos Árabes e do Oriente Próximo, afirmou:

> O longo alcance da contribuição grega para as culturas islâmicas não deve levar à suposição de que ela produziu alguma mudança fundamental em sua vitalidade ou em sua concepção do homem. Há poucos vestígios do espírito grego no ideal humano mesmo naquelas seitas que, como a Isma'iliyya

---

[281] KENNY, Joseph. *Philosophy of the Muslim World. Op. cit.*, p. 145.
[282] KRAEMER, Joel. "Humanism in the Renaissance of Islam". *Journal of the American Oriental Society*, 104.1 (1984). p. 143.

[*xiita*], eram mais abertas à influência do elemento grego no interesse de seu próprio sistema teológico-filosófico.

Assim, concluía ele, "*a estrutura fundamental do pensamento islâmico permaneceu intocada pela influência helenística*"[283].
Eis duas outras avaliações críticas dos resultados do sucesso de al-Ghazali feitas por muçulmanos do século XX.

> Enquanto os ferozes debates entre aqueles que acreditavam em livre-arbítrio (os *qadaritas*) e os predestinatarianos (os *jabritas*) geralmente se resolviam em favor destes últimos [afirma Perfez Hoodbhoy] a gradual hegemonia das doutrinas asharitas fatalistas enfraquecia mortalmente [...] a sociedade islâmica e levava a um definhamento de seu espírito científico. O dogma asharita insistia na negação de qualquer conexão entre causa e efeito – e, portanto, repudiava o pensamento racional[284].

Fazlur Rahman concorda que as disputas anteriores sobre a predestinação não trouxeram ferimentos fatais,

> [...] mas, com o asharismo, uma era totalmente nova de crença surgiu para os muçulmanos. A partir de então, eles não podiam mais agir na realidade; a ação humana, de fato, tornou-se uma mera metáfora desprovida de qualquer sentido real. Al-Ashari afirmou explicitamente que nem mesmo uma pessoa desperta pode realmente falar [...]. A verdade é que o asharismo manteve o seu domínio até o sécu-

---

[283] Idem. *Ibidem.*, ver nota 37.
[284] HOODBHOY, Pervez. *Islam and Science. Op. cit.*, p. 120.

lo XX, e ainda o mantém nas fortalezas do conservadorismo islâmico[285].

Os efeitos mortais, diz Rahman, incluíam a perda de iniciativa, de atividade, e de imaginação humanas – um ônus devastador, como veremos ao examinar o estado do mundo árabe hoje.

Os danos eram evidentes no rescaldo imediato do triunfo de al-Ghazali. Em *Testamento*, Al Fakhr al-Razi, crítico de Avicena e seguidor do século XII de al-Ghazali, formulou o obituário da razão nos seguintes termos:

> Explorei os caminhos de *kalam* e os métodos da filosofia, e não vi neles um benefício que se compare com o benefício que encontrei no Corão. Este nos insta a logo reconhecer que a grandeza e a majestade pertencem apenas a Alá, evitando que nos envolvamos na explicação de objeções e de contenções. Isto simplesmente porque as mentes humanas morrem nesses exercícios profundos e cansativos e nesse caminho obscuro [de *kalam* e filosofia][286].

O aumento da calcificação já era evidente no começo do século XIII. Indagou-se a Ibn-as-Salah (†1251), diretor da Dar al-Hadith al-Ashrafiya, em Damasco, uma das mais prestigiosas instituições dedicadas ao estudo dos *hadiths* no mundo islâmico, se era lícito estudar ou ensinar filosofia e lógica, tendo al-Ghazali permitido ao menos esta última. Ele respondeu com uma *fatwa* na qual descrevia a filosofia como

---

[285] RAHMAN, Fazlur. *Revival and Reform in Islam*. Op. cit., p. 60.
[286] HADDAD, G. F. "Al Fakhr al-Razi". Disponível em: http://www.sunnah.org/history/scholars/al_fakhr_al_razi.htm, acessado em 8/jul/2019.

[...] fundamento da tolice, causa de toda confusão, de todo erro, e de toda heresia. A pessoa que se ocupa dela fica daltônica para as belezas da lei religiosa, sustentadas por demonstrações brilhantes [...]. No que diz respeito à lógica, ela é um meio de acesso à filosofia. Agora, o meio de acesso a algo ruim é também ruim [...]. Todos aqueles que mostram buscar os ensinamentos da filosofia devem ser confrontados com as seguintes alternativas: ou a execução pela espada, ou a conversão ao islã, para que a terra seja protegida e os vestígios dessas pessoas e de suas ciências sejam erradicados[287].

A degeneração continuou com Ibn Taymiyyah (1263-1328), que influenciou profundamente Ibn Abd al-Wahhab, fundador do *wahhabismo*, a forma de islã estritamente hambalita praticada na Arábia Saudita, e cujo pensamento foi ressuscitado pelos islamistas de hoje. Ibn Taymiyyah dizia que ao homem cabe simplesmente obedecer. Submeter-se. A razão não tem papel a desempenhar. Segundo o estudioso libanês Majid Fakhry, ele *"garantiu a vitória do neo-hambalismo sobre a teologia e a filosofia escolásticas"*[288]. A visão mais finamente moderada de al-Ghazali perde-se, e agora até a teologia vira caminho de perdição. Ibn Taymiyyah fez com a teologia aquilo que al-Ghazali fez com a filosofia: exilou-a. Ele citava antecessores que tinham dedicado as vidas a essas ciências, mas depois se arrependido, como Al-Shahrastani, que *"confessou ser tolice discutir teologia"*. Ele gostava de Abu Yusuf, *"que disse que aquele que buscasse o conhecimento com a ajuda da teologia escolástica (kalam) viraria ateu"*, e de

---

[287] HOODBHOY, Pervez. *Islam and Science*. Op. cit., p. 103.
[288] FAKHRY, Majid. *A History of Islamic Philosophy*. Op. cit., p. 323.

Imame Shafi'i, que afirmava que *"os teólogos devem ser surrados com sapatos e com palmas, e exibidos pela cidade para que as pessoas possam conhecer a consequência de estudar teologia"*[289].

O estreitamento do conhecimento é evidente nas palavras do jurista Abu Ishaq al-Shatibi (†1388): *"a investigação de qualquer questão que não seja uma base para a ação não é recomendada por prova nenhuma da sharia. Por ato refiro atos tanto mentais quanto físicos"*. Al-Shatibi acrescentava: *"e esse é o caso de todo ramo do conhecimento que afirma ter relação com a sharia mas não beneficia (diretamente) a ação, nem era conhecido dos árabes"*[290]. Em outras palavras, a única coisa que valia a pena saber é se uma ação específica é, segundo a *sharia*, obrigatória, recomendada, permitida, desencorajada, ou proibida. O resto é irrelevante.

No século XVII, o escritor turco Katib Chelebi (†1657) reclamava de uma decadência ainda maior:

> Mas muitas pessoas sem inteligência [...] permaneciam inertes como pedras, imobilizadas na imitação cega dos antigos. Sem deliberar, elas rejeitavam e repudiavam as novas ciências. Passavam por homens inteligentes, mas o tempo inteiro eram imbecis, que gostavam de fazer pouco daquilo que chamavam de 'ciência filosófica', e que ignoravam tudo da terra ou do céu. A admoestação 'Não repararam no reino dos céus e da terra?' (Corão 7, 185) não as impressionava; elas achavam que 'contemplar o mundo e o firmamento' significava mirá-los como uma vaca[291].

---

[289] HAQUE, Serajul. "Ibn Taimiyah". In: SHARIF, M. M. (Org.). *A History of Muslim Philosophy. Op. cit.*, Cap. 41, 799. Disponível em: http://www.muslimphilosophy.com/hmp/index.html, acessado em 07/jul/2019.

[290] RAHMAN, Fazlur. *Islam. Op. cit.*, p. 108.

[291] Idem. *Ibidem.*, p. 187.

Mais recentemente, Georges Tarabishi, renomado intelectual liberal sírio que mora na França, abordou diretamente a acusação de suicídio intelectual lançada por Fazlur Rahman, com a qual este livro começou. Em uma entrevista concedida em 2008 ao jornal *Al-Sharq Al-Awsat* (jornal londrino, em língua árabe), Tarabishi disse:

> A filosofia é um produto da mente. [Porém] o que hoje prevalece na cultura árabe é a mentalidade [árabe] [em vez do espírito crítico]. Assim, eu quase poderia dizer que hoje é impossível que exista filosofia árabe. Talvez haja algum grau de generalização nesta afirmação – porém, mesmo assim, cite um único exemplo de filósofo árabe que mereça esse nome. E não estou excluindo a mim mesmo desse juízo. É entristecedor, porque sabemos que aquilo que criou a modernidade ocidental foi antes de tudo a filosofia. Não deveríamos atribuir o fracasso do modernismo árabe, ao menos em parte, à ausência de filósofos árabes?[292]

E as realizações da filosofia muçulmana nas obras de Ibn Rushd (Averróis), Ibn al-Haytham, Ibn Sina (Avicena), al-Razi, al-Kindi, al-Khawarizmi, e de al-Farbi? O pensador reformista Ibrahim Al-Buleihi, atualmente membro do Conselho Shura saudita, responde:

> Essas [realizações] não são obra nossa, e esses indivíduos excepcionais não foram produto da cultura árabe, mas da cultura grega. Estão fora do *mainstream* cultural e nós os tratamos como elementos

---

[292] MEMRI, em http://memri.org/bin/articlescgi?Page=archives&Area=sd&ID=SP206708, acessado em 8/jul/2019.

estrangeiros. Assim, não devemos nos orgulhar deles, pois os rejeitamos e combatemos suas ideias. Por outro lado, quando a Europa aprendeu com eles, beneficiou-se de um *corpus* de conhecimentos que era originalmente seu porque eles eram uma extensão da cultura grega, que é a fonte da civilização ocidental como um todo[293].

De fato, a rejeição continua hoje. O estudioso muçulmano Bassam Tibi afirma que *"como as disciplinas racionais não tinham sido institucionalizadas no islã clássico, a adoção do legado grego não teve efeito duradouro na civilização islâmica"*[294]. De fato:

> Os fundamentalistas islâmicos contemporâneos denunciam não apenas a modernidade cultural, mas até o racionalismo islâmico de Averróis e de Avicena, estudiosos que tinham definido o apogeu da civilização islâmica[295].

Tarek Heggy, pensador egípcio reformista contemporâneo, resume bem o conflito e seu resultado:

> O mundo islâmico foi o cenário de uma batalha de ideias entre Abu Hamid Al-Ghazzali (Algazel) [*sic*], tradicionalista estrito que não julgava a mente humana capaz de apreender a Verdade como algo ordenado por Deus, e Ibn Rushd (Averróis), que defendia a primazia da razão. Os expoentes dessas duas escolas travaram uma batalha amarga [...].

---

[293] AL-BULEIHI, Ibrahim. *Ùkkaz*, 23/abr/2009 em http://www.elaph.com/Web/NewsPapers/2009/4/433121.htm.

[294] TIBI, Bassam. *The Challenge of Fundamentalis*. Berkeley: University of California Press, 1998. p. 71.

[295] Idem. *Ibidem*.

Mas apesar de sua [de Averróis] viva defesa [da racionalidade], o resultado da batalha foi claramente a favor de Al-Ghazali, e a grande maioria dos juristas islâmicos adotou suas ideias, interpretando os preceitos da lei islâmica pelo apelo à autoridade da tradição e desprezando por completo o raciocínio dedutivo. A jurisprudência islâmica era dominada pelos *mutakallimun*, ou teólogos dialéticos, que afirmavam a primazia da tradição (*naql*), como defendida por Al-Ghazzali, sobre a da razão (*'aql*), como defendida por Ibn Rushd[296].

A influência de al-Ghazali era e ainda é tão importante que um pensador moderno da estatura de Fazlur Rahman pode dizer que *"sem a obra dele [...] o racionalismo filosófico poderia perfeitamente ter varrido o ethos islâmico"*[297]. Podemos apenas imaginar como o mundo teria sido diferente caso isso tivesse acontecido.

---

[296] Tarek Heggy. em www.alwaref.org/en/islamic-culture/157-rise-militant-islam, de 6/mai/de 2009.
[297] RAHMAN, Fazlur. *Islam. Op. cit.*, p. 110.

CAPÍTULO VI

Declínio e consequências

Não fosse por al-Ghazali, Averróis e o racionalismo talvez tivessem vencido a batalha pela mente muçulmana. Porém, isso não aconteceu, e o resultado foi que a mente muçulmana sunita sofreu as consequências. Ela se fechou.

O pensador reformista Tarek Heggy afirma:
> Exaltar um homem que não considerava a mente humana capaz de apreender a Verdade como algo ordenado por Deus disparou um processo que continua ainda hoje com efeitos devastadores na mentalidade árabe, que se tornou insular, regressiva, e refratária a novas ideias[298].

Com a supremacia de *fiqh* (jurisprudência) garantida, essa mentalidade voltou-se contra si própria e passou a produzir

---

[298] HEGGY, "Tarek. "The Prisons of the Arab Mind". Postado em: http://www.jamaliya.com/new/show.php?sub=5483, 14/ago/2009.

interpretações ainda mais refinadas da *sharia*, até que toda aplicação a toda situação tivesse sido decidida e enumerada, e depois até isso cessou. Os portões para *ijtihad* (pensamento independente) se fecharam. *Taqlid* (imitação) reinou. A filosofia morreu (retirada do currículo em al-Azhar, até que tentasse revivê-la, no fim do século XIX)[299].

Assim como Fazlur Rahman, o historiador cultural egípcio Ahmad Amin (1886-1954) especulou:

> Se a tradição mutazalita tivesse continuado até o presente, a posição da comunidade muçulmana teria sido muito diferente do que é. O fatalismo enfraqueceu a comunidade islâmica e sugou sua energia, ao mesmo tempo em que *tawakkul* [a confiança em Deus apenas] levou a uma condição estática[300].

Cabe perguntar o quão diferente seria "muito diferente". Vamos examinar as possíveis respostas a essa pergunta em termos de desenvolvimento político abortado, de comportamento e pensamento disfuncional, de mergulho na fantasia e em teorias da conspiração, de desenvolvimento arruinado em quase todas as esferas da vida, nas palavras dos próprios árabes.

A lógica do despotismo

O agnosticismo moral triunfante da forma asharita do islã teve e ainda tem consequências enormes para o desenvolvimento político, e é responsável por seu retardamento. Hassan Hanafi, professor de filosofia na Universidade do Cairo, sugeriu que o efeito *"da crítica de al-Ghazali das ciências racio-*

---

[299] RAHMAN, Fazlur. *Islam. Op. cit.*, p. 123.
[300] MARTIN, Richard C. & WOODWARD, Mark R. *Defenders of Reason in Islam. Op. cit.*, p. 192.

nais [foi] dar ao Governante uma ideologia de poder"[301]. Falando do quão avassaladoramente o equilíbrio de forças pesou a favor do determinismo na Idade Média, Fazlur Rahman disse que *"um despotismo cada vez maior tanto sustentava essa atitude teórica quanto era sustentado por ela"*[302]. Uma homenagem enviesada à força da influência de al-Ghazali é o fato de que Kemal Ataturk (1881-1938), em sua tentativa de modernizar e democratizar a Turquia, proibiu a tradução das obras de al-Ghazali para o turco.

Muitos se perguntam por que a democracia não se desenvolveu por si no interior do mundo muçulmano, e se perguntam se ela ainda pode se desenvolver hoje. A resposta é que enquanto a visão de mundo asharita (ou hambalita) dominar, o desenvolvimento democrático não pode ter sucesso, pelo simples motivo de que essa visão postula a primazia do poder sobre a primazia da razão. Aqueles que talvez afirmem que o asharismo já é irrelevante no Oriente Médio precisam, então, oferecer alguma outra explicação para sua natureza disfuncional. Não afirmo que o asharismo seja uma força viva no sentido de que as pessoas buscam conscientemente soluções para os problemas do islã no mundo moderno por meio dele, embora *"ele ainda seja ensinado na Azhar no Cairo, e em outras faculdades de teologia islâmica"*[303]. Antes, ele funciona como um peso morto entranhado que inibe a busca razoável por essas soluções. Pior ainda, é o hambalismo, que al-Ash'ari originalmente defendia, que hoje ganha força na forma de

---

[301] HANAFI, Hassan. "The Middle East, in Whose World?" Comunicação sem edições, da maneira como apresentada na conferência "The Middle East in a Globalized World", Oslo, 13 a 16 de agosto de 1998, em http://www.hf.uib.no/smi/pao/hanafi.html, acessado em 8/jul/2019.

[302] RAHMAN, Fazlur. *Islam. Op. cit.*, p. 99.

[303] HOURANI, George. *Reason and Tradition in Islamic Ethics. Op. cit.*, p. 123.

wahhabismo, que é ainda mais hostil à primazia da razão do que o asharismo. Quanto ao crescente movimento islamista, valem as palavras de Wilfred Cantwell Smith: *"O novo levante islâmico é uma força não para resolver problemas, mas para intoxicar aqueles que não suportam mais que eles não sejam resolvidos"*[304].

    A primazia da razão, entendida teológica e filosoficamente, é o pré-requisito da democracia. De outro modo, o que poderia servir como sua força legitimadora? Junto com ela deve vir o apoio metafísico da lei natural, que oferece os fundamentos não apenas da ciência moderna, mas também do desenvolvimento do governo constitucional. Nisto está a fonte *"das leis da Natureza e do Deus da Natureza"* sobre os quais estão construídos os edifícios constitucionais. A primazia da força no pensamento islâmico sunita solapa uma perspectiva similar. Se não se admite a existência de causas secundárias, não se pode desenvolver a lei natural. Se não se pode desenvolver a lei natural, não é possível conceber uma ordem política constitucional em que o homem, por meio da razão, cria leis para governar a si mesmo e para agir livremente.

    Se o homem vive em um mundo que não pode entender, um mundo irracional sem causalidade, então só lhe resta ceder ao destino ou ao desespero. A razão e a liberdade tornam-se irrelevantes. Se o homem não é uma criatura política dotada de razão em um mundo acessível à sua mente, por que tentar ordenar a vida política a partir da deliberação e da representação? Nessas circunstâncias, o homem não vai se dedicar a escrever constituições, porque as constituições, por sua própria natureza, supõem a crença em uma ordem externa estável, a crença de que o homem é razoável, de que ele é capaz de formular e de estabelecer um modo racional de governo, fundamentado em uma criação racional. A lei é razão, como

---

[304] PATAI, Raphael. *The Arab Mind*. Op. cit., p. 172.

disse John Courtney, e é por isso que discutimos razões para as leis. Em última instância, a lei é razão porque Deus é *Logos*.

Porém, se o homem não pode apreender certo e errado por meio da razão, o fundamento moral da lei feita pelo homem fica fatalmente subvertido. Em que poderiam se basear essas leis? Se *"a razão não é Legisladora"*, por que ter legislação? As leis do homem só podem ser expressões ou imposições arbitrárias da vontade humana ou vistas deste modo, o que equivale a dizer que não são fundamento de nada, ainda mais diante da vontade divina. Se não existe a capacidade de fazer o bem, não há justificativa para a democracia. A democracia não pode se desenvolver dentro dessa epistemologia. Se Deus não é *Logos*, então a lei do homem não é razoável. A única forma de democracia que nos resta legitimamente é: um Deus, um voto. E, como disse um fundamentalista argelino, *"ninguém vota em Deus. Você obedece a Deus"*[305]. Como no islã asharita (e hambalita) Deus *não é Logos*, não surpreende encontrar, no nível político, uma falta de democracia. Isso se reflete na *2010 Freedom House Survey* do Oriente Médio e da África do Norte, em que nenhum país árabe é listado como "livre". Somente o Marrocos, o Líbano, e o Kuwait são rotulados "parcialmente livres"; o resto dos países árabes, que incluem 88% da população da região, é designado "não livre"[306]. Como nos últimos anos, Israel continua a ser o único país da região listado como "livre".

O problema é que a democracia é a resposta para uma pergunta que o mundo islâmico árabe não fez. Como observou Elie Kedourie, analista do Oriente Médio, "não há nada

---

[305] KRAMER, Martin. "Politics and the Prophet", *The New Republic*. Disponível em: http://www.geocities.com/martinkramerorg/PoliticsandProphet.htm, acessado em 8/jul/2019.

[306] *2010 Freedom House Survey*. Ver: http://www.freedomhouse.org/uploads/fiwlO/FIW_2010_Overview_Essay.pdf, acessado em 8/jul/2019.

nas tradições políticas do mundo árabe que possa tornar mais familiares, e até inteligíveis, as ideias organizadoras de governo constitucional e representativo"[307]. É por isso que, até o surgimento de neologismos recentes, não havia palavras em árabe para "cidadão", "democracia", "consciência", ou "secular". É também por isso, como explica Bassim Tibe, que *"na ideologia do fundamentalismo islâmico – ou, aliás, nas mentes dos povos islâmicos – a democracia não é uma questão importante"*[308]. Como poderia ser diferente? Isso levou à frustração de vários reformadores, como Muhammad 'Abduh, que disse: *"O oriente precisava de um déspota que obrigasse aqueles que criticam um ao outro a reconhecer seu valor mútuo"*[309], e Kemal Ataturk, autor de célebres palavras a respeito de seus esforços de impor a democracia na Turquia: *"Para o povo, apesar do povo"*[310].

Além disso, não há subsidiariedade no voluntarismo. Não há espaço para ela. Não há hierarquia de responsabilidades e de ações que correspondam a ela – isto é, deixar cada ação delegada à menor unidade da sociedade capaz de realizá-la, a começar pelo indivíduo. É Deus que faz tudo – diretamente. Alá está encarregado de tudo. Portanto, a inclinação é submeter-se e cumprir o dever tal como ordenado. O poder é igual à autoridade, humana ou divina. Assim, quem está no poder, *ipso facto*, tem autoridade (desde que não seja abertamente apóstata)[311]. É isso que suponho que Hassan Hanafi quis dizer

---

[307] Citado por: KRAMER, Martin. "Democracy Promotion in the Middle East: Time for a Plan B". 5 de dezembro de 2006, no Washington Institute for Near East Policy. Ver: http:www.washingtoninstitute.org/templateC07.php?CID=315, acessado em 8/jul/2019.

[308] TIBI, Bassam. *The Challenge of Fundamentalis. Op. cit.*, p. 138.

[309] PRYCE-JONES, David. *The Closed Circle*. New York: Harper Perennial, 1991. p. 18.

[310] HIRSH, Michael. "Misreading Islam". *Washington Monthly*, November 19, 2004.

[311] Não é esse o caso do xiismo *mainstream*, que não concedeu legitimidade *de jure* a governante nenhum após a ocultação do décimo segundo *imam*.

com *"uma ideologia de poder"*. Como a razão não tem posição própria, ela se torna mera serva do poder, o qual, por sua vez, serve o arbítrio do governante. Se Deus é força, então a força se torna Deus. Nessa visão, o poder legitima a si mesmo.

Pensar que os únicos obstáculos à democracia nessas culturas são as autocracias que as governam é delirante. Se Deus é pura vontade, como devem agir e governar seus vice-regentes na terra? Não é acidente que a visão adotada de um deus tirânico produza ordens políticas tirânicas. O poeta sírio Ali Ahmad Sa'id, conhecido como Adonis, caracterizou sarcasticamente essa conexão da seguinte maneira: *"Se somos escravos, podemos ficar contentes e não precisamos lidar com nada. Assim como Alá resolve todos os nossos problemas, o ditador resolverá todos os nossos problemas"*[312]. O domínio do poder é o resultado natural e lógico de uma teologia voluntarista que investe a sombra de Deus na terra – o califa ou governante – com uma força análoga, baseada na vontade de Deus. Dentro da perspectiva voluntarista, a única responsabilidade do homem é obedecer. O poeta tunisiano Basit bin Hasan descreve a mentalidade resultante: *"Eles [se veem como] um povo que só pode viver [...] em um estado de submissão a um redentor [isto é, a um líder que, julgam, os levará à redenção]"*[313]. Diante disso, podem os árabes muçulmanos criar uma cultura política que seja capaz de abraçar os direitos humanos, a liberdade de consciência, o Estado de direito etc.? Aparentemente, não sem primeiro abordar o problema do culto no qual a cultura árabe se baseia.

Sem uma teologia diferente, é possível ter democracia? O dr. Abdulkarim Soroush, filósofo iraniano, respondeu explicitamente a essa pergunta:

---

[312] MEMRI. Em: http://memri.org/bin/articles.cgi.?Page=archives&Area=sd&ID=SP112106, acessado em 8/jul/2019.

[313] MEMRI. Em: http://www.memri.org/bin/articles.cgi.?Page=countries&A rea=-northafrica&ID = SP181008, acessado em 8/jul/2019.

Você precisa de algumas bases filosóficas, até teológicas, para ter um sistema democrático de verdade. O seu Deus não pode mais ser um Deus despótico. Um Deus despótico não seria compatível com um governo democrático, com a ideia de direitos. Assim, você precisa mudar até a ideia de Deus[314].

Alhures, o dr. Soroush escreveu:
Alguns dos entendimentos dos imames, ou da *Mahdaviyat* (a crença xiita no retorno do décimo segundo imame), ou até da noção de Deus que existem hoje na nossa sociedade não são particularmente compatíveis com um Estado responsável e não permitem que a sociedade cresça e se desenvolva em sentido moderno[315].

Há outra maneira de formular o problema. Dentro do entendimento islâmico da revelação, existe autorização para afirmar, a qualquer momento, que todas as pessoas foram criadas iguais, princípio fundamental da democracia? Embora haja algumas insinuações no Corão de que o homem é de algum modo feito à imagem de Deus ou que tem algo do espírito de Deus nele – e que, portanto, cada pessoa é individualmente inviolável – isso é rapidamente descartado pelos teólogos muçulmanos, como se invadisse o abismo inatravessável de *tanzih*. A sura 15, 28-29, cita Alá falando com os anjos: *"Criarei um ser humano de*

---

[314] [314] SOROUSH, Abdulkarim. Discurso de recebimento do prêmio Erasmus em 2004. Postado em http://www.drsoroush.com/PDF/E-CMB-20041113-%20Rationalist_Traditions_in_Islam-Soroush_in_Heidelberg.pdf, acessado em 07/jul/2019.

[315] Transcrição da entrevista televisiva com o Dr. Soroush feita por Dariush Sajjadi, transmitida pela *TV Homa* em 9 de março de 2006. Disponível em http://www.drsoroush.com/English/Interviews/E-INT-HomaTV.html, acessado em 8/jul/2019.

argila, de barro modelável. E ao tê-lo terminado e alentado com o Meu Espírito, prostrai-vos ante ele". A nota de rodapé a "espírito", na tradução Saheeh International do Corão, de Riyadh, na Arábia Saudita, explica de maneira típica: *"o elemento de vida e espírito que Alá criou para esse corpo, não Seu próprio espírito ou parte d'Ele (como creem alguns, equivocadamente)"*[316]. Outras questões a respeito são censuradas com a admoestação do Corão: *"O espírito é assunto do teu Senhor; não teu"*.

Certamente, todos os muçulmanos são criados iguais, como era evidente desde os princípios do islã, quando qualquer escravo que se convertesse era imediatamente alforriado. O profundo senso de igualdade muçulmana é exibido todos os anos durante a *Hajj*, quando a Caaba é circundada pelos peregrinos, todos vestidos com um pano branco (*ihram*) que parece a mortalha funeral islâmica. Ricos, pobres, jovens, velhos, e povos de muitas raças ficam indistinguíveis nas massas que se avolumam circundando-a. Aliás, até cadáveres são trazidos em liteiras, apagando a distinção entre vivos e mortos[317]. Por que os muçulmanos foram amplamente incapazes de, a partir dessa profunda experiência de igualdade muçulmana, abraçar a humanidade inteira?

A resposta é que nem há base na revelação a partir da qual fazer isso, nem uma aceitação *"das leis da Natureza e do Deus da Natureza"*, que a exigiria. A igualdade dos muçulmanos não é "autoevidente", mas apenas produto da fé. Em suma, não há fundamento ontológico dos direitos humanos no islã, que formalmente divide homens e mulheres, crentes e incréus, e livres e escravos. Isso é fatal para o desenvolvimento democrático, e, concomitantemente, para a igualdade perante a lei. Como no islã o homem não foi feito à imagem de Deus, a soberania

---

[316] *Qur'an*. Riyadh: Abulqasim Publishing House, 1997. p. 346.
[317] RUTHVEN, Malise. *Islam in the World. Op. cit.*, p. 13.

de Deus e a soberania do povo são mutuamente exclusivas. Sugerir que a soberania reside no homem é *shirk*, uma afrontosa blasfêmia. Nessa teologia, a soberania do povo, por residir na dignidade inviolável do indivíduo, é inconcebível. Como formulado em 1997 pelo professor Saeed, na época em que dirigia a Jamaat Dawa-wal-Ishad no Paquistão: *"a noção de soberania do povo é anti-islâmica – somente Alá é soberano"*[318].

Onde, então, isso coloca os não muçulmanos? Eles são os *dhimmi*; são governados de maneira diferente, segundo a *Shar'ia*. E o muçulmano que decidir mudar de religião? É declarado apóstata e perde a esposa muçulmana (que deve se divorciar dele), quando não a vida, também. Mesmo a injunção dos *hadiths* de amar o próximo, no islã, significa tradicionalmente amar o próximo muçulmano, não pessoas de outra religião. De fato, o muçulmano é convocado pelo Corão a não ser amigo delas (17, 87). Também, a obrigação muçulmana de doação caritativa, *zakat*, vale só para outros muçulmanos, e não deve ser usada para não muçulmanos.

À luz disso, não surpreende que o Relatório de Desenvolvimento Humano Árabe de 2003 da ONU verifique que:

> A maioria dos Estados árabes assinaram as convenções humanas de direitos humanos – todas se referem ao respeito pelas liberdades fundamentais – mas essas convenções não entram na cultura jurídica, nem foram incorporadas à legislação substantiva desses Estados. As convenções permaneceram nominais, como se vê pelo fato de que raramente são trazidas perante o judiciário para serem implementadas[319].

---

[318] SHOURIE, "Arun. "To Paradise – Via the Jehad in Kashmir!". Em: http://arunshourie.voiceofdharma.com/print/19980820.htm, acessado em 8/jul/2019.

[319] UNDP. *Arab Human Development Report 2003*. New York: United Nations, 2003. p. 152.

Seis anos depois, o Relatório de Desenvolvimento Humano Árabe da ONU de 2009 confirma que:

> [...] as constituições dos Estados não aderem em diversos aspectos-chave às normas internacionais implícitas nas cartas assinadas pelos países árabes. Isso compromete gravemente os níveis de segurança humana nos países relacionados. Muitas constituições de países árabes adotam fórmulas ideológicas ou doutrinais que esvaziam de qualquer conteúdo as estipulações de direitos e liberdades gerais, e que permitem que os direitos individuais sejam violados em nome da ideologia ou fé oficial[320].

Nada deixa mais claro o quanto a noção de igualdade é anti-islâmica do que a "Declaração do Cairo de Direitos Humanos no Islã", assinada por quarenta e cinco ministros da Organização da Conferência Islâmica, em 5 de agosto de 1990. A Declaração do Cairo foi promulgada como apêndice à Declaração Universal de Direitos Humanos da ONU, a qual apresenta direitos iguais, universais. Os últimos dois artigos da Declaração do Cairo afirmam que *"todos os direitos e igualdades estipulados nesta declaração estão sujeitos à sharia islâmica"* (Artigo 24), e que *"a sharia islâmica é a única fonte de referência para a explicação ou para o esclarecimento [de] qualquer artigo desta Declaração"* (Artigo 25). Em outro ponto, ela declara que *"em princípio, ninguém tem o direito de suspender [...], de violar, ou de ignorar seus [do islã] mandamentos, na medida em que são mandamentos divinos obrigatórios, contidos nos Livros Revelados de Deus e enviados pelo último de Seus Profetas [...]. Cada pessoa é*

---

[320] UNDP. *Arab Human Development Report 2009*. New York: United Nations, 2009. p. 5.

individualmente responsável — e a ummah, *coletivamente responsável — por guardá-los"*³²¹.

A fonte da dignidade humana, segundo a Declaração do Cairo, é a concessão por Deus de uma vice-regência ao homem (Corão 2, 30). Porém, trata-se de uma autoridade delegada, não intrínseca à natureza humana, e não é claro que ela pertença a qualquer pessoa além do vice-regente (califa). Esse entendimento está de acordo com o único outro uso do termo no Corão, quando Deus diz: *"Ó, Davi, em verdade, designamos-te como vice-regente na terra"* (Corão 38, 26)³²². A vasta distância entre essa vice-regência muçulmana e a noção judaico-cristã do homem *"criado à imagem e semelhança de Deus"* explica o abismo entre o entendimento de direitos humanos da ONU e o da Declaração do Cairo³²³.

Sob as dispensações da *sharia*, como fica o respeito pelos direitos humanos? Em junho de 2000, Muhammad Sayed Tantawi, o grande *sheikh* de al-Azhar, a mais alta autoridade jurisprudencial do mundo sunita, ofereceu como modelo a Arábia Saudita, dizendo: *"A Arábia Saudita lidera o mundo na proteção de direitos humanos porque os protege segundo a sharia de Deus [...]. Todos sabem que a Arábia Saudita é líder na aplicação de direitos humanos no islã de maneira justa e objetiva, sem agressão e sem preconceito"*³²⁴.

Uma declaração estonteante, pois, como diz o dr. Muhammad al-Houni, intelectual líbio que mora na Itália, *"a lei islâmica desconhecia a igualdade ou os direitos civis, por ter sido*

---

³²¹ *The Cairo Declaration on Human Rights in Islam*. Em: http://www.religlaw.org/interdocs/docs/cairohrislam1990.htm, acessado em 8/jul/2019.

³²² Na tradução consultada, em http://www.alcorao.com.br, em vez de "vice-regente", temos "legatário". (N. T.)

³²³ É sintomático da diferença nas duas visões do homem que, no Gênesis, seja Adão que dê nome aos animais, ao passo que, no Corão, seja Deus que faça isso. O homem muçulmano não tinha esse poder; somente Alá tinha.

³²⁴ MURAWIEC, Laurent. *Princes of Darkness*. Lanham: Rowman & Littlefield, 2005. p. 56.

produto de sua época"[325]. Como, então, a *sharia* poderia protegê-los? A *sharia* não contém o conceito de cidadania, para o qual não existe palavra em árabe. Em seus termos, a desigualdade entre crentes e incréus parece intransponível. Isso é evidente na rígida discriminação contra não muçulmanos na Arábia Saudita, Estado que segue a *sharia*, e as expressões vulgarmente expressadas de islamistas como Abu Hamza, que deseja impor a *sharia* à Grã-Bretanha. Ele declarou: *"Somente os indivíduos mais ignorantes e de mente mais animalesca insistiriam que assassinos de profetas (os judeus) e adoradores de Jesus (os cristãos) merecem os mesmos direitos que nós"*[326]. Como dito antes, o islã é considerado *din al-fitra*, a religião "natural" do homem. Era a religião de Adão, e seria a religião de todos caso não tivessem sido convertidos ainda crianças à apostasia por terem sido criados como cristãos, como judeus, como hindus, ou de outras maneiras. Assim, devolver todos ao islã é o único caminho para a verdadeira "igualdade".

Um artigo do dr. Ahmad Al-Baghdadi, intitulado "Defendendo a Religião por meio da Ignorância", oferece um exemplo prático das consequências do entendimento de direitos humanos da *sharia*. O autor notava a intenção "do ministério da Educação do Kuwait de omitir o Artigo 18 da Declaração Internacional de Direitos Humanos do currículo dos estudantes secundários, pois ele estipula que todo indivíduo tem liberdade de pensamento, a qual inclui a liberdade de mudar

---

[325] "Libyan Intellectual Dr. Muhammad al-Houni: The Arabs Must Choose Between Western Civilization and the Legacy of the Middle Ages". *In*: Middle East Media Research Institute. *Inquiry and Analysis*. Nº 240, September, 12, 2005. Em http://www.memri.org/bin/articles.cgi?Area=ia&ID=IA24005&Page=archives, acessado em 8/jul/2019.

[326] HAMZA, Abu. "Are They the People of the Book? Questions and Answers". *Al-Jihaad*, nº 2, em: http://www.shareeah.com/Eng/aj/aj2.html, acessado em 8/jul/2019.

de religião e de crença. Rashid al-'Anzi, Diretor do Conselho Técnico Curricular e professor de Direito, disse que o motivo de o Artigo 18 da [Declaração de] Direitos Humanos não ser mais ensinado é que ele é contrário à *sharia* islâmica, dizendo que "*nós* [no Kuwait] *somos uma sociedade islâmica conservadora, na qual se deve instilar crenças religiosas islâmicas que estejam de acordo com a sharia islâmica, e portanto este artigo não está de acordo com aquilo que queremos que os estudantes sejam*"[327].

    A dificuldade geral em lidar com o tema dos direitos humanos foi abordada pelo intelectual tunisiano Basit bin Hasan:

> Sempre que o discurso árabe chega perto de aceitar novos conceitos [de direitos humanos] que anunciam liberdade e igualdade, ele imediatamente se choca contra [uma barreira de] suspeita e dúvidas quanto aos benefícios práticos desses conceitos e quanto a suas raízes em nossa 'identidade cultural'. Foi apenas por breves instantes na história [árabe] que o discurso de libertação foi inspirado por conceitos de direitos humanos. [Esse discurso apareceu brevemente] como parte das discussões durante o reavivamento [árabe], entre os movimentos de libertação nacional anticoloniais, e durante o período em que as organizações [árabes] de direitos humanos se formaram e se desenvolveram. [Porém, em todos os outros períodos], a questão de direitos humanos foi fortemente atacada por muitas correntes políticas e em textos diversos – não apenas conservadoras, mas também 'progressistas'. Isso criou muita confusão quanto ao conceito, e fez

---

[327] MEMRI. Em: http://memri.org/bin/articles.cgi?Page=archives&Area=sd&ID=SP146007#_ednref2, acessado em 8/jul/2019.

com que ele ficasse ainda mais difícil de ser apreendido pelos árabes[328].

A razão dessa resistência está no cerne do islã. Em *The Crisis of Islamic Civilization*, Ali Allawi, distinto ex-ministro das Finanças e da Defesa no novo Iraque, dá uma explicação que merece ser longamente citada porque, sem sequer mencionar o asharismo, mesmo assim revela o quão completamente saturado dessa escola é o pensamento islâmico, a ponto de incluir a ideia asharita de que o homem adquire as próprias ações. De fato, sem um entendimento da teologia asharita, seria impossível explicar com precisão essa afirmação, ou captar plenamente sua importância.

Na doutrina islâmica clássica, o problema da natureza do indivíduo como ente autônomo dotado de livre-arbítrio simplesmente não se coloca fora do contexto da dependência que o indivíduo tem, em última instância, de Deus. O termo árabe para "indivíduo" – *al-fard* – não possui a implicação comumente entendida de um ser dotado de intencionalidade, imbuído da faculdade de escolha racional. Antes, o termo traz a conotação de singularidade, de desinteresse, ou de um estado de solidão. A faculdade de escolha e de vontade concedida ao indivíduo tem mais a ver com o fato de adquiri-las de Deus no momento de uma ação ou de uma decisão específicas – a dita *iktisab* – e não com as faculdades em si, que não são inatas às liberdades ou direitos naturais. *Al-fard* normal-

---

[328] MEMRI. Em: http://www.memri.org/bin/articles.cgi?Page=countries& Area=-northafrica&ID=SP181008, acessado em 8/jul/2019.

mente se aplica como um dos atributos do ser supremo, no sentido de uma unicidade inimitável. Ele costuma ser agrupado com outros dos atributos de Deus (como na fórmula *al-Wahid, al-Ahad, al-Fard, al-Samad*: O Um em essência, estado, e ser, e o eterno), a fim de estabelecer a transcendência absoluta da essência divina. O homem é simplesmente incapaz de adquirir qualquer um desses atributos essenciais. Portanto, reivindicar o direito e a possibilidade de ação autônoma sem referência à origem deles em Deus é uma afronta [...]. O edifício inteiro dos direitos individuais derivados do estado natural do indivíduo ou por meio de uma teoria ética ou política secular é alheio à estrutura do pensamento islâmico[329].

Notem com cuidado que "a faculdade de escolha" "não é inata" ao homem – isto é, não é parte da sua natureza. Ele a adquire no momento da ação – o que reduz a um *nonsense* qualquer ideia de liberdade de escolha. A última frase de Allawi é uma homenagem à extensão da destruição da filosofia moral, aqui referida como "teoria ética secular", operada por al--Ghazali. Isso, como vimos em capítulos anteriores, é, de fato, "alheio à estrutura do pensamento islâmico", que foi formulado pelos asharitas e por al-Ghazali. O resultado final, como diz Allawi, é que a questão dos direitos humanos nem se coloca dentro da mente muçulmana. Como poderia? Como poderia o homem ter um "direito" a algo que não possui por natureza? A menos que os direitos sejam "inatos", a democracia não pode

---

[329] ALLAWI, Ali. *The Crisis of Islamic Civilization*. New Haven: Yale University Press, 2009. p. 11.

formar a base moral do governo. Os proponentes da promoção da democracia nos países muçulmanos precisam ler a declaração de Allawi para apreciar plenamente aquilo que terão de enfrentar.

Se, dentro do mundo muçulmano, não existe um princípio de igualdade que abranja todos os seres humanos, não há o fundamento filosófico da democracia. Segundo Raphael Patai (1910-1996), diz um revelador provérbio do Levante: *"Nada humilha tanto um homem quanto estar sujeito à autoridade de outra pessoa"*[330]. É assim quando não há base racional para que se aceite a autoridade de outro, porque essa própria autoridade não se baseia na razão, mas só no poder.

Como, então, pode-se reconhecer que todas as pessoas foram criadas iguais se isso não for expressado na revelação? Abre-se uma avenida para essa percepção por meio da filosofia e do reconhecimento de que a alma de *cada* pessoa está ordenada para *o mesmo* bem ou fim transcendente – é isso que se quer dizer, antes de tudo, com "natureza humana". Para que isso aconteça, porém, a cultura em que isso acontece precisa estar aberta para a razão, ou mais precisamente, para a autoridade da razão em sua capacidade de apreender a realidade. Como vimos, o esforço de abrir a cultura árabe para a razão teve um sucesso apenas temporário, enquanto a expulsão da filosofia dela parece tê-la formado – ou deformado – de modo permanente.

Aqueles que desejam influenciar o mundo islâmico por meio da diplomacia pública e da média devem prestar atenção à admoestação de Lawrence Freedman: *"as opiniões não são moldadas tanto pelas informações recebidas quanto pelos construtos pelos*

---

[330] PATAI, Raphael. *The Arab Mind*. Op. cit., p. 22.

quais essa informação é interpretada e entendida"[331]. A menos que o mundo sunita volte a abraçar a filosofia, e até que isso aconteça, é difícil imaginar por meio de quais "construtos" ele poderia receber de maneira favorável a promoção de direitos humanos iguais.

Infelizmente, não há espaço, nesse tipo de islã (asharita ou hambalita) para que o indivíduo afirme uma versão do bem baseada na autoridade da razão – a cujos critérios ele poderia chamar os demais. Essa carência solapa as perspectivas de uma sociedade civil e de mudanças pacíficas. O único jeito que resta de disputar a ordem dominante é afirmar um entendimento das escrituras islâmicas mais autêntico do que aquele em que se baseia a ordem dominante. Os revolucionários religiosos, que não têm nada além de sua religião como meio de afirmar-se, normalmente resolvem suas disputas por meio da violência sectária. Que outro recurso resta? Somente a razão não é sectária. Porém, uma vez que a primazia da força seja afirmada – é isso que significa a primazia da vontade – a violência é o único caminho que resta. (Como veremos depois, essa disposição foi reforçada da pior maneira pela adoção de ideologias totalitárias ocidentais no século XX pelos estados seculares árabes).

A intelectual marroquina Fatima Mernissi explica como funciona essa síndrome:

> Como a oposição intelectual foi reprimida e silenciada, somente a rebelião política e o terrorismo tiveram qualquer sucesso, como vemos hoje tão bem. Somente a violência dos subversivos podia interagir com a violência do califa. Esse padrão, encontrado ao longo da história muçulmana, explica a realidade moderna, na qual somente o questiona-

---

[331] FREEDMAN, Lawrence. *The Transformation of Strategic Affairs*. New York: Routledge for the International Institute for Strategic Studies, 2006. p. 23.

mento religioso que pregava a violência com sua linguagem política é capaz de desempenhar um papel com credibilidade [...]. Desde então [da supressão dos mutazalitas], a revolta fanática é a única forma de questionamento que sobreviveu dentro de um islã truncado[332].

Mernissi se aproxima da origem dessa síndrome de violência ao mencionar a supressão dos mutazalitas, mas não explicita que a racionalização dessa violência em um "islã truncado" vem de uma teologia "truncada". Veremos a força do que diz Mernissi, porém, quando examinarmos a ideologia dos islamistas de hoje.

George Hourani oferece uma perspectiva similar, mas ainda mais rica, da dinâmica da violência no mundo muçulmano, que merece ser citada longamente. Explica ele:

> O voluntarismo ético coloca a determinação de questões éticas firmemente nas mãos de especialistas na interpretação da *sharia*, a qual serviria de guia em todas as esferas da vida prática. Esses especialistas eram a *'ulama'*, os estudiosos islâmicos profissionais, que incluíam as equipes das *madrasas*, os pregadores das mesquitas, os *qadis* [juízes que administram a lei islâmica], os *muftis* [estudiosos muçulmanos que interpretam a *sharia*] e juristas teóricos. Leigos privados eram desencorajados por essas tendências, e também por sultões autocráticos, a propor reformas no Estado ou a organizar grupos seculares como sindicatos trabalhistas,

---

[332] MERNISSI, Fatima. *Islam and Democracy*. Cambridge / New York: Perseus Books, 1992. p. 34-37.

> organizações caritativas, e, especialmente, partidos políticos. Assim, toda mudança *pacífica* no topo da sociedade tinha de ser iniciada de cima, pelos chefes de Estado, os quais quase sempre estavam satisfeitos com o jeito como as coisas eram. O único outro caminho de mudança era por meio dos movimentos revolucionários. Porém, as únicas forças fortes o suficiente para reunir apoiadores eram os líderes religiosos, os quais se diziam *mahdis* anunciando uma era de ouro[333].

Por mais formidáveis ou até avassaladores que pareçam esses obstáculos ao desenvolvimento democrático, eles não são insuperáveis, como se viu em outras partes do mundo muçulmano, como a Turquia e a Indonésia. Há também reformadores como o estudioso líbio Muhammad Abdelmottaleb al-Houn, que tem a coragem de dizer: *"Se temos de escolher entre os direitos humanos e a sharia, então devemos preferir os direitos humanos"*[334]. Porém, é preciso ter ao menos como ponto de partida a admissão contida na afirmação do estudioso Richard Bulliet, da Universidade Columbia, de que *"encontrar maneiras de casar o papel protetor* [tradicional do islã] *com as instituições democráticas e econômicas modernas é um desafio que ainda não foi enfrentado"*[335].

Irrealidade na perda da causalidade

Ao atacar os mutazalitas, os asharitas, nas palavras de Muhammad Khair, queriam *"libertar o poder salvífico de Deus*

---

[333] HOURANI, George. *Reason and Tradition in Islamic Ethics. Op. cit.*, p. 275.

[334] SAMIR, Samir Khalil. "Islam Needs Renewal from Within, Not Withdrawal into Itself, to Overcome its Crisis". *Asia News*, (March 8, 2007) 5. Disponível em: http://www.asianews.it/index.php?!=en&art=7164&dos&size=A, acessado em 07/jul/2019.

[335] HIRSH, Michael. "Misreading Islam". *Op. cit.*

das cadeias da causalidade"³³⁶. O preço dessa libertação foi a perda da racionalidade, a qual, por sua vez, promove o comportamento irracional. Em suma, como mencionado antes, a teologia asharita compelia seus seguidores a negar a realidade. O autor e reformador saudita Turki Al-Hamad descreve assim os sintomas:

> Infelizmente, estamos regredindo de maneira supersticiosa e sem razão [...]. O mundo de hoje é governado pela lógica. Ele opera segundo uma certa lógica, a qual enxerga o futuro segundo certos critérios e considerações. Nós, por outro lado, abandonamos esse futuro por causa do mito. Vivemos no mundo do sobrenatural, não no mundo real, o qual negligenciamos por completo³³⁷.

São muitas as manifestações modernas da confusão resultante. Como observou Albert H. Hourani, os árabes *"tendem a ver os atos em si mesmos, como adequados para certas ocasiões, e não como elos em uma corrente de causa e consequência"*³³⁸. Não é difícil ver de onde se desenvolveu essa disposição. Mesmo que sejam apenas ilustrações, os exemplos a seguir dão algum sabor de como os efeitos da perda da causalidade operam mesmo na vida cotidiana.

Menos de uma década atrás, um imame do Paquistão instruiu os físicos ali que eles não podiam considerar em seu trabalho o princípio de causa e efeito. O dr. Pervez Hoodbhoy,

---

[336] KHAIR, Muhammad. "Hegel and Islam". *The Philosopher*, Vol. LXXXX, No. 2. Disponível em: http://www.the-philosopher.co.uk/hegel&islam.htm, acessado em 07/jul/2019.

[337] MEMRI. Em: http://www.memritv.org/clip/en/1700.htm, acessado em 8/jul/2019.

[338] PATAI, Raphael. *The Arab Mind. Op. cit.*, p. 51.

físico paquistanês e professor da Universidade Quaid-e-Azam em Islamabad, disse que *"não é islâmico dizer que combinar hidrogênio e oxigênio produz água. 'O certo seria dizer que quando você junta hidrogênio e oxigênio, então, pela vontade de Alá, a água era criada'"*[339].

Há pessoas na Arábia Saudita hoje que ainda não acreditam que o homem esteve na Lua. Não porque sejam ignorantes; mas porque aceitar o fato de que o homem esteve na Lua também significaria aceitar a cadeia de relações causais que o levou ali, o que, para elas, é simplesmente inaceitável de um ponto de vista teológico.

A negação da realidade, porém, pode se tornar explícita. O filósofo sírio Sadik Jalal al-'Azm conta que

> [...] no livro de Ibn Baz [grande mufti da Arábia Saudita de 1993 até sua morte em 1999], publicado em 1985, ele [...] rejeitava completamente a ideia de que a Terra orbita o Sol. Tenho o livro e você pode verificar o que estou dizendo. E, assim, a Terra não orbita o Sol, mas é o Sol que gira em torno da Terra. Ele [nos] trouxe de volta para a astronomia antiga, para o período pré-copernicano. Claro que, no livro, Ibn Baz declara que todos aqueles que dizem que a Terra é redonda e orbita o Sol são apóstatas. De qualquer modo, ele é livre para pensar o que quiser. Porém, o grande desastre é que nenhum dos estudiosos ou das instituições religiosas do mundo muçulmano, do oriente ao ocidente, de Al-Azhar a Al-Zaytouna, de Al-Qaradhawi a Al-Turabi e a

---

[339] OVERBYE, Dennis. "How Islam Won, and Lost, the Lead in Science". *New York Times*, October 10, 2001. Disponível em: http://www.nytimes.com/2001/10/30/science/social/30IsLA.html?pagewanted=4, acessado em 8/jul/2019.

[*sheikh* Ahmad] Kaftaro, incluindo os departamentos de estudo da *sharia* – ninguém ousou dizer a Ibn Baz que ele se prende ao *nonsense* em nome da religião islâmica. O fato de que você me diz que essa é uma questão sensível – isso significa que não posso responder as palavras de Ibn Baz quando ele diz que a Terra é plana e não orbita o Sol, mas nasce e se põe, da maneira antiga. É um desastre. O maior desastre é que não podemos nem responder[340].

Os efeitos da negação da causalidade secundária permeiam até os aspectos mais práticos da vida cotidiana. Por exemplo, como relata o ex-islamista britânico Ed Husain, *"a Hizb ut-Tahrir acreditava que todos os acontecimentos naturais eram atos de Deus (embora em certas ações o homem pudesse exercer o livre-arbítrio), por isso todas as apólices de seguros eram haram [...]. Os membros da Hizb eram proibidos de fazer seguro do carro"*[341]. Igualmente, o uso de cintos de segurança é considerado presunçoso. Se a sua hora chegou, o cinto é supérfluo. Se não chegou, é desnecessário. É preciso dar-se conta de que a frase "*insha' Allah* [se Deus quiser]" não é simplesmente uma convenção social de polidez, mas uma doutrina teológica.

Os envolvidos no treinamento de forças militares no Oriente Médio depararam-se com uma atitude descontraída em relação à manutenção das armas e à boa pontaria. Se Deus quiser que a bala acerte o alvo, ela vai acertar, e, se Ele não quiser, ela não vai. Isso pouco tem a ver com agência humana ou

---

[340] "A Comprehensive Interview with Syrian Philosopher Sadik Jalal al-'Azm". Middle East Media Research Institute, *Special Dispatch*, N° 1913, May 1, 2008. Disponível em: http://www.memri.org/bin/articles.cgi?Page=archives&Area=sd&ID=SP191308, acessado em 07/jul/2019.

[341] HUSAIN, Ed. *The Islamist. Op. cit.*, p. 101.

com capacidades adquiridas por meio de disciplina e prática. Igualmente, a conduta e o resultado do conflito de 2006 entre Israel e o Hezbollah no Líbano foi caracterizado como "vitória divina" pelo Hezbollah por causa daquilo que seu líder, Hasan Nasrallah, chamou de "mísseis guiados por Deus". Embora o Hezbollah seja um grupo xiita, ele compartilha a mesma visão de Deus (ou de Seus agentes diretos) como causa única.

> Acreditamos que os anjos de Deus e o Mahdi estavam ali, protegendo nossos garotos [disse Mahmoud Chalhoub, irmão de um combatente morto do Hezbollah]. Até os israelenses falam de um homem todo de branco [o Mahdi], montado em um cavalo branco, que cortou a mão de um de seus soldados na hora em que ele ia lançar um míssil. Os israelenses fingem que o Hezbollah possui satélites e que é assim que seus combatentes conseguem mirar os alvos militares. Não temos satélites, temos mísseis guiados por Deus[342].

Outra vez, aquilo que aos ocidentais pode parecer propaganda de guerra grosseira se baseia em uma perspectiva profundamente teológica. Trata-se do equivalente do século XXI do versículo do Corão: *"Vós que não os aniquilastes (ó, muçulmanos)! Foi Deus quem os aniquilou"* (8, 17).

Com frequência, os ocidentais acham que a enorme influência da Arábia Saudita no mundo muçulmano hoje se deve quase completamente à sua riqueza em petróleo – um petro--islã. Porém, isso não leva em conta o fato de que muitos muçulmanos, inclusive em países como o Egito, tradicionalmente opostos à Arábia Saudita, veem essa riqueza como dádiva direta de Alá. Poderia ser mero acidente que esses tesouros este-

---

[342] IBRAHIM, Alia. "A Divine Seal of Approval". *Washington Post*, November 19, 2006.

jam debaixo das areias desse país particular? Não, eles devem estar ali como recompensa para os sauditas por terem seguido o verdadeiro caminho. Por que outro motivo o petróleo estaria ali? A questão deve ser respondida não por geólogos, mas sim dentro do entendimento de que Deus colocou diretamente o petróleo ali, pois Ele faz todas as coisas diretamente. A presença de petróleo dá credibilidade à afirmação saudita de que sua forma wahhabita de islã é a legítima. É por causa do petróleo que outros muçulmanos estão dispostos a considerar essa afirmação. É por isso que o wahhabismo espalhou-se tanto, até em partes do mundo, como a Indonésia, que, por suas raízes culturais, pareceriam ter tão pouca simpatia por seu literalismo radical. Portanto, não é apenas *por meio* da abundância de petróleo saudita, mas também *por causa* de onde o petróleo está que o wahhabismo goza de tanta proeminência.

Um conhecido curdo me contou ter feito a *Hajj* com um amigo devoto bastante impressionado pelo ensinamento asharita de Deus como causa única. Na Caaba, debaixo do escaldante Sol saudita, seu amigo tocou a pedra negra, que estava fria. Veja, disse ele, é a miraculosa ação direta de Deus; de que outro modo poderia esta pedra estar tão fria neste calor? Meu amigo curdo olhou em volta e viu escadas que desciam para um sistema de ar-condicionado. Então levou o amigo para ver, e explicou: *"É por isso que a pedra está fria"*. A reação do amigo a essa lição foi de escândalo. O conhecimento racional era uma ameaça a sua certeza religiosa. O ar-condicionado, produto do conhecimento racional, era um ataque à sua teologia.

Nas partes do Paquistão controladas pelo Talibã, *"a vacinação contra pólio foi declarada* haram *pelos* ulema *e, subsequentemente, a campanha do governo estagnou"*[343]. Assim como os seguros de carro,

---

[343] "A vacinação contra a poliomelite foi declarada *haram* pela *ulemá*, e a campanha

as vacinas são uma forma de presunção. Somente com a expulsão do Talibã do vale do Suat no fim do verão de 2009, o governo do Paquistão conseguiu retomar a vacinação[344].

A lógica da irrealidade: um discurso conspiratório

Libertado de causa e efeito, o mundo islâmico reverte a um reino mágico, pré-filosófico, no qual as coisas acontecem sem explicação, por causa de forças misteriosas, sobrenaturais. No lugar de explicações razoáveis – ou de explicações submetidas à razão – reinam as teorias conspiratórias, junto com a superstição. A imprensa diária islâmica está repleta disso. As teorias conspiratórias são a moeda intelectual de um mundo irracional. Os muçulmanos são transformados de atores em vítimas – normalmente de alguma conspiração judaica ou ocidental. Tirando isso, os acontecimentos são atribuídos diretamente a Deus como sua causa única, outra vez retirando-os do âmbito em que as ações do homem podem ter algum efeito. Como descreve o poeta tunisiano Basit bin Hasan:

> O discurso dominante entre nós está acostumado a culpar o "outro" hegemônico e tirânico por nossos infortúnios, pela feiura que nos cerca, por nosso vazio cultural, e por nossos problemas. Ele nos dispensa [da responsabilidade pelas] nossas tragédias por meio do dualismo de um "outro" malvado e "nós", as vítimas inocentes[345].

---

do governo em seguida parou". HOODBHOY, Pervez. "Between Imperialism and Islamism". *Himal Southasian* (October-November 2007).

[344] Curiosamente, o Talibã afegão incentiva a vacinação.

[345] MEMRI. Em: http://www.memri.org/bin/articles.cgi?Page=countries&Area=northafrica&ID=SP181008, acessado em 8/jul/2019.

Os desastres naturais, é claro, só podem ser explicados por meio da ação direta divina. Na televisão, o *sheikh* Salih Fawzan al-Fawzan, alto funcionário do regime saudita, opinou que o *tsunami* de 2004 *"aconteceu no Natal, quando fornicadores e pessoas corruptas do mundo inteiro vêm cometer fornicação e perversão sexual. Foi aí que aconteceu a tragédia, acertando-as todas e destruindo tudo"*[346]. Em um *website* muçulmano, as letras árabes da palavra "Alá" foram superpostas à foto de satélite do *tsunami* de tal modo a encaixá-las nela, sugerindo graficamente a mensagem da intervenção divina direta. A própria onda tinha a forma das letras de "Alá".

Quando o furacão Katrina chegou ao sul dos Estados Unidos, um artigo típico na imprensa árabe anunciava que *"Katrina é um vento de tormenta e males enviado por Alá ao império americano"*, e que *"o terrorista Katrina é um dos soldados de Alá"*[347]. Também, *"a única razão desse desastre é Alá estar zangado com eles"*[348]. A maior parte dos americanos vê isso como mera propaganda, sem perceber que ela vem de uma perspectiva teológica que exige um entendimento do acontecimento como resultado direto da Causa Primeira. Essa é a visão necessárias das pessoas que devem interpretar isso assim porque, em sua teologia, não há espaço para a existência de causas secundárias.

Pervez Hoodbhoy relata:

> Quando o terremoto de 2005 atingiu o Paquistão, matando mais de 90 mil pessoas, nenhum cientista

---

[346] SCHWARTZ, Stephen. "Allah and the Tsunami". *Front Page Magazine*, January 13, 2005. Em: http://www.frontpagemag.com/readArticle.aspx?ARTID=9941, acessado em 8/jul/2019.

[347] "Senior Kuwaiti Official: 'Katrina Is a Wind of Torment and Evil from Allah Sent to This American Empire'". Middle East Media Research Institute, *Special Dispatch*, Nº 977, September 2, 2005. Em: http://memri.org/bin/articles.cgi?Page=archives&Area=sd&ID=SP97705, acessado em 8/jul/2019.

[348] HOODBHOY, Pervez. "Science and the Islamic World: The Quest for Rapprochement". *Physics Today*, August 2007.

de renome no país questionou publicamente a crença, livremente disseminada pela mídia de massas, de que o terremoto era uma punição de Deus por comportamentos pecaminosos[349]. Os *mullahs* ridicularizavam a noção de que a ciência poderia oferecer uma explicação; eles incitavam seus seguidores a quebrar os aparelhos de TV, que tinham provocado a ira de Alá e, portanto, o terremoto. Como demonstrado por várias discussões em aula, uma esmagadora maioria dos alunos de ciências da minha universidade aceitavam diversas explicações a partir da cólera divina[350].

Irrealidade na percepção e na imprensa

A perda da racionalidade e o divórcio da realidade também se refletem amplamente na imprensa, repleta de teorias da conspiração e de relatos fantásticos de acontecimentos naturais. O Relatório de Desenvolvimento Humano Árabe de 2003 da ONU dizia:

> O próprio noticiário tende a ser narrativo e descritivo, e não investigativo e analítico, com uma concentração em acontecimentos imediatos e parciais. Isso é geralmente verdadeiro quanto aos jornais, aos boletins de rádio, e às notícias na TV. O no-

---

[349] Em um forte contraste, o Novo Testamento deixa claro que desastres e doenças não são punição direta de Deus pelo pecado. Significativamente, isso abre a possibilidade de outras explicações, como causas naturais. Em João 9, 2, por exemplo, os apóstolos perguntam a Cristo: *"Mestre, quem pecou, este homem ou seus pais, para que nascesse cego?"* Cristo responde: *"Nem este pecou nem seus pais, mas é necessário que nele se manifestem as obras de Deus"*. Igualmente, na morte de dezoito pessoas no desabamento da torre de Siloé, Cristo refutou a explicação de que elas morreram como punição por seus pecados (Lucas 13, 4). Essa diferença de entendimento entre a revelação cristã e muçulmana foi extremamente importante para o desenvolvimento da civilização ocidental, e, também, para a falta de desenvolvimento da civilização muçulmana.

[350] HOODBHOY, Pervez. "Science and the Islamic World: The Quest for Rapprochement", *Op. cit.*

ticiário é com frequência apresentado como uma sucessão de acontecimentos isolados, sem uma cobertura explicativa aprofundada ou qualquer esforço de colocar os acontecimentos em um contexto geral, social, econômico e cultural[351].

Se a sua metafísica é atomista, o mais provável é que suas reportagens também tratem de *"uma sucessão de acontecimentos isolados"*, sem a continuidade dada pelas relações causais. Isso se encaixa exatamente na observação de George Hourani, citada anteriormente, de que os árabes não enxergam os atos *"dentro de uma cadeia de causa e consequência"*.

Quase nada parece ridículo demais para aparecer na imprensa árabe e muçulmana ou para ser publicado no mundo árabe, incluindo cálculos da velocidade da luz segundo uma fórmula corânica e relatos de Colombo encontrando nativos que falam árabe. Na Arábia Saudita, um livro publicado pela imprensa estatal, *Brotokolat Ayat Qumm Hawla al-Haramayn al-muqadda-sayn* (*Os Protocolos do Ayat de Qumm Sobre as Duas Cidades Sagradas* [Meca e Medina]), do dr. 'Abd Allah al-Jafar, afirmava que os xiitas eram resultado de uma trama dos judeus para subverter o islã. Os xiitas tiveram um papel em todas as invasões do mundo islâmico, e também criaram a maçonaria, o que será novidade para muitos europeus. O título é emprestado dos *Protocolos dos Sábios de Sião*, falsificação oitocentista da polícia secreta tcheca que ainda circula pelo mundo islâmico como genuíno documento da perfídia judaica. Um exemplo mais recente dessa perspectiva, dessa vez do ângulo xiita, foi oferecido por Mahmoud Musleh, destacado membro do Hamas da legislatura palestina, que disse, sobre as grandes manifestações no Irã

---

[351] UNDP. Arab Human Development Report 2003. *op. cit.*, p. 61.

contra a suposta reeleição de Mahmoud Ahmadinejad no Irã, em junho de 2009: *"Israel está por trás do que está acontecendo no Irã"*[352]. Um exemplo mais distante vem da Indonésia, onde dois livros de Herry Nuri, publicados em 2007, traziam como títulos *Sinais de Maçons e Sionistas na Indonésia* e *Sionistas na Indonésia*[353].

Também não parece haver nada tão absurdo que perca a credibilidade. As explicações do atentado terrorista ocorrido em 11 de setembro de 2001 são um exemplo perfeito. Por volta do oitavo aniversário dos ataques, Mshari Al-Zaydi preparou uma coletânea satírica de algumas das teorias conspiratórias mais populares em *Al-Sharq Al-Awsat* (9 de setembro de 2009):

> Os perpetradores dos ataques de 11 de setembro de 2001 – eram nacionalistas extremistas sérvios? Não, foi o Mossad israelense – não, desculpem, foi um grupo americano de Adventistas do Sétimo Dia! De jeito nenhum, quem cometeu os terríveis ataques foi a CIA! As sugestões e ilusões imaginárias continuam a jorrar na direção do evitamento das consequências reais da realidade – que é a seguinte: os perpetradores dos ataques de 11 de setembro eram jovens muçulmanos que acreditavam em uma interpretação linha dura do islã, liderados por Osama bin Laden, e que são incentivados, e foram incentivados à época, por milhões de muçulmanos. A ideia de que os sérvios foram os perpetradores dos ataques de 11 de setembro para vingar-se da interferência americana na guerra entre sérvios, bósnios, e croatas foi pronunciada por Hasanayn Haykal, símbolo dos

---

[352] TROFIMOV, Yaroslav. "Crisis Rocks Mideast Power Balance", *Wall Street Journal*, June 24, 2009, A8.

[353] DHUME, Sadanand. *My Friend the Fanatic*. Nova York: Skyhorse Publishing, 2009. p. 270.

jornalistas políticos árabes que seguem a direção pan-árabe. Ele disse isso dias depois que aconteceram as explosões (no jornal libanês *Al-Safir*, em 1 de outubro de 2001). A ideia de que os ataques foram perpetrados pelo Mossad israelense (fonte de todos os males e de acontecimentos misteriosos que alguns não têm a coragem de investigar e de examinar) foi sugerida pelo autor islamista Fahmi Huwaydi, que acreditava que a Al-Qaeda não era capaz de realizar aquela operação, mas que o Mossad era (jornal *Al-Watan*, do Kuwait, 25 de setembro de 2001). Quanto à ideia de que as explosões foram provocadas por um grupo americano denominado Adventistas do Sétimo Dia, isso foi pronunciado por Mustafa Mahmud, apresentador do programa "Ciência e Crença" (*Al-Ahram*, Egito, 22 de setembro de 2001)[354].

Ainda em 2006, apesar de a Al-Qaeda ter repetidas vezes reivindicado o crédito, um número *crescente* de muçulmanos acreditava que os árabes não tinham cometido os ataques de 11 de setembro de 2001 nos Estados Unidos. Segundo o *Washington Post*:
> Um relatório do ano passado do Pew Global Attitudes Project, porém, verificou que o número de muçulmanos no mundo inteiro que não acreditam que os árabes cometeram os ataques de 11 de setembro só aumenta – são 59% de turcos e egípcios, 65% dos indonésios, 53% dos jordanianos, 41% dos paquistaneses, e até 56% dos muçulmanos britânicos[355].

---

[354] MEMRI. Em: http://www.memri.org/bin/latestnewscgi?ID=SD252909, acessado em 8/jul/2019.

[355] VEDANTAM, Shankar. "Persistence of Myths Could Alter Public Policy Approach". *Washington Post*, September 3, 2007. Em: http://www.washington-post.

Um estudo de janeiro de 2006, de *L'Economiste*, revelou que 44% dos marroquinos entre 16 e 29 anos acreditam que a Al-Qaeda não é uma organização terrorista, 38% "não sabem", e apenas 18% dizem que ela é um grupo terrorista[356]. Em outras palavras, não há correlação entre as evidências disponíveis e as opiniões sustentadas.

Para aqueles que desconhecem o nível de irrealidade na imprensa diária muçulmana, eis aqui algumas amostras do trabalho de monitoramento de média do Middle East Media Research Institute (MEMRI). O que é notável não é tanto o exotismo das acusações ou das matérias, mas a falta de qualquer preocupação com evidências de que elas sejam verdadeiras ou falsas, ou com qualquer procedimento que permita concluir que sejam verdadeiras ou falsas, o que seria uma exigência fundamental do respeito pela realidade. Apesar da impressão que criam, as citações abaixo não são do equivalente dos tabloides americanos nos caixas das mercearias. Várias citações são dadas não a fim de criar a impressão de que a imprensa muçulmana é toda assim, mas para mostrar que assim é uma parte significativa dela. (Isso não quer dizer que não haja excelentes jornalistas árabes e muçulmanos). Os textos completos e os trechos em vídeo podem ser acessados no *website* da MEMRI: *www.memri.org*. Todos os títulos vêm da MEMRI:

——"*Clérigo egípcio Ahmad Abd Al-Salam: Judeus 'Infectam Comida com Câncer e a Enviam a Países Muçulmanos'*", 24 de fevereiro de 2009[357].

---

com/wp-dyn/content/article/2007/09/03/AR200709000933-pf.html, acessado em 8/jul/2019.

[356] GUITTA, Olivier. "The Islamization of Morocco". *The Weekly Standard*, Volume 12, Issue 3 (October 2, 2006).

[357] Vídeo e texto disponíveis em: http://www.memri.org/report/en/0/0/0/0/0/0/3168.htm. Acessado em 15/dez/2009.

Apesar de ser uma afirmação aparentemente exótica, essa manchete não é apenas uma forma de jornalismo sensacionalista feita para atrair leitores. A citação vem de uma fala em vídeo de al-Salam: "Os judeus conspiram dia e noite para destruir as ocupações mundanas e religiosas dos muçulmanos. Os judeus conspiram para destruir a economia dos muçulmanos. Os judeus conspiram para infectar com câncer a comida dos muçulmanos. São os judeus que infectam a comida com câncer e a enviam a países muçulmanos". Al-Salam ainda acusa os judeus de abusarem sexualmente de mulheres muçulmanas e de conspirar para produzir a queda do islã.

— *"Nader Talebzadeh, Cineasta Iraniano, Nega o Holocausto e Afirma: a Al-Qaeda e o Mossad Produziram Juntos o 11 de Setembro"*, 3 de abril de 2008[358].

As teorias conspiratórias relacionadas ao 11 de setembro abundam no mundo muçulmano. Existe até uma teoria que diz que George W. Bush planejou e executou pessoalmente os ataques de 11 de setembro.

— *"TV Iraniana: Gripe Suína — Uma Conspiração Sionista/Americana"*, 12 de maio de 2009[359].

Eis aqui trechos de outra notícia da TV iraniana sobre a gripe suína, transmitida na *IRINN*, o canal de notícias iraniano, em 6 de maio de 2009:

> Em seu discurso, Barak [sic] Obama mencionou um remédio chamado Tamiflu — mas o que exatamente é o Tamiflu? Quem são os compassivos fabri-

---

[358] Para uma lista de vídeos e de notícias proclamando várias teorias da conspiração ligadas ao 11 de setembro, por favor visite http://www.memri.org/report/en/0/0/0/0/0/0/1491.htm. Acessado em 15/dez/2009.

[359] Vídeo e texto disponíveis em http://www.memri.org/report/en/0/0/0/0/0/0/3291.htm. Acessado em 15/dez/2009.

cantes desse remédio? Esse grande farmacêutico é ninguém menos do que Rumsfeld, o ex-secretário de Defesa americano. Ele é um dos acionistas, além de membro ativo e influente no conselho de diretores da Gilead Science, a principal fornecedora de remédios para essa doença [...]. Deve-se notar que a Gilead Sciences é uma empresa judia. Seu nome, em hebraico, significa 'lugar sagrado', e todos os seus acionistas são sionistas.

—— *"Clérigo egípcio Safwat Higazi Pede o Fechamento do Starbucks no Mundo Árabe e Islâmico: Seu Logo é a Rainha Judia Esther"*, 25 de janeiro de 2009[360].

Higazi, em um discurso transmitido pela televisão egípcia, afirmou francamente: "A menina no logo do Starbucks é a rainha Esther. Sabe quem era a rainha Esther, e o que significa a coroa na cabeça dela? É a coroa do reino persa. Essa rainha é a rainha dos judeus. Ela é mencionada na Torá, no Livro de Esther. A menina ali é Esther, a rainha dos judeus na Pérsia". Apesar de Higazi confundir a identidade da "menina do Starbucks" – na verdade, uma sereia de mitologia medieval francesa –, ele pede a erradicação de todas as filiais do Starbucks no mundo muçulmano, porque "é inconcebível que, em Meca e em Al-Madina, haja uma imagem da rainha Esther, rainha dos judeus".

—— *"Dr. Ahmad Al-Muzain, Cientista da TV Hamas: Bayer Derivou Seu Tratamento da AIDS do Hadith do Profeta Maomé sobre as Asas das Moscas"*, 13 de novembro de 2008[361].

---

[360] Texto disponível em: http://www.memri.org/report/en/0/0/0/0/0/0/3184.htm. Acessado em 15/dez/2009.

[361] Texto completo disponível em: http://www.memri.org/report/en/0/0/0/0/0/0/2953.htm. Acessado em 15/dez/2009.

— *"Colunistas Árabes: A Crise Econômica — Uma Conspiração do Governo dos EUA e dos Judeus Americanos"*, 22 de outubro de 2008[362].

Escreve o dr. Mustafa al-Fiqqi, do Egito: "O governo Bush foi treinado e impelido pela direita conservadora americana e por círculos judaicos e executar essa missão [em dois estágios] – no começo do primeiro mandato de Bush, e no final de seu segundo mandato. O propósito é atingir dois grandes objetivos – um grande [objetivo] político em 2001, e um [objetivo] econômico global em 2008". A primeira parte da missão, é claro, foram os ataques de 11 de setembro. Segundo al-Fiqqi, e muitos outros, os ataques de 11 de setembro e a crise econômica global foram missões premeditadas de poderosos americanos e ocidentais em um esforço de obter o domínio global.

— *"Série Documentária da TV Iraniana Rastreia Temas Sionistas em Filmes Ocidentais: O Resgate do Soldado Ryan"*, 30 de junho de 2008[363].

Entre as afirmações feitas pelo dr. Majid Shah-Hosseini, crítico iraniano de cinema, de que os filmes americanos (particularmente *O Resgate do Soldado Ryan*) exaltam de maneira imerecida e talvez exagerada o soldado judeu-americano está a seguinte: "Além disso, os homens podem ser selecionados por seu valor de rima. 'Zion'[364] às vezes vira 'Ryan', como em *O Resgate do Soldado Ryan*. Eles exploram até a semelhança dos nomes".

— *"Nova Teoria da Conspiração no Egito: Não Foi Saddam, Mas Seu Dublê que Foi Executado"*, 30 de janeiro de 2007[365].

---

[362] Texto disponível em: http://www.memri.org/report/en/0/0/0/0/0/0/2888.htm. Acessado em 15/dez/2009.

[363] Texto disponível em: http://www.memri.org/report/en/0/0/0/0/0/0/2723.htm. Acessado em 15/dez/2009.

[364] Sião, em inglês. (N. T.)

[365] Texto completo disponível em: http://www.memri.org/reporten/0/0/0/0/0/0/2030.

—"*Em Entrevista na TV, Especialista Paquistanês em Segurança Acusa Sionistas Ocidentais e Sionistas Hindus de Planejar os Ataques de 26/11 em Bombaim*", 4 de dezembro de 2008[366].

—"*Assessor Cultural do Ministério da Educação Iraniano e Membro de Organização Ecumênica Fazem Palestra na TV Iraniana:* Tom e Jerry—*Uma Conspiração Judaica para Melhorar a Imagem dos Ratos, Porque os Judeus Eram Chamados de Ratos Sujos na Europa*", 24 de fevereiro de 2006[367].

Essa citação de uma palestra do dr. Hasan Bokhari, membro do Conselho de Cinema da Empresa de Comunicações da República Islâmica do Irã e assessor do Ministério da Educação do Irã merece ser reproduzida longamente a fim de demonstrar o vasto alcance da irrealidade preponderante no mundo muçulmano:

> Existe um desenho de que as crianças gostam. Elas gostam muito, e os adultos também: *Tom e Jerry*.
> [...]
> Uns dizem que essa criação de Walt Disney [*sic*: *Tom e Jerry* é uma produção da Hanna-Barbera] será lembrada para sempre. A empresa judaica Walt Disney ganhou fama internacional com esse desenho. Ele ainda é transmitido no mundo inteiro. O desenho mantém seu *status* graças às brigas bonitinhas do gato e do rato—especialmente do rato. Uns dizem que a principal razão para fazer esse desenho tão atraente era apagar um certo termo pejorativo comum na Europa.
> [...]

---

htm. Acessado em 15/dez/2009.

[366] http://memri.netstrategies.com/report/en/2974.htm, acessado em: 8/jul/2019.

[367] Texto disponível em: http://www.memri.org/report/en/0/0/0/0/0/0/1620.htm. Acessado em 15/dez/2009.

Se você estudar a história europeia, verá quem era o grande poder do acúmulo de dinheiro e de riquezas no século XIX. Na maior parte dos casos, são os judeus. Talvez esse tenha sido um dos motivos que levou Hitler a começar a tendência antissemita, e depois começou a vasta propaganda sobre os fornos crematórios [...]. Parte disso é verdade. Não negamos tudo. Vejam *A Lista de Schindler*. Todo judeu era obrigado a usar uma estrela amarela na roupa. Os judeus foram degradados e chamados de "ratos sujos". *Tom e Jerry* foi feito para mudar a percepção que os europeus têm dos ratos. Uma das expressões usadas era "ratos sujos".
Eu gostaria de dizer o seguinte [...]. Deve-se notar que os ratos são muito ardilosos... e sujos.
[...]
Nenhum grupo étnico ou povo opera de maneira tão clandestina quanto os judeus.
[...]
Leia a história dos judeus na Europa. Ela levou, em última instância, ao ódio e ao ressentimento de Hitler. A verdade é que Hitler teve conexões de bastidores com os *Protocolos* [*dos Sábios de Sião*].
Tom e Jerry foi feito para exibir a imagem diretamente oposta. Caso você veja amanhã esse desenho, tenha em mente o que acabo de dizer, e veja o desenho desde essa perspectiva. O rato é muito esperto e inteligente. Tudo o que ele faz é tão bonitinho. Ele chuta o traseiro do coitado do gato. Mas essa crueldade não faz com que você despreze o rato. Ele parece tão legal, e é tão esperto [...]. É exatamente por isso que alguns dizem que o desenho

pretendia apagar essa imagem dos ratos da mente das crianças europeias, e mostrar que o rato não é sujo e tem essas características. Infelizmente, há muitos casos assim nos programas de Hollywood.

— "*Clérigo Saudita Muhammad Al-Munajid: Mickey Mouse Tem de Morrer!*", 27 de agosto de 2008[368].

Na última de suas *fatwas* e afirmações controversas, o *sheikh* Muhammad Al-Munajid, conhecido palestrante e autor islamista, afirmou na TV *Al-Majd* em 27 de agosto de 2008 que os ratos eram os soldados de Satanás e que, "segundo a lei islâmica, Mickey Mouse deveria ser morto em todos os casos".

— "*Clérigo Egípcio e Ex-Palestrante Islâmico nos EUA, Hazem Sallah Abu Isma'il Fala na TV Al-Risala sobre os Conflitos dos Judeus com o Profeta Maomé do Islã, Afirmando que Documentos da ONU Garantem que 82% de Todas as Tentativas de Corromper a Humanidade Têm Origem nos Judeus*", 10 de maio de 2006[369].

Isma'il é um clérigo egípcio. Ele tem um programa de TV semanal chamado *As Expedições*, no qual discute as batalhas de Maomé. Em um segmento, ele falou de como, segundo um relatório da ONU, os judeus eram responsáveis por 82% dos videoclipes do mundo, o que o levou a concluir: "82% de todas as tentativas de corromper a humanidade têm origem nos judeus. Você precisa saber disso para que possamos saber o que deve ser feito".

— "*Dr. Muhammad Al-'Arifi, Autor Saudita, em Programa Produzido pelo Ministério Saudita de Dotações Religiosas: As Mulheres no Ocidente Casam-se com Cães e com Jumentos; 54% das*

---

[368] http://www.memritv.org/clip/en/1850.htm e http://www.memritv.org/clip_transcript/en/1850.htm, ambos os acessos em 8/jul/2019.

[369] Texto disponível em: http://www.memri.org/report/en/0/0/0/0/0/0/1685.htm. Acessado em 15/dez/2009.

Mulheres Dinamarquesas Desconhecem os Pais de Seus Filhos", 6 de abril de 2006[370].

—*"Urologista Saudita Oferece Rins de Lagarto (Secos e Moídos) para Tratar Impotência e Conclui: A Contracepção Aumenta as DSTs"*, 23 de maio de 2005[371].

Além desses, há muitos outros vídeos e artigos que fazem afirmações semelhantes e defendem teorias conspiratórias similares. O Middle East Media Research Institute (de onde foram tiradas as matérias e os vídeos acima) oferece uma abundância de informações tanto em sua página de vídeos quanto em sua seção *Special Dispatch*[372].

* * *

Se a quantidade desse tipo de material delirante é quase avassaladora, há estações de TV como a *Al Arabiya*, dirigida por Abdul Rahman al-Rashed, um dos melhores jornalistas do mundo árabe, e jornais como o *Asharq Al-Awsat*, publicado em Londres, que são modelos daquilo que o jornalismo árabe poderia se tornar.

---

[370] Vídeo disponível em: http://www.memritv.org/clip/en/1104.htm. Acessado em 15/dez/2009.

[371] http://www.memritv.org/Transcript.asp?P1=695, acessado em 8/jul/2019.

[372] Há muitos vídeos disponíveis em http://memritv.org. É preciso se cadastrar no serviço, mas não é preciso pagar nada. Você pode encontrar centenas de artigos aqui: http://www.memri.org/more_reports/en/latest/6.htm.

CAPÍTULO VII

O naufrágio:
testemunhos muçulmanos

Hoje, segundo os próprios árabes, o mundo árabe está em um estado disfuncional. Isso mal chega a ser novidade. No fim do século XIX, Sayyid Jamal al-Din al-Afghani (1839-1897) afirmou:

> É lícito [...] perguntar-se por que a civilização árabe, após ter lançado uma luz tão viva sobre o mundo, de repente se apagou; por que desde então essa tocha não foi mais acesa; e por que o mundo árabe ainda permanece enterrado em uma profunda escuridão[373].

A pergunta foi repetida por Shakib Arslan no título de *Why Are Muslims Backward While Others Have Advanced?* [*Por Que os Muçulmanos são Atrasados ao Passo que Outros Avan-*

---

[373] MOADDEL, Mansoor & TALATTOF, Kamran (Eds.). *Modernist and Fundamentalist Debates in Islam: A Reader*. New York: Palgrave Macmillan, 2002. p. 27.

çaram?], seu livro da década de 1960. Os pensadores árabes contemporâneos continuam a falar da escuridão descrita por al-Afghani.

O poeta sírio ali Ahmad Sa'id (nascido em 1930), conhecido pelo pseudônimo "Adonis", finalista do prêmio Nobel de Literatura de 2005, disse:

> Quando olho os árabes, com todos os seus recursos e grandes capacidades, e comparo o que eles realizaram no século passado com o que outros realizaram nesse período, eu teria de dizer que nós, árabes, estamos em uma fase de extinção, no sentido de que não temos uma presença criativa no mundo.

Sa'id esclarecia que um povo se torna extinto quando perde a capacidade criativa de mudar seu mundo. Ele citava os sumérios, os antigos gregos, e os faraós – todos extintos. O sinal mais claro de uma extinção árabe, disse, é que *"estamos enfrentando um mundo novo com ideias que não existem mais, e em um contexto que é obsoleto"*[374].

Em seu livro *Contre-Prêches* [*Contra-Pregação*], o pensador tunisiano Abdelwahab Meddeb convida a plateia a imaginar uma reunião de representantes das várias civilizações: europeia, americana, japonesa, chinesa, indiana, africana, árabe e muçulmana:

> Perguntar-se-ia a cada [representante] qual seria a contribuição de sua civilização para o presente e para o futuro da humanidade. O que poderia oferecer o árabe muçulmano? Nada, exceto, talvez, o sufismo [...]. A menos que a [civilização] árabe tome

---

[374] MEMRI. Em: http://memri.org/bin/articles.cgi?Page=archives&Area=sd&ID=SP139306, acessado em 8/jul/2019.

um novo rumo, é razoável presumir que ela, restrita pelo arcabouço da fé islâmica, vá se juntar às grandes civilizações mortas[375].

Em uma entrevista de 2008 com o jornal *Al-Raya*, do Catar, o eminente filósofo sírio Sadik Jalal al-'Azm disse que os pensadores islâmicos nem sequer mais tentam *"enfrentar os problemas e as questões da ciência moderna"*. Após ter trocado o julgamento racional por uma espécie de infantilização moral, o pensamento religioso islâmico está *"em um estado ainda mais profundo de empobrecimento"* do que antes. *"Hoje"*, disse ele, *"chegamos a questões como a fatwa de adultos que amamentam"*. Trata-se de uma referência à infame *fatwa* de maio de 2007 que dizia que o único jeito de um homem e uma mulher solteiros poderem trabalhar juntos e sozinhos no mesmo ambiente seria estabelecendo um relacionamento familiar. Eles poderiam fazer isso caso a mulher amamentasse o homem. Como observou al-'Azm, essa *fatwa "não foi pronunciada por um sheikh qualquer, mas pelo diretor do Departamento de Hadiths da Universidade Al-Azhar"*, a instituição muçulmana de maior prestígio do mundo árabe. (A *fatwa* foi retirada depois da comoção pública).

Outro exemplo encontra-se no livro *Religião e Vida – Fatwas Modernas Cotidianas*, do mufti do Egito, o dr. Ali Gum'a, que escreveu que os companheiros de Maomé se abençoavam bebendo a urina, a saliva, ou o suor dele. (A revolta pública fez Gum'a tirar o livro de circulação). Ali Gum'a também ofereceu *fatwas* contra a escultura, *fatwas* que proibiam as mulheres de usar calças, e os jogadores de futebol de mostrar as pernas. Al-'Azm também observa que o mundo árabe hoje está repleto

---

[375] MEMRI. Em: http://memri.org/bin/articles.cgi?Page=archives&Area=ia&ID=IA31507, acessado em 9/jul/2019.

de reiterações do "Hadith da mosca" – o Profeta disse: *"Se uma mosca doméstica cair na bebida de alguém, ele deve mergulhá-la [na bebida], pois uma das asas dela tem uma doença, e a outra, a cura da doença"* (*Sahih Al-Bukhari*: Volume 4, Livro 54, Número 537). Achou-se que isso teria alguma aplicação a uma cura para a AIDS. Segundo al-'Azm, *"a disseminação dessa maneira supersticiosa de pensar [...] representa uma deterioração adicional que vai além do empobrecimento"* sobre o qual ele tinha escrito no final da década de 1960[376].

Um grito de desespero contemporâneo vem do pensador muçulmano indiano contemporâneo Rashid Shaz:

> Nós, muçulmanos, vivemos com um paradoxo. Se realmente somos a última nação escolhida para liderar o mundo até o fim dos tempos, por que é que não conseguimos deter nossa própria decadência? Apesar do fato de que a nação muçulmana hoje constitui [sic] quase dois bilhões de pessoas e elas estão estrategicamente localizadas em terras ricas da energia de que depende o futuro do mundo, elas estão reduzidas a meros consumidores. A nova tecnologia revolucionou o modo como vivemos e ainda nos força a viver de maneira diferente, mas como nação não temos quase nenhuma parte nesse processo, e assim perdemos completamente o controle dos acontecimentos à nossa volta[377].

Essas vozes soam tão melancólicas porque as coisas vêm piorando, não melhorando, nos últimos cinquenta anos. A tra-

---

[376] AL-'AZM, Sadik Jalal. MEMRI. Em: http://www.memri.org/bin/articles.cgi?Page=archives&Area=sd&ID=SP191308, acessado em 9/jul/2019.

[377] SHAZ, Rashid. "Tension in the Muslim Mind". Postado em: rashidshaz.com/articles/Reinventing_the_Muslim_Mind.htm, acessado em 9/jul/2019.

jetória é de afastamento e não de aproximação da reforma. Um barômetro é o trabalho de Khalid Muhammad Khalid, pensador egípcio que escreveu uma obra seminal, *Aqui Começamos*, em 1950. O livro, reimpresso dez vezes em menos de quinze anos, enunciava qual relação entre religião e política é necessária para uma reforma eficaz:

> Devemos ter em mente que a religião deve ser como Deus queria que ela fosse: profecia, não reino; guiamento, não governo; e pregação, não domínio político. O melhor que podemos fazer para manter a religião limpa e pura é colocá-la acima [da política]. A separação entre religião e Estado contribui para manter a religião [livre das] limitações do Estado e de sua arbitrariedade[378].

Em 1989, porém, Khalid renunciou a tudo isso, aboliu a distinção em que insistia, e conclamou a *din wa dawla*, a unidade de religião e Estado, e ao governo islâmico mundial, que é precisamente o objetivo dos islamistas[379].

O naufrágio em desenvolvimento humano: testemunhos muçulmanos

O subdesenvolvimento do mundo árabe foi francamente reportado em uma série de relatórios de valor inestimável das Nações Unidas, começada em 2002. Deve-se notar que somente acadêmicos árabes redigem os Relatórios de Desenvolvimento Humano – sábia decisão da ONU, dificultando o descarte de suas conclusões por serem "enviesadas" ou produto de intelectuais ocidentais com o infame nome de "orientalistas".

---

[378] TIBI, Bassam. *The Challenge of Fundamentalis*. Op. cit., p. 105.
[379] Idem. *Ibidem.*, p. 106.

O segundo relatório, de 2003, diz: *"A herança intelectual árabe, por ser conectada com o conhecimento e ao mesmo tempo contraditória com ele, hoje levanta problemas básicos de conhecimento"*[380]. O relatório chega a ter a ousadia de referir-se a uma falta de perspectiva científica e *"às vezes, um desprezo pela realidade"* na herança árabe. Ele chega perto de sugerir que a origem dos *"problemas de conhecimento"* é fundamentalmente teológica por natureza ao dizer:

> Enfim, ela [a consciência árabe] tem estado envolta no sobrenatural, o que na realidade significou uma ausência de consciência e um abandono da base científica e intelectual que servia de base à experiência cultural árabe clássica[381].

O relatório da ONU tem razão ao identificar "problemas básicos de conhecimento" na herança intelectual árabe, resultantes diretamente dos desenvolvimentos relatados neste livro. Porém, o documento da ONU não entende exatamente a razão deles. A dificuldade na verdade não consiste em estar "envolto no sobrenatural"; antes, o *tipo* de sobrenatural em que a consciência está "envolta" é que é decisivo para a ciência e para tudo o mais. Como vimos, a negação da lei natural, ocasionada por uma certa concepção de Deus, retirou da mente muçulmana o próprio objetivo da ciência. Como o esforço da ciência é descobrir as leis da natureza, o ensinamento de que essas leis na verdade não existem (por motivos teológicos) obviamente desencoraja empreitadas científicas. A escola asharita, ao diminuir o valor do mundo, como se ele não tivesse um *status* de si e por si, marginalizou as tentativas de vir a conhecê-lo.

---

[380] UNDP. *Arab Human Development Report 2003*, 114. Em: http://hdr.undp.org/en/reports/regionalreports/arabstates/arab_states_2003_en.pdf, acessado em 9/jul/2019.

[381] Idem. *Ibidem.*, p. 118.

A extensão do desencorajamento e a pobreza de pesquisa científica produzidas por isso, apesar de previsível, não deixa de impressionar. Se os relatórios da ONU dão testemunho disso, o físico paquistanês Pervez Hoodbhoy é particularmente incisivo quanto a essa questão. Na edição de agosto de 2007, da revista *Physics Today*, ele observa que, após as grandes contribuições científicas da Era de Ouro do islã, entre os séculos IX a XIII,

> [...] a ciência no mundo islâmico essencialmente acabou. Nenhuma grande invenção ou descoberta surgiu do mundo muçulmano em mais de sete séculos. Esse desenvolvimento científico interrompido é um elemento importante – ainda que, de forma alguma, o único – que contribui para a atual marginalização dos muçulmanos e para um senso cada vez maior de injustiça e de vitimação[382].

Hoodbhoy cita um leque de estatísticas que desnudam a ausência de investigação científica no mundo muçulmano. Segundo um estudo realizado pela International Islamic University Malaysia, os países islâmicos têm apenas 8,5 cientistas, engenheiros, e técnicos para cada 1000 pessoas, pouco mais de 20% da média mundial (40,7 para cada 1000), e 6% da média para países da OCDE (139,3). Enquanto isso, a Índia e a Espanha produzem *cada uma*, uma porcentagem maior da literatura científica mundial do que 46 países muçulmanos *combinados*. Hoodbhoy também cita estatísticas oficiais que mostram que *"o Paquistão produziu apenas 8 patentes nos últimos 43 anos"*.

O Relatório de Desenvolvimento Humano da ONU de 2003 discute essas cifras perturbadoras. Os artigos científi-

---

[382] HOODBHOY, Pervez. "Science and the Islamic World: The Quest for Rapprochement". *Op. cit.*, p. 49.

cos, medidos em artigos por milhão de habitantes, são *"cerca de 20% dos de um país industrializado. A Coreia do Sul produz 144 por milhão; os países árabes, 26 por milhão"*. Ao comparar o número de patentes registradas no vintênio de 1980 a 2000, o relatório mostra a Coreia com 16.238, e novo países no Oriente Médio, incluindo Egito, Síria, e Jordânia, com 370, sendo várias dessas patentes registradas por estrangeiros[383].

Essa situação dramática foi ainda agravada pelos países muçulmanos que tentaram revigorar a ciência tornando-a "islâmica". *"Na década de 1980"*, escreve Hoodbhoy, *"uma 'ciência islâmica' hipotética foi apresentada como alternativa à 'ciência ocidental'. A ideia foi amplamente difundida, e recebeu apoio de governos no Paquistão, na Arábia Saudita, no Egito, e em outros lugares"*. Os defensores dessa *"nova ciência"*, diz Hoodbhoy, anunciaram que *"a revelação, não a razão, seria o guia definitivo do conhecimento válido"*.

Foram previsíveis os resultados da "ciência islâmica". Como relata Hoodbhoy, os ditos cientistas pegaram versículos do Corão e tentaram utilizá-los como *"afirmações literais de fatos científicos"*. Assim, por exemplo:

> Alguns estudiosos calcularam a temperatura do inferno, e outros, a composição química dos *djins*. Nenhum produziu uma nova máquina ou instrumento, realizou um experimento, ou sequer formulou uma única hipótese testável[384].

Dizer que existe uma ciência *islâmica* (ou cristã ou hindu) é, naturalmente, negar que existe ciência, pois aquilo que vale cientificamente deve ser igual em todo lugar e para todo mundo. O hidrogênio é *islâmico*? Existe uma lâmpada *islâmica*?

---

[383] Idem. *Ibidem.*, p. 71.
[384] Idem. *Ibidem.*, p. 49.

A reivindicação de uma ciência especificamente islâmica vem de um ponto de vista baseado na afirmação de al-Ghazali de que *"a ciência trazida pelo Corão é toda a ciência"*[385]. Aplicado literalmente, esse ensinamento significa praticamente *nenhuma* ciência para os muçulmanos sunitas.

Outros relatórios da ONU sobre o subdesenvolvimento árabe

A devastação vai muito além da ciência. Não fosse pela África subsaariana, o mundo árabe estaria no fim da lista em praticamente todas as categorias de desenvolvimento humano – saúde, educação, PIB *per capita* e produtividade.

Outra vez, os Relatórios de Desenvolvimento Humano Árabe relatam os sombrios resultados. Por exemplo, o relatório de 2002 nota que *"o PIB de todos os países árabes combinados ficou em US$ 531,2 bilhões em 1999 – menos do que os de um único país europeu, a Espanha (US$ 595,5 bilhões)"*[386]. Se forem descontadas as exportações de petróleo, o Oriente Médio exporta menos do que a Finlândia. O relatório também afirma que o mundo árabe, apesar de todas as suas riquezas de petróleo, vivencia *"uma situação de quase estagnação"* desde 1975, com a renda *per capita* real crescendo apenas 0,5% anualmente, ao passo que o aumento médio global foi mais de 1,3% por ano. Como relatou a ONU, *"somente a África subsaariana foi pior do que os países árabes"*. Durante o mesmo período, a paridade de poder de compra caiu consideravelmente no mundo árabe, de 21,3% para apenas 13,9%. O desemprego, também, permaneceu obstinadamente alto no mundo árabe, ficando em cerca de 15% – *"entre as taxas mais altas do mundo"*,

---

[385] KENNY, Joseph. *Philosophy of the Muslim World*. Op. cit., p. 6.
[386] UNDP. *Arab Human Development Report 2002*. p. 85.

segundo a ONU[387]. Isso mal chega a surpreender, considerando a pobreza de investimentos em pesquisa e em desenvolvimento, que não ultrapassa 0,5% do PIB, muito abaixo da média mundial[388]. A taxa, por exemplo, é menor até do que a de Cuba, que ficou em 2,35% em 1995[389].

Além disso:
> Apesar da percepção comum de que os países árabes são ricos, o volume do produto econômico da região é bem pequeno. O PIB geral no fim do século XX era um pouco maior do que o de um único país europeu, como a Espanha (US$ 559 bilhões), e muito menor do que o de outro país europeu, a Itália (US$ 1,074 trilhão) (UNDP 2002)[390].

Segundo o Relatório de Desenvolvimento Humano Árabe, a produtividade no mundo árabe é lamentavelmente baixa. Incluindo a produção de petróleo do mundo árabe, o nível de produtividade nos países muçulmanos mais ricos é apenas um pouco mais da metade da produtividade da Argentina ou da Coreia do Sul. No mais, nos países árabes que produzem pouco petróleo, o nível de produtividade é inferior a 10% do da Argentina ou da Coreia do Sul[391].

Em 2005, John B. Taylor, subsecretário do tesouro americano para assuntos internacionais, ao citar o trabalho do professor Guido Tabellini, observou que:

---

[387] Idem. *Ibidem.*, p. 4.
[388] Idem. *Ibidem.*, p. 3.
[389] Idem. *Ibidem.*, p. 65.
[390] Idem. *Ibidem.*, p. 138.
[391] Idem. *Ibidem.*, p. 138.

A produtividade, na verdade, caiu 0,7% por ano no Oriente Médio nos últimos 20 anos. Em contraste, este é um período em que a produtividade estava aumentando nos EUA, na Europa, e na Ásia oriental [...]. Os níveis de desemprego regional são de 15%, e chegam a 30% entre os trabalhadores mais jovens[392].

De uma população combinada de cerca de 300 milhões de pessoas, cerca de 65 milhões de árabes são iletrados, dos quais dois terços são mulheres. Segundo o Relatório de Conhecimento Árabe de 2009, essa cifra melhorou ligeiramente desde 2002, mas continua acima de 60 milhões[393].

Quanto àquilo que menciona como *"déficit de liberdade"*, o relatório afirma que *"de sete regiões mundiais, os países árabes têm a menor pontuação de liberdade, segundo as cifras do fim da década de 1990"*[394]. Pouco mudou desde então.

Segundo a ONU, a produção de livros acadêmicos e literários é uma grande lacuna do mundo muçulmano. Os muçulmanos publicam pouco mais de 1% dos livros do mundo, apesar de constituírem 5% da população mundial. Além disso, sua parcela de livros literários ou artísticos fica em *menos* de 1%. Ainda mais revelador é que, dos livros publicados no mercado árabe, 17% sejam de natureza religiosa, o que é 12% acima da média em outras partes do planeta[395]. As estatísticas da UNESCO no volume de publicações mundiais mostram que, em 1991, os países árabes

---

[392] TAYLOR, John B. "The Private Sector's Role in Promoting Economic Growth in the Broader Middle East and North Africa". US Treasury Department Press Release: Davos, January 28, 2005, JS-2216.

[393] *Arab Human Knowledge Report 2009*. Dubai: UNDP and the Muhammad bin Rashid Al Maktoum Foundation, 2009. p. 99.

[394] Idem. *Ibidem.*, p. 27.

[395] UNDP. *Arab Human Development Report 2003*. p. 77.

produziram 6.500 livros, em comparação com 102 mil na América do Norte, e 42 mil na AméricaLatina e no Caribe[396].

Por fim, o número de livros traduzidos no mundo muçulmano é cinco vezes menor do que o dos traduzidos na Grécia. Aliás, nos últimos mil anos, desde o reinado de al-Ma'mun, a comunidade árabe traduziu apenas 10 mil livros, ou praticamente o número que a Espanha traduz em um ano[397].

Um triste epitáfio dessa sombria litania de fracasso vem do filósofo sírio Sadik Jalal al-'Azm:

> Quando simplesmente olhamos o mundo árabe, vemos que ele consome tudo, mas não produz nada além de matérias-primas. O que podemos esperar dos árabes? Veja o mundo árabe de uma ponta a outra; não há nenhum verdadeiro valor agregado a nada. Há uma estrutura que parece não incentivar a produção e não ser a favor dela. O que produzimos? O que exportamos? [Isso vale] quer você esteja falando da produção econômica, científica, ou intelectual, ou de qualquer outro tipo. Veja a produção de petróleo, por exemplo. Qual a relação dos árabes com a indústria de petróleo? Eles possuem o petróleo, mas não têm nada a ver com a extração, com o refinamento, com o *marketing*, ou com o transporte. Veja as enormes instalações de prospecção de petróleo, de extração, e de refinamento. Veja o satélite árabe, o que nele é árabe? Duvido da capacidade dos árabes de produzir um telefone sem importar as peças e as tecnologias exigidas por ele, e talvez até os técnicos[398].

---

[396] Idem. *Ibidem*.
[397] Idem. *Ibidem*., p. 67.
[398] MEMRI. Em: http://memri.org/bin/articles.cgi?Page=archives&Area=sd&I-

Em termos de educação, as coisas não parecem muito melhores. Em um artigo do *Wall Street Journal*, o *sheikh* Muhammad bin Rashid al Maktoum, primeiro-ministro dos Emirados Árabes Unidos e governante de Dubai, observa que mais da metade da população árabe de 300 milhões de pessoas tem menos de 25 anos. Então ele pergunta, retoricamente:
> E quanto gastamos em educação? O gasto *per capita* das 22 nações da nossa região [os membros da Liga Árabe] encolheu nos últimos 15 anos de 20% para 10% daquilo que os 30 países mais ricos do mundo gastam[399].

Entendendo o naufrágio: as sementes do islamismo

É longa a distância que separa a corte de Bagdá, do califa al-Ma'mun, das condições do mundo árabe hoje. Ali Allawi lamenta: *"A produtividade criativa dos vinte ou trinta milhões de muçulmanos da era abássida é gigantesca em comparação com a produtividade dos quase um bilhão e meio de muçulmanos da era moderna"*[400]. De maneira pungente, o relatório de 2003 da ONU utiliza uma citação de al-Kindi, o primeiro filósofo árabe, pensador sob o mecenato de al-Ma'mun, para incentivar a aceitação da verdade, não importando de onde ela venha, uma sutil sugestão de que o mundo árabe precisa enfrentar seu passado. Repetindo a pergunta de al-Afghani:
> É lícito, porém, perguntar-se por que a civilização árabe, após ter lançado uma luz tão viva sobre o mundo, de repente se apagou; por que desde então essa tocha não foi mais acesa; e por que o

---

D=SP191308, acessado em 9/jul/2019.
[399] AL MAKTOUM, Sheikh Muhammad bin Rashid. "Education vs. Extremism". *Wall Street Journal*, June 3, 2009, p. A15.
[400] ALLAWI, Ali. *The Crisis of Islamic Civilization. Op. cit.*, p. 233.

mundo árabe ainda permanece enterrado em uma profunda escuridão [não foi tão "de repente" quanto sugeriu al-Afghani].

A pergunta deve ser feita dentro do contexto de um período muito longo de declínio. Como de costume no declínio dos impérios, a perda de vitalidade intelectual do islã antecedeu sua perda de vitalidade política. O islã enquanto civilização global com os árabes no centro desabou pouco a pouco sobre si própria (com a ajuda dos mongóis, que destruíram Bagdá em 1258). Não há motivo aqui para recitar a história de declínio. Ele não foi ininterrupto, como se sabe pelas grandes realizações dos otomanos, que sucederam os árabes no Oriente Médio. Porém, em algum momento, o declínio tornou-se tão pronunciado que levantou questões perturbadoras. Isso aconteceu principalmente por causa das incursões das potências ocidentais avançadas nas terras sacrossantas do islã.

Como escreveu Ibn Khaldun, em *Muqaddimah (Introdução à História)*, os muçulmanos *"têm a obrigação de obter poder sobre outras nações"*[401]. Então, Alá não prometeu que *"Nossos exércitos sairiam vencedores"* (Corão 37, 173)? E o sucesso impressionante do islã em seus primeiros séculos não confirmou essa profecia para os que acreditavam nela? O fracasso é particularmente humilhante quando há um imperativo teológico de sucesso. A perda de poder é chocante porque o islã é movido por uma teologia imperial. *"Mas quando você não tem um império, tem algo que deu seriamente errado"*[402].

---

[401] YEOR, Bat. *The Decline of Eastern Christianity under Islam*. Madison: Fairleigh Dickinson University Press, 1996. p. 296.

[402] KAZMI, Ahmad. apud KINGSTONE, Heidi. "Foreign Bodies", *Jerusalem Report*, October 30, 2006, p. 24.

A MENTALIDADE ☪ MUÇULMANA

As coisas começaram a dar seriamente errado em 1798, quando Napoleão Bonaparte (1769-1821) os exércitos egípcios na Batalha das Pirâmides (ou até antes, quando o Império Otomano foi obrigado a assinar o Tratado de Küçük Kaynarka em 1774 com a Rússia). Como observou Abd al-Rahman al-Jabarti na época, a devida ordem das coisas como divinamente ordenada tinha sido derrubada. O mundo muçulmano começou a vivenciar uma profunda confusão teológica, filosófica e política. Como essa derrota poderia ter acontecido na casa do islã?

As coisas pioraram muito depois da Primeira Guerra Mundial, com o colapso do califado em 1924, a secularização da Turquia, e a colonização quase completa do Levante e do Magreb. Lá estava o antigo inimigo, o Ocidente, governando os muçulmanos. No ensinamento islâmico estrito, um não muçulmano não pode governar um país islâmico. É um escândalo um infiel governar um crente[403]. De súbito, uma parte enorme do mundo islâmico estava sob governo ocidental. Como isso poderia ser entendido dentro dos princípios da fé, e o que fazer a respeito?

Havia duas respostas distintas dos muçulmanos. Uma era que o pensamento islâmico tinha se calcificado, e essa era a causa do declínio. Assim, ele precisava se modernizar e aprender com o ocidente. A fim de dar espaço para isso, o islã poderia ser reinterpretado e mostrar que seus ensinamentos e princípios fundamentais eram, na verdade, não apenas compatíveis com a ciência moderna e com outras realizações, mas que já subjaziam a essas realizações. O islã tinha saído à frente na Idade Média, mas foi sufocado por seu próprio *establishment*

---

[403] *"Em 1975, o diretor da Dar al Ifta' em Beirute, a mais alta autoridade sunita do país, escreveu no jornal as Safir que 'os muçulmanos devem ser governados apenas por muçulmanos'".* PHARES, Walid. *The War of Ideas*. New York: Palgrave Macmillan, 2007. p. 78.

clerical. Enquanto isso, o ocidente baseou-se nas realizações do islã e superou-o. Agora, o islã tinha de retomar seu legado do ocidente e desenvolvê-lo ainda mais. Essa resposta foi dada muito antes do fim do califado, sob a experiência do domínio imperial ocidental de terras muçulmanas no Egito e na Índia.

Jamal al-Din al-Afghani, um pan-islamista, insistia que não havia conflito entre fé e razão no islã, e buscava a modernização do islã a fim de fortalecê-lo contra o ocidente. A superioridade do ocidente era vista principalmente em seu conhecimento científico vastamente superior e no poder dele derivado. Ele foi devastador em seu pronunciamento aos ulemás da Índia:

> Eles não perguntam: quem somos nós e o que é certo e adequado para nós? Eles nunca perguntam as causas da eletricidade, do barco a vapor, e das estradas de ferro [...]. Nossos ulemás neste momento são como uma faixa muito estreita sobre a qual uma chama pequenina nem ilumina o entorno nem dá luz aos outros[404].

Em correspondência com o autor francês Ernest Renan (1823-1892), al-Afghani escreveu:

> Um verdadeiro crente deve, aliás, afastar-se do caminho dos estudos cujo objeto é a verdade científica [...]. Preso, como um boi ao arado, ao dogma que o tem como escravo, ele deve andar eternamente no sulco traçado de antemão para ele pelos intérpretes da lei. Convencido, aliás, que sua religião contém em si toda a moralidade e todas as ciências, ele se apega resolutamente a ela, e não se esforça para ir

---

[404] HOODBHOY, Pervez. *Islam and Science. Op. cit.*, p. 60.

além [...]. Por isso, despreza a ciência [...]. Na verdade, [disse al-Afghani,] a religião muçulmana tentou sufocar a ciência e deter seu progresso[405].

Como resultado, disse ele, referindo-se à colonização ocidental de terras islâmicas, *"a ignorância não teve alternativa além de prostrar-se humildemente diante da ciência e de reconhecer sua submissão"*[406].

Por sua vez, al-Afghani ensinou ao egípcio Muhammad 'Abduh (1849-1905) o racionalismo do pensamento islâmico primitivo, incluindo Avicena. Ainda que 'Abduh tenha recebido uma educação tradicional, incluindo quatro anos em al--Azhar, ele se rebelou contra a decoreba e contra a ausência de filosofia e de teologia no currículo da al-Azhar. O *sheikh* 'Ulaysh, professor conservador da al-Azhar, confrontou-o, perguntando *"se ele tinha abandonado o ensinamento asharita para seguir o mutazalita"*. 'Abduh respondeu: *"Se eu abandonar a aceitação cega (taqlid) da doutrina asharita, por que eu deveria adotar a aceitação cega da doutrina mutazalita?"*[407]. Foi uma resposta esperta, pois "aceitação cega" era exatamente aquilo a que se opunham os mutazalitas, e teria sido perigoso para 'Abduh admitir abertamente simpatias mutazalitas. De todo modo, ele foi mandado para o exílio por suas tentativas reformistas. Em Beirute, escreveu *Risalat al-tawhid* (*Tratado sobre a Unidade [Divina]*). Na primeira edição do livro, 'Abduh chegou ao ponto de abraçar a posição mutazalita de que o Corão era criado – *Khalq al-Qur'an* – e não coeterno com Deus. Porém,

---

[405] Idem. *Ibidem.*, p. 61.
[406] PRYCE-JONES, David. *The Closed Circle. Op. cit.*, p. 88.
[407] MARTIN, Richard C. & WOODWARD, Mark R. *Defenders of Reason in Islam. Op. cit.*, p. 130.

por causa da controvérsia causada, ele retirou a posição das edições seguintes[408].

Ao voltar de Beirute, 'Abduh ainda encontrou tremendos obstáculos à reforma na al-Azhar para o ensino até de Ibn Khaldun, clássico incontroverso do pensamento do século XIV.

> Após voltar do exílio, tentei convencer o *sheikh* Muhammad al-Anbabi, então *sheikh* al-Azhar, a aceitar certas propostas, mas ele recusou. Certa vez, eu lhe disse: "Ó, *sheikh*, aceitaríeis mandar ensinar a *Muqaddimah* (*Introdução*) de Ibn Khaldun em al-Azhar?" E descrevi para ele o que pude dos benefícios desta obra. Ele respondeu: "Seria contra a tradição de ensino em al-Azhar"[409].

Além de adotar o Corão criado, *Risalat* contém outros trechos com grandes ecos do ensinamento mutazalita, e que soam como se pudessem ter sido escritas Abd al-Jabbar:
> [Como] então pode a razão ter seu direito negado, sendo, como é, a examinadora de evidências (*adilla*) de modo a alcançar a verdade dentro delas e saber que é dada Divinamente? [...] Porém, essa obrigação (de reconhecer a revelação) não envolve a razão na aceitação de impossibilidades racionais como dois incompatíveis ou contrários juntos no mesmo tempo e ponto [...]. Porém, se aparece algo que parece contraditório, a razão deve crer que o sentido aparente não é o pretendido. Ela então tem a liberdade de buscar o verdadeiro sentido referindo-se

---

[408] Idem. *Ibidem.*, p. 131.
[409] RAHMAN, Fazlur. *Islam and Modernity. Op. cit.*, p. 64.

ao resto da mensagem do profeta na qual ocorreu a ambiguidade[410].

A revelação foi dada *"para ajudar a razão falível, definindo alguns dos atos bons e maus a partir do princípio de utilidade"*[411]. Abduh dizia desejar

> Libertar o pensamento das algemas da *taqlid* [imitação ou emulação] [...] devolvê-lo, na aquisição do conhecimento religioso, a suas primeiras fontes, e pesá-las na balança da razão humana, que Deus tinha criado a fim de impedir o excesso na religião ou sua adulteração [...] e provar que, vista sob essa luz, a religião deve ser considerada amiga da ciência, impelindo o homem a investigar os segredos da existência[412].

'Abduh chegou a tornar-se o *mufti* do Egito – a mais alta autoridade da jurisprudência islâmica. Apaixonado como era tanto por Liev Tolstói (1828-1910) quanto por Herbert Spencer (1820-1903), que foi visitar em Londres, 'Abduh não estava disposto a chegar até onde chegaram os mutazalitas, *"submetendo o poder de Deus ao princípio de justiça"*[413]. Como vimos antes, sua posição era que:

> A razão realmente carece de competência para penetrar a essência das coisas. Afinal, a tentativa de discernir a natureza das coisas, que necessariamente se relaciona com sua complexidade essencial,

---

[410] MARTIN, Richard C. & WOODWARD, Mark R. *Defenders of Reason in Islam*. Op. cit., p. 132.
[411] RUTHVEN, Malise. *Islam in the World*. Op. cit., p. 303.
[412] HOURANI, Albert. *Arabic Thought in the Liberal Age 1798-1939*. London: Oxford University Press, 1962. p. 140-41.
[413] Idem. *Ibidem*.

teria de levar à pura essência, e a isso, necessariamente, não existe acesso racional.

É interessante observar por que 'Abduh não aprovou as reformas do Tanzimat no Império Otomano que concederam igualdade jurídica a muçulmanos e a não muçulmanos. Ele não se opunha à substância dessas reformas, mas objetava que elas tinham sido *"instituídas não pela religião e por meio da religião, como deveriam, mas contrariamente a ela [...]. Todas as mudanças assim tentadas fracassarão no islã por terem em si o vício inevitável da ilegalidade"*[414]. Mesmo para 'Abduh, então, *"a razão não é legisladora"*, e o islã permanece a única fonte de legitimidade.

Na Índia, Sayyid Ahmad Khan (1817-1898) foi além de 'Abduh, insistindo na primazia da razão e que o Corão tinha sido criado.

> Se as pessoas não abandonarem a adesão cega, se não buscarem aquela luz que pode ser encontrada no Corão e nos hadith indisputáveis, e não ajustarem a religião e as ciências de hoje, o islã se extinguirá na Índia[415].

Fundada por Khan, a Universidade Aligarh, que tinha Cambridge como modelo, tornou-se um grande centro de renovação intelectual.

> Dentre os diferentes livros religiosos que existem hoje e que são usados para o ensino, quais discutem a filosofia ocidental ou questões científicas modernas usando os princípios da religião? Onde

---

[414] MORTIMER, Edward. *Faith and Power: The Politics of Islam.* Op. cit., p. 239.
[415] MARTIN, Richard C. & WOODWARD, Mark R. *Defenders of Reason in Islam.* Op. cit., p. 136.

eu deveria buscar a confirmação ou a rejeição dos movimentos da Terra, ou a respeito de sua distância em relação ao sol? Assim, é mil vezes melhor não ler esses livros do que lê-los. Sim, se o muçulmano for um verdadeiro guerreiro e achar que sua religião está correta, então que ele venha destemidamente ao campo de batalha e faça com o conhecimento ocidental e com a pesquisa moderna aquilo que seus antepassados fizeram com a filosofia grega. Só então os livros religiosos terão alguma utilidade real. Apenas papagaiá-los não basta[416].

Ele insistia que:
Hoje, como antes, precisamos de uma teologia moderna (*'ilm al-kalam*) com a qual ou refutemos as doutrinas do mundo moderno ou solapemos suas bases, ou mostremos que elas estão em conformidade com os artigos da fé islâmica[417].

Ahmad Khan rejeitou a *sharia* e disse que o Corão deveria ser reinterpretado para conformar-se com os fatos conhecidos da realidade física. Ele não apenas ecoava os mutazalitas como também abraçava os filósofos islâmicos, incluindo sua descrição aristotélica de Deus como *"Causa Primeira"*[418]. Seu discípulo Sayyid Ameer Ali (1849-1924) culpava al-Ashari, Ibn Hanbal, al-Ghazali e Ibn Taymiyyah pelo colapso da ciência e da cultura islâmicas. A mensagem de Ahmad Khan foi recebida com ressentimento pelos ulemás e ele foi vilipendiado entre os orto-

---
[416] HOODBHOY, Pervez. *Islam and Science. Op. cit.*, p. 56.
[417] Idem. *Ibidem*.
[418] RAHMAN, Fazlur. *Islam. Op. cit.*, p. 218.

doxos, que boicotaram a Universidade Aligarh, mas que enfim conseguiram impingir-lhe seu próprio ensino religioso. Quanto a Khan, *"o mutawalli (mantenedor) da Santa Caaba declarou-o inimigo do islã e wajib-i-qatl (merecedor da morte)"*[419]. Até al--Afghani considerava Khan herege[420].

Os esforços de al-Afghani, de Muhammad 'Abduh, de Ahmad Khan, e de outros como eles não conseguiram, em última instância, reorientar a cultura islâmica para que ela pudesse absorver com sucesso a ciência e a racionalidade modernas, e ainda guardar sua ortodoxia religiosa. O motivo disso pode ser que, como insinuado pela objeção de Abduh às reformas do Tanzimat, não se considerava que elas emanassem do islã e, portanto, sofriam do "vício inevitável da ilegalidade". É preciso lembrar que, no fim do século XIX e no começo do século XX, o asharismo tinha tido mil anos para esgueirar-se em cada fresta da cultura árabe. Seria difícil ab-rogar sua influência no espaço de meros cinquenta anos ou mais.

Talvez o motivo mais importante desse fracasso, segundo Bassam Tibi, seja que

> O modernismo islâmico nunca foi além do dogma e permaneceu basicamente escrituralista, agindo exclusivamente dentro de limites dogmáticos. Como ele não tentou uma resposta baseada na razão à pergunta levantada por Arslan ('por que os muçulmanos são atrasados?'), nenhuma inovação cultural foi realizada[421].

---

[419] HOODBHOY, Pervez. *Islam and Science. Op. cit.*, p. 59.

[420] Ver o devastador "Comentário sobre o Comentador", de al-Afghani, denúncia de Ahmed Khan por ter enfraquecido a fé muçulmana, em: *An Islamic Response to Imperialism; Political and Religious Writings of Sayyid Jamal ad-Din "al-Afghani"*. Ed. Trad. Nikki R. Keddie. Berkeley: University of California Press, 1968. p. 123-29.

[421] TIBI, Bassam. *Islam's Predicament with Modernity. Op. cit.*, p. 261.

David Pryce-Jones explica que *"Afghani embutiu na definição de progresso uma regressão contraditória ao passado islâmico"*[422]. Ironicamente, esses reformadores lançaram as bases do movimento salafista. Se a genealogia dos islamistas de hoje for rastreada até al-Afghani, pode-se ver a força dessa intuição em seus insistentes chamados a que se retorne aos caminhos dos Companheiros do Profeta[423]. (A linhagem começa em al-Afghani e passa por Muhammad 'Abduh, Rashid Rida, Hassan al-Banna, Sayyid Qutb, Osama bin Laden, e Ayman al-Zawahiri). O problema com um retorno ao passado é que o passado é impermeável a mudanças. Nesses termos, a reforma em fins do século XIX e no começo do XX foi infelizmente natimorta. Em 2008, o autor e reformista saudita Turki al-Hamad deu o seguinte epitáfio à reforma:

> Do começo do século XX até hoje, constantemente ouvimos as pessoas dizerem: devemos adotar o que é bom [do ocidente] e ignorar o que é mau. Não é possível fazer isso. Quando você considera os produtos da civilização moderna – o carro, o computador etc. –, eles são todos produtos de uma certa filosofia, de um certo jeito de pensar. Se você adota o produto mas ignora o produtor, cria um problema. Não dá para fazer isso. [Para nós] o produto é novo, mas o pensamento, não. Andamos para a frente com os olhos voltados para trás.

---

[422] PRYCE-JONES, David. *The Closed Circle. Op. cit.*, p. 87.
[423] A força da regressão é um tanto endêmica ao islã por causa da descrição corânica de Medina no começo do século VI: *"Sois a melhor nação que surgiu na humanidade"* (3, 110). Se é assim, emular Medina, mesmo quatorze séculos depois, torna-se inelutavelmente o objetivo da reforma.

CAPÍTULO VIII

As fontes do islamismo

A outra resposta à pergunta de al-Afghani sobre o declínio da civilização islâmica não teve nada a ver com a perda da ciência ou com a necessidade de atualizar-se em relação ao ocidente. Ela entendia a crise como censura de Alá porque os muçulmanos não tinham seguido Seu caminho. Assim como o sucesso é uma validação da fé, o fracasso é uma censura pessoal. Não tinha Alá prometido: *"saireis vitoriosos, se fordes fiéis"* (3, 139)? O corolário disso deve ser que, se não sois vitoriosos, não sois fiéis. Dentro desse ponto de vista teológico, a derrota por uma força superior deve ser interpretada como um juízo de Alá de que os muçulmanos se desviaram de Seu caminho. Essa foi a perspectiva agarrada pelos islamistas.

Uma narrativa de injustiça e de recuperação potencial existe no mundo islâmico inteiro, mas particularmente entre os islamistas, que ainda estão em choque com a abolição do califado por Kemal Ataturk em 1924. Com o colapso do Império Otomano ao fim da Primeira Guerra Mundial, o califado passou a ser apenas uma casca de si mesmo. Mesmo assim, seu abandono deixou alguns muçulmanos completamente à deriva. Foi como se o Vaticano tivesse abjurado sua autoridade para representar a Igreja. Como explicar o fim do califado? Sua abolição provocou a existência das primeiras organizações islamistas, como a Fraternidade Muçulmana, a *al-Ikhwan al-Muslimun*, dedicada à sua restauração. Se a maioria dos muçulmanos talvez não compartilhe da mitologia muçulmana quanto ao califado, que não existiu continuamente desde a época de Maomé, mesmo assim eles exigem uma explicação para o declínio de sua civilização.

Uma situação um tanto similar existiu na Alemanha depois da Primeira Guerra Mundial, a qual Adolf Hitler (1889-1945) e o Partido Nazista conseguiram explorar. Aliás, existem paralelos notáveis com esse sentido de injustiça no livro *Mein Kampf* [*Minha Luta*] de Adolf Hitler. A comparação não é fortuita. Havia associações entre o nazismo e os primeiros islamistas já em 1930, quando Hassan al-Banna (1906-1949), fundador da *Ikhwan*, tomou a SA (Sturmabteilung), a força paramilitar nazista liderada por Ernst Röhm (1887-1934), como modelo para a Irmandade Muçulmana. O sentido alemão de injustiça veio da derrota na Primeira Guerra Mundial e no choque metafísico com o colapso do Segundo Reich. Para eles, essa perda era inconcebível. O mundo tinha, de certa maneira, sido virado do avesso. Para entender a perda, Hitler e seus companheiros explicaram-na primeiro por meio da noção de um inimigo interno, depois, pela noção do inimigo externo. A Alemanha foi apunhalada nas costas. Onde estava a podridão na sociedade alemã, de onde tinha vindo a traição? A resposta racista nazista foi o judeu. A Alemanha tinha de expurgar o judeu e purificar-se para a batalha contra o inimigo externo a fim de realizar a visão milenarista do Terceiro Reich e a supremacia da raça ariana.

Analogamente, os islamistas tentam concentrar o sentido amplamente compartilhado de injustiça e de humilhação no mundo muçulmano na perda do califado porque desejam restaurá-lo. Essa explicação do declínio de sua civilização é, como indicado acima, uma perda da fé. A solução do problema é obviamente não imitar o ocidente, mas restaurar a fé muçulmana a uma condição impecável, como definida por eles. Eles também começaram procurando primeiro o inimigo interno e depois o inimigo externo. Ayman al-Zawahiri, vice de Osama bin Laden, oferece uma expressão típica dessa formulação ao descrever *"o inimigo doméstico apóstata e o inimigo externo cruzado-judeu"*[424]. É aqui, no coração do esforço para restaurar a glória pregressa, que reaparecem as questões levantadas na introdução.

Os islamistas de hoje são algo novo ou uma ressurgência de algo do passado? Quanto disso é islã, e o quanto é islamismo[425]? O islamismo é uma deformação do islã? Se sim, de que maneira, e de onde ele veio? E por que o islã é suscetível a esse tipo de deformação?

Um bom tempo atrás, uma resposta para a primeira pergunta foi oferecida pelo famoso autor britânico Hilaire Belloc (1870-1953). Em *The Great Heresies* [*As Grandes Heresias*], publicado em 1938, ele previu a ressurgência do islã da seguinte maneira:

> Como a religião está na raiz de todos os movimentos e mudanças políticos, e como temos uma religião enorme fisicamente paralisada mas moral-

---

[424] GERGES, Fawaz A. *Journey of the Jihadist*. New York: Harcourt Books, 2007. p. 169.
[425] Aqui se fala em "islamismo" como atalho para a ideologia totalitária muçulmana. Trata-se de um termo insatisfatório sob certos aspectos, pois há islamistas autoproclamados que não aceitaram esse sentido do termo. Porém, ele é útil para designar a desfiguração do islã como ideologia.

mente viva de modo intenso, estamos diante de um equilíbrio instável que não pode ficar permanentemente instável[426].

Algumas páginas depois, Belloc escreveu:
> Se a cultura [islâmica] veio a ficar atrasada em aplicações materiais, não há motivo nenhum para que ela não venha a aprender sua nova lição e tornar-se nossa igual naquelas coisas temporais que, hoje, são as únicas a nos dar nossa superioridade sobre ela – ao passo que na *Fé* nos tornamos sua inferior[427].

Belloc via a ressurgência vindoura do islã dentro do contexto da história islâmica dos séculos VII ao XVII, ao fim do qual os turcos foram detidos pela segunda e última vez nos portões de Viena. Um islã redivivo, ele parecia dizer, seria mais do mesmo, mas agora equipado com tecnologia moderna. Seria um inimigo ainda mais letal contra um ocidente enfraquecido pela perda de sua fé.

Por mais presciente que Belloc possa parecer, pode-se entender adequadamente o que acontece hoje a partir dos termos que ele sugeriu?

A expansão secular do islã veio do centro de uma dinâmica extraordinária que chegou ao limite de seu potencial, mas depois diminuiu lentamente até parar. Como já dito, o mundo islâmico foi sacudido de vários séculos de torpor somente por intrusões ocidentais. No começo do século XIX, o ocidente demonstrava uma superioridade tão decisiva sobre a cultura islâmica que as tentativas defensivas do islã de recuperar-se de

---

[426] BELLOC, Hilaire. *The Great Heresies*. Rockford: Tan Books and Publishers, 1991. p. 73.
[427] Idem. *Ibidem.*, p. 77.

suas influências foram indelevelmente marcadas pelas próprias coisas contra as quais os muçulmanos reagiam. Para resistir ao ocidente, eles se tornaram, em certo sentido, ocidentais. Como notou Raphael Patai em *The Arab Mind* [*A Mentalidade Árabe*], os próprios padrões pelos quais os muçulmanos medem seu progresso são ocidentais. Isso é vastamente evidente nos Relatórios de Desenvolvimento Humano Árabe da ONU, escritos pelos próprios árabes. Em uma ironia final, as reações ideológicas mais raivosas contra esse estado de coisas no mundo muçulmano também estão repletas de ideologia ocidental. Os islamistas praticam um tipo perverso de homeopatia, que usa a própria doença da qual sofrem para combatê-la, mas com doses que são letais. Isso Belloc não previu.

Os autores islamistas não podem ser entendidos com precisão simplesmente nos termos do islã, mas somente dentro da perspectiva das ideologias do século XX que eles assimilaram, acima de tudo aquelas baseadas em Friedrich Nietzsche (1844-1900) e em Karl Marx (1818-1883) – logo veremos o quão abrangente foi essa assimilação). Os pensadores seminais do islamismo, como Sayyid Qutb no Egito, conheciam muito bem a filosofia e a literatura ocidentais. Qutb passou dois anos (entre 1949 e 1950) fazendo pós-graduação nos EUA. Ele sentiu total repulsa por aquilo que via como uma cultura materialista. Por exemplo, ele achava que o modo como os americanos cuidavam dos gramados era um sinal de materialismo, e que os bailes da paróquia que testemunhava eram testemunhos de degeneração sexual. Sua exposição ao ocidente intensificou seu ódio por ele. A solução para aquilo que ele diagnosticava como alienação ocidental era o islã. O islã podia superar o relativismo e a degeneração moral que ele tinha observado. O islã podia salvar o ocidente e, também, o oriente.

Para isso, Qutb dizia que os muçulmanos deveriam emular o comportamento dos Companheiros do Profeta a fim de preparar-se para o combate que estava por vir. Porém, ele usava termos e meios leninistas, propondo uma "vanguarda" de fiéis que lideraria a restauração do califado. (Aliás, apesar de desprezar o marxismo, Qutb era o intermediário da Irmandade Muçulmana com o Partido Comunista no Egito e com a Internacional Comunista). Por sua oposição ao governo egípcio, Sayyid Qutb foi enforcado por ordem do presidente Gamal Abdel Nasser (1918-1970) em 29 de agosto de 1966. Dizem que ele teria ido sorrindo até a forca, deixando essa imagem emblemática para inspirar seus seguidores hoje.

O mundo altamente heterogêneo do islã contemporâneo se estende do Atlântico ao Pacífico, do Marrocos ao sul das Filipinas. Há muito poucas coisas que se pode dizer sobre esse mundo que valem para todos os lugares. Dos 44 países predominantemente muçulmanos no mundo, 24 não usam a lei islâmica como sua fonte primária de leis. Se os muçulmanos por toda parte observam os cinco pilares do islã, eles são culturalmente muito distintos, digamos, na Indonésia e no mundo árabe. Porém, esse caráter altamente heterogêneo corre o risco de ser homogeneizado. O motor da homogeneização é a ideologia islamista de Qutb, que demonstrou um tremendo apelo multicultural. Os textos de Qutb são considerados as novas escrituras, junto com os do autor paquistanês Maulana Maududi e de Hassan al-Banna, fundador da Irmandade Muçulmana. Os ensinamentos de Qutb são, por exemplo, a base do Partido da Justiça e da Prosperidade (PKS), que é o partido que cresce mais rápido na Indonésia, além de ser o único partido cujos membros pagam mensalidades (embora recentemente ele tenha sofrido alguns reveses), e também do Jemaah Islamiyah, mais explicitamente violento. A organização Hizb ut-Tahrir, proibida na maioria dos países muçulmanos, teve impacto considerável na Ásia central e na Europa ocidental. A base de sua ideologia é também Sayyid Qutb. O público almejado pela Hizb ut-Tahrir é a *intelligentsia* e a classe média alta do mundo islâmico inteiro. A Hizb ut-Tahrir não defende explicitamente a violência e o terrorismo, mas prepara os fundamentos intelectuais dele usando os ensinamentos de Qutb. Por outro lado, a al-Qaeda, também fruto da ideologia de Qutb, promove explicitamente a violência nas cinquenta e tantas nações em que está presente. Muhammad, irmão de Qutb, foi professor de Osama bin Laden na Universidade Abdul Aziz em Jeddah, na Arábia Saudita. A Jihad Islâmica na Palestina, outro clone de Qutb, promove a violência. O Supremo Líder do Irã, o aiatolá Ali Khamenei, traduziu partes substanciais da obra de Qutb para o farsi, demonstrando o impacto do pensamento de Qutb dos dois lados da divisão sunita-xiita. Em outras palavras, não se trata de um fenômeno local. O apelo multicultural desta ideologia reflete uma crise mais profunda dentro do próprio islã. Sua forma mais exacerbada está dentro do mundo árabe, mas ela existe por toda parte no universo muçulmano, ou *umma*.

    Por que Qutb é tão popular e influente? Há uma resposta dupla. Parte da explicação vem do persistente senso muçulmano de injustiça e de humilhação com o qual a ideologia de Qutb joga. Essa parte deriva do próprio islã, que toma os Companheiros do Profeta como modelo de sucesso, os quais abriram o caminho da glória e do império. Assim, dizia Qutb, os muçulmanos devem remover os sedimentos das eras e retornar àquela comunidade original, modelando-se nos Companheiros e preparando-se para fazer o que eles fizeram – retomar o mundo e reestabelecer o califado. O instrumento para fazer isso, dependendo do islamista com quem você conversar, é uma combinação de persuasão (*dawa*) e de *jihad*, ambas baseadas no islã tradicional, ou simplesmente *jihad*.

Qutb culpava os judeus em Istambul de conspirar para o colapso do califado (*"Os judeus sempre foram os principais motores na guerra declarada em todas as frentes contra os defensores do reavivamento islâmico no mundo inteiro"*[428]), e apontavam os muçulmanos ímpios como o inimigo interno, o qual deveria ser vencido para que o ocidente infiel pudesse ser confrontado e vencido. Essa parte do programa pode ser entendida apenas a partir do islã, sem qualquer contaminação pela ideologia ocidental.

O resto do apelo vem dos resultados do embate ancestral dentro do islã entre a primazia do poder *versus* a primazia da razão, que é o tema deste livro. Como vimos, o resultado dessa disputa afetou decisivamente o caráter do mundo islâmico no qual Qutb conseguiu encontrar uma audiência tão aberta à sua ideologia. A infecção do pensamento ideológico milenarista ocidental de Nietzsche e de Marx não teria feito do islamismo a atração se o islamismo não fosse também capaz de reclamar legitimidade baseando-se em algo de dentro das tradições do próprio islã. Para isso, os pensadores islamistas escolheram seletivamente uma das muitas tradições filosóficas e teológicas de dentro da rica história do islã, ainda que fosse uma tradição primária. O nexo entre essa escola de pensamento e a ideologia totalitarista ocidental era a primazia da vontade.

A conexão totalitária

O rebaixamento asharita da razão no nível teológico é a conexão do islamismo com a ideologia secular moderna, com

---

[428] BERMAN, Paul. *Terror and Liberalism*. New York: Norton, 2004. p. 86.

seu denegrimento da razão, e com a celebração subsequente do uso da força. A ideologia moderna ocidental também afirma que o primeiro constituinte da realidade é a vontade. Isso está no coração de Nietzsche, claro, e de sua análise de Sócrates e da filosofia grega. A filosofia é simplesmente uma racionalização para uma afirmação da vontade, da vontade de dominar, da vontade de potência. Nietzsche preparou um projeto metafísico para fazer de toda coisa objeto da vontade, que então a transformaria. O instrumento da pura vontade é a força. A vulgarização política desse projeto é o Partido Nazista – nas palavras de Hans-Friedrich Blunck (1888-1961), presidente da Câmara de Literatura do Reich entre 1933 e 1935: *"Este governo nasceu da oposição ao racionalismo"*. O mesmo rebaixamento da razão aconteceu no marxismo-leninismo. Em *A Ideologia Alemã*, Marx disse que a razão é uma excrescência das forças materiais[429]. Ela não tem legitimidade nenhuma. Para mudar a humanidade, é preciso dominar todos os meios de produção, alterá-los, e em seguida alterar o pensamento do homem por meio da força.

Inelutavelmente, se a vontade e o poder são os constituintes primários da realidade, uma série dedutiva leva a um regime totalitário. Não há outro caminho. O curioso é que não importa se a sua visão da realidade tem sua origem em uma teologia deformada ou em uma ideologia totalmente secular, como a de Georg Wilhelm Friedrich Hegel ou a de Thomas Hobbes (1588-1679); as consequências políticas são as mesmas. Como mostrou o padre James V. Schall, SJ, a noção de pura vontade como base da realidade resulta em um governo tirânico. A vontade desordenada, sem os freios da justa razão, é o problema político.

Como mencionado antes, ao deparar-se com o desafio do ocidente, muitos muçulmanos tentaram imitá-lo. Por que, den-

---

[429] EIDELBERG, Paul. *Beyond Détente*. La Salle: Sherwood Sugden, 1977. p. 65.

tre tantas opções, eles pegaram como modelos o pior daquilo que o Ocidente tinha para oferecer, o fascismo e o comunismo? Por que, com algumas exceções, eles não tentaram imitar uma ordem constitucional e democrática? Em *The Middle East* [*O Oriente Médio*], Bernard Lewis (1916-2018) sugere que foi porque essas ideologias eram antiocidentais e anticristãs, mas também porque *"as ideologias e estratégias sociais sendo oferecidas tinham uma correspondência, sob muitos aspectos, muito maior com as realidades e com as tradições da região"*[430]. Porém, Lewis não enuncia o que seria essa correspondência além de dizer que o ocidente é "individualista" em sua orientação, e que o Oriente Médio é "coletivo". Em *The Closed Circle* [*O Círculo Fechado*], David Pryce-Jones chega mais perto ao sugerir que *"o nazismo e o questionamento árabe do poder tinham em comum a crença de que a vida é um conflito sem fim no qual o vencedor, com sua vitória, impõe sua vontade ao perdedor"*[431]. A resposta mais completa é que eles eram naturalmente atraídos pelo fascismo e pelo comunismo porque estes eram mais compatíveis com aquilo em que eles já acreditavam porque esses modelos se baseiam na primazia da vontade e no denegrimento da razão. Uma ordem política que presume a primazia da razão não tinha apelo. Essa afinidade natural ajuda a explicar a facilidade da passagem para o islamismo de nacionalistas esquerdistas e comunistas como o renomado autor egípcio dr. Mustafa Mahmud e o conhecido escritor xiita Samih Atef El-Zein.

O islamismo como ideologia

Nem o comunismo nem o fascismo funcionaram para os árabes – porque não funcionaram para ninguém –, mas os

---

[430] LEWIS, Bernard. *The Middle East*. New York: Touchstone, 1995. p. 371.
[431] PRYCE-JONES, David. *The Closed Circle. Op. cit.*, p. 194.

islamistas ingeriram seus programas totalitários e os misturaram com sua interpretação asharita do islã. É por isso que se pode comparar quase exatamente os traços dessas ideologias e até algo da linguagem usada por eles. Como escreveu Maulana Maududi:

> Na verdade, o islã é uma ideologia e um programa revolucionário, que busca alterar a ordem social do mundo inteiro e reconstruí-la em conformidade com seus próprios princípios e ideais. "Muçulmano" é o nome do Partido Revolucionário Internacional organizado pelo islã para executar seu programa revolucionário. E "*jihad*" refere-se àquela luta revolucionária e àquele esforço extremo que o Partido Islâmico realiza para atingir esse objetivo[432].

Basta mudar apenas duas palavras, "islã" e "muçulmano", para ou "nazismo" ou "comunismo", e depois reler a frase acima para imediatamente ver a afinidade ideológica quase completa entre eles, pois nenhuma outra mudança de palavra é necessária para representar os pontos de vista revolucionários nazista ou comunista. Isso pode ser feito com várias declarações de Maududi. Por exemplo:

> O islã deseja destruir todos os Estados e governos de toda a face da Terra que sejam opostos à ideologia e ao programa do islã, não importando o país ou a nação que os governe. O propósito do islã é criar um Estado baseado em sua própria ideologia e programa, não importando qual nação assuma o papel de porta-estandarte do islã nem qual governo, ou

---

[432] A'LA MAUDUDI, Sayeed Abdul. *Jihad in Islam*. Lahore: Islamic Publications International, 7ª ed., 2001. p. 8.

qual nação seja solapada no processo de estabelecimento de um Estado ideológico islâmico[433].

Afirmações assim são inconcebíveis sem a influência do totalitarismo ocidental.

Isso é evidente, também, na descrição de Qutb do islã como *"movimento emancipatório"* e *"credo revolucionário ativo"*[434]. O islamismo está inevitavelmente em marcha, proclama Hasan al-Turabi, do Sudão, porque, assim como costumava ser o comunismo, *"trata-se de uma onda da história"*. Uma retórica conhecida, mas não do islã.

O islamismo tem definitivamente um novo elemento. O islamismo radical moderno e os movimentos totalitários ocidentais do século XX não são simplesmente parecidos, movendo-se em paralelo um ao outro. Houve bastante polinização cruzada, eles tiveram conexões de trabalho reais. Isso não é novidade quanto ao nazismo e Amin al-Huysani, o *mufti* de Adolf Hitler, mas essas relações também existiam na União Soviética, como descreve Laurent Murawiec, no livro *The Mind of Jihad*[435] [*A Mentalidade da Jihad*]. Aliás, Qutb disse que todos os movimentos de libertação eram bem-vindos a essa revolução: *"A doutrina islâmica adota todas as lutas por libertação no mundo e as apoia em todo lugar"*[436].

Assim como as ideologias ocidentais do século XX, o islamismo coloca o ônus da salvação na política, uma política total que, somente por meio de seu controle de cada aspecto da vida, pode produzir sua versão do reino de Deus na ter-

---

[433] Idem. *Ibidem.*, p. 9.
[434] ZIMMERMAN, John C. "Sayyid Qutb's Influence on the 11 September Attacks". *Terrorism and Political Violence*, Vol. 16, n° 2 (Summer 2004). p. 233.
[435] MURAWIEC, Laurent. *The Mind of Jihad. Op. cit.*
[436] ZIMMERMAN, John C. "Sayyid Qutb's Influence on the 11 September Attacks". *Op. cit.*, p. 223.

ra. O islamismo não é uma religião em sentido tradicional. A maioria das religiões, na verdade todas as religiões monoteístas, colocam diante do homem uma revelação de Deus que é similar sob certos aspectos essenciais. A revelação contém um código moral pelo qual o homem deve viver caso deseje obter a vida eterna no paraíso. O paraíso fica na vida após a morte – nunca nesta terra. Também o inferno, para onde o homem será mandado caso seja desobediente. O terrestre e o transcendente são distintos – a cidade do homem e a cidade de Deus, como disse Santo Agostinho. A vida aqui é um teste. A resolução definitiva do problema da justiça não está neste vale de lágrimas, mas diante do trono de Deus no outro mundo. O destino definitivo do homem está no transcendente. Essa visão geral é compartilhada pelo judaísmo, pelo cristianismo e pelo islã, todos os quais consideram que a perfeita justiça é estabelecida pelo juízo final de Deus.

O islamismo é uma ideologia em sentido clássico na medida em que oferece, ou melhor, insiste, numa "realidade" alternativa – uma realidade que abole os âmbitos separados do divino e do humano, e arroga para si os meios de atingir a perfeita justiça aqui neste mundo, ou, como disse Qutb, de *"abolir toda a injustiça da terra"*[437]. Essa noção da perfectibilidade interior da história – a realização da perfeita justiça aqui – está no coração mesmo da ideologia, seja sacra ou profana. Ela coloca junto à realidade sua falsa versão, e insiste que a realidade se conforme com suas exigências. Seus partidários vivem no mundo mágico dessa segunda realidade, e obedecem a suas leis. Eles parecem viver e mover-se no âmbito do mundo real, mas já estão transpostos para a segunda e falsa realidade.

---

[437] QUTB, Sayyid. *Milestones*. Cedar Rapids: The Mother of Mosque Foundation, 1981. p. 56.

Quando agem de acordo com as leis dela – como, por exemplo, quando matam inocentes sem remorso –, os outros ficam surpresos e perturbados, porque não conhecem os contornos dessa segunda realidade que lhes foi imposta de maneira tão chocante.

Jessica Stern, autora de *Terror in the Name of God* [*Terror em Nome de Deus*], refletiu sobre a perplexidade que, de início, atinge quase todos os que se deparam com o terrorismo islâmico, até que passam a entender sua ideologia como uma pseudorreligião, e não como movimento político. Escreve ela:

> Passei a ver que a violência apocalíptica que pretende "limpar" o mundo das "impurezas" pode criar um estado transcendental. Todos os grupos terroristas examinados neste livro creem – ou ao menos começaram crendo – que estão criando um mundo mais perfeito. Da perspectiva deles, eles estão purificando o mundo da injustiça, da crueldade, e de tudo o que é anti-humano. Quando comecei este projeto, eu não conseguia entender por que os assassinos que encontrei pareciam intoxicados espiritualmente. Agora, acho que entendo. Eles parecem porque estão[438].

Rakesh Maria, comissário da polícia de Bombaim, disse o seguinte sobre Muhammad Ajmal Kasab, o único sobrevivente dentre os perpetradores do massacre de 2008 em Bombaim, na Índia: *"Ele foi levado a acreditar que estava fazendo algo de santo"*[439].

---

[438] STERN, Jessica. *Terror in the Name of God: Why Religious Militants Kill*. New York: Harper Perennial, 2004. p. 281.

[439] WONACOTT, Peter & ANAND, Geeta. "Sole Captured Suspect Offers Grim Insights into Massacre". *The Wall Street Journal*, December 4, 2008. Disponível em: http://online.wsj.com/article/SB122834446748477265.html, acessado em 07/jul/2019.

Com sarcasmo devastador, Abdelwahab Meddeb, reformista tunisiano, disse sobre os terroristas islâmicos:
> Nenhum criminoso é mais desprezível do que aquele que não apenas não sente culpa nenhuma após [cometer] seu crime, mas ainda abriga a ilusão de que esse [crime] lhe trará [...] a recompensa divina. Essa conversão de mal em bem não apenas lhe poupa a culpa, como também transforma uma pessoa infeliz em alma feliz[440].

Assim, o terrorismo não é simplesmente terror – algumas pessoas fazendo coisas terríveis no calor do momento. É o assassinato elevado ao nível de princípio *moral*, o qual então é institucionalizado em uma organização – uma célula, um partido, um Estado – como seu princípio animador. É a racionalização que permite, como disse Meddeb, *"a conversão do mal em bem"* na qual se baseia a organização. Para agir, os terroristas precisam primeiro crer firmemente que sua violência é moral ou "sagrada", que ela vai atingir algum bem maior. Portanto, a primeira coisa que se deve entender é a ideologia encarnada na organização terrorista que permite que os terroristas façam isso; ela é a fonte de sua legitimidade moral. Sem ela, eles ou sua organização não podem existir. Ela é o "ismo" do terrorismo. No caso do islam*ismo* radical, já mencionado, a trindade de pensadores por trás da ideologia é Sayyid Qutb, Hassan al-Banna e Maulana Maududi.

O meio de transformação da realidade na realidade alternativa é, como em todas as ideologias, o controle total baseado no poder absoluto, exercido para aniquilar a antiga ordem. Qutb disse que *"somente uma transformação radical, com a destruição*

---

[440] MEMRI. Em: http://memri.org/bin/articles.cgi?Page=archives&Area=ia&ID=IA31507, acessado em 9/jul/2019.

completa dos sistemas antigos, pode garantir o florescimento da sociedade ideal sob a suserania de Deus"[441]. Maududi afirmava que o islã é um *"sistema abrangente que visa aniquilar todos os sistemas tirânicos e malignos do mundo, e aplica seu próprio programa de reforma, que considera o melhor para o bem-estar da humanidade"*[442].

Enquanto a maior parte das ideologias são tentativas seculares de remoção da religião, principal obstáculo à sua realização, o islamismo se baseia em uma teologia deformada que, no entanto, compartilha da fusão de céu e terra em um único domínio. Foi exatamente nesses termos que seu principal ideólogo, Sayyid Qutb, falou: *"O islã escolheu unir terra e céu em um único sistema"*[443]. Isso significa que

> [...] o evidente propósito de estabelecer a lei de Deus na terra não é meramente uma ação por causa do outro mundo. Este mundo e o próximo são apenas dois estágios complementares [...]. A harmonização com a lei divina não significa que a felicidade do homem é adiada para a próxima vida, e sim que ela se torna real e atingível no primeiro dos dois estágios[444].

Em outras palavras, os fins transcendentais serão atingidos por meios terrenos, como disse Qutb, *"para reestabelecer o Reino de Deus na Terra"*[445] ou *"criar um novo mundo"*[446]. Obviamen-

---

[441] ZIMMERMAN, John C. "Sayyid Qutb's Influence on the 11 September Attacks". *Op. cit.*, p. 223.

[442] MAUDUDI, Mawlana. *Jihad in Islam*, em http://www.islamistwatch.org/texts/maududi/maududi.html, *site* com domínio expirado, acessado em 9/jul/2019.

[443] QUTB, Sayyid, *Social Justice in Islam*. Trad. John B. Hardie; Rev. intr. Hamid Algar. Oneonta: Islamic Publications International, Ed. rev., 2000. p. 26.

[444] QUTB, Sayyid, *Milestones*, 91. (Aqui usei uma versão ligeiramente distinta de um artigo inédito de Stephen Ulph em vez da versão citada por causa de sua clareza adicional).

[445] Idem. *Ibidem*.

[446] QUTB, Sayyid. *Milestones. Op. cit.*, p. 131.

te não se trata de um objetivo político, mas metafísico. Sua realização produzirá um estado de coisas, predizia Qutb, que soa sinistramente parecido com aquele proclamado por Marx para sua sociedade sem classes: *"A adoção universal da lei divina significaria automaticamente a completa emancipação do homem de todas as formas de escravidão"*[447]. A fim de atingir esse objetivo, anunciava Maududi, *"o islã quer o planeta inteiro, e não se contenta com apenas uma parte dele. Ele quer e exige o mundo habitado inteiro"*[448].

Assim, não surpreende que, em sua manifestação política, o "sistema único" de Qutb duplique os traços dos regimes totalitários das ideologias seculares dos regimes totalitários e da cidade proto-totalitária de Sócrates, na *República* de Platão. Na *República*, Sócrates mostrava os limites do político, ao transpor a ordem da alma para a ordem política e ao nos deixar ver, na forma de um estado imaginário, o que significaria essa transposição. Efetivamente, ele perguntou: se tentássemos realizar politicamente um Estado perfeito de acordo com a ordem da alma, o que obteríamos? A resposta foi: o estado-fortaleza, a destruição da família, a conscrição, a abolição do privado, a eugenia, a educação estatal etc. Em outras palavras, a ordem política não pode satisfazer as mais altas necessidades do homem. A política não pode atender o objetivo da alma humana, pois não pode atingir a justiça perfeita; se ela é transformada no veículo para isso, vai terminar em uma tirania horrenda. Esse é o erro profundo no qual caíram tanto os totalitários ocidentais quanto os islamistas.

Assim, segue-se naturalmente que "nesse Estado" descrito por Maulana Maududi, a alma gêmea ideológica de Qutb,

---

[447] QUTB, Sayyid. *Islam and Universal Peace*. Plainfield: American Trust Publications, 1993. p. 27.
[448] RUTHVEN, Malise. *A Fury for God*. London: Granata Books, 2002. p. 71.

"ninguém pode considerar área nenhuma de seus assuntos pessoal e privada. Sob esse aspecto, o Estado islâmico tem certa semelhança com os Estados fascista e comunista"[449]. Trata-se, como ele observou, *"da própria antítese da democracia secular ocidental"*. Em uma linha digna de Maximilien de Robespierre (1758-1794), Sayyid Qutb disse que uma *"ditadura justa [...] concederia liberdades políticas somente aos virtuosos"*[450]. Hassan al-Banna, cuja leitura de cabeceira era al-Ghazali, também considerava a União Soviética dos tempos de Josef Stalin (1878-1953) um modelo de sucesso de um sistema de partido único.

Enquanto alguma parte do mundo escapar ao controle dos revolucionários islâmicos, o conflito prossegue – com a *dar al-harb* (a casa da guerra) – assim como a revolução perpétua foi proclamada pelos marxistas até a derrubada completa da ordem burguesa, ou pelos nazistas até a erradicação ou escravização das raças inferiores. Como o controle total nunca é atingido, há sempre uma desculpa disponível para explicar por que o reino ainda não chegou, assim como havia no caso das perspectivas sempre adiadas de uma sociedade sem classes para os marxistas. A desculpa de não ter atingido a utopia do reino de Deus na terra, ou do Reich de mil anos, ou da sociedade sem classes, é sempre a mesma, e mais ou menos análoga: um infiel fugiu ao nosso controle, um judeu escapou, deixamos passar um capitalista. Assim, o paraíso é sempre adiado, e a guerra continua como parte de uma revolução permanente. Como proclamou Qutb, *"essa luta não é uma fase temporária, mas uma guerra perpétua e permanente"*[451]. E Hassan al-Banna afir-

---

[449] MAUDUDI, Sheikh Abul Ala. *Islamic Law and Constitution*. Chicago: Kazi Publications, Inc., 1955. p. 262.

[450] SIVAN, Emmanuel. *Radical Islam: Medieval Theology and Modern Politics*. New Haven: Yale University Press. 1990, p. 73.

[451] QUTB, Sayyid. *Milestones*. Trad. S. Badrul Hasan. Karachi, Pakistan: Internatio-

mou: *"O que quero dizer é que a jihad é o dever que vai durar até o Dia da Ressurreição"*[452].

O fundamento do ódio

O combustível da guerra permanente do islamismo é o mesmo do marxismo-leninismo e do nazismo; é o ódio. Só o que muda é o objeto do ódio – do ódio racial no nazismo e do ódio de classe no comunismo para o ódio ao infiel no islamismo radical, incluindo qualquer muçulmano que não se conforme com sua versão do islã. *"Temos de odiar"*, aconselhava Vladimir Lenin (1870-1924); *"o ódio é a base do comunismo"*[453]. A doutrina paralela de bin Laden é igualmente explícita:

> Quanto à relação entre muçulmanos e infiéis, ela está resumida no Altíssimo Verbo: *"Renegamos-vos [os não muçulmanos] e iniciar-se-á inimizade e um ódio duradouros entre nós e vós, a menos que creiais unicamente em Deus!"* (Corão 60, 4). Assim, há uma inimizade, evidenciada pela feroz hostilidade do coração [...]. Se o ódio em algum momento extinguir-se do coração, isso é grande apostasia! [...] Batalha, animosidade, e ódio – dirigidos pelo muçulmano ao infiel – são o fundamento da nossa religião[454].

O megafone mais bem-sucedido para essa mensagem hoje é a *internet*, que os islamistas radicais usam para criar

---

nal Islamic Publishers, 1981. p. 112.
[452] MURAWIEC, Laurent. *The Mind of Jihad*. Op. cit., p. 36.
[453] LENIN, V. I. "Defeat of One's Own Government in Imperialist War", 1915. In: *Selected Works*. New York: International Publishers, 1945. vol. 5, p. 147.
[454] IBRAHIM, Raymond. "Osama bin Laden as Robin Hood?". *American Thinker*, September 11, 2008. Disponível em: http://www.americanthinker.com/2008/09/osama_bin_laden_as_robin_hood.html, acessado em 07/jul/2019.

aquilo que o dr. Jerrold M. Post, professor de psiquiatria, de psicologia política e de relações internacionais na George Washington University chama de *"comunidade virtual de ódio"*[455].

O mal da democracia

Como já insinuado por Maududi, a democracia é antitética ao projeto islamista, assim como a primazia da razão é antitética à primazia do poder. A visão antirracional não apenas torna supérflua a ordem democrática e constitucional, como também a torna inimiga dos islamistas, por ser a forma de blasfêmia que eles mais temem. Yussuf al-Ayyeri, fundador da al-Qaeda (morreu em um tiroteio em Riyadh, em junho de 2003) escreveu em seu último livro, *O Futuro do Iraque e da Península Árabe após a Queda de Bagdá*: *"Não é a máquina de guerra americana que deveria ser a maior preocupação dos muçulmanos. O que ameaça o futuro do islã, e aliás sua própria sobrevivência, é a democracia americana"*[456]. Como as democracias baseiam sua ordem política na razão e no livre-arbítrio, e deixam em aberto questões que os islamistas radicais consideram terem sido resolvidas definitivamente pela revelação, os islamistas radicais olham as democracias como seus inimigos fatais e naturais. A lei humana é uma forma de *shirk* no sentido de que sua suposta autoridade invade a da lei divina, que já foi prescrita para cada situação. Ela coloca as leis do homem no mesmo nível das de Deus. Assim, ela parece divinizar o homem e é vista não tanto como forma de ordem política, mas como religião falsa e concorrente. Foi por isso que

---

[455] KERSHAW, Sarah. "The Terrorist Mind: An Update". *New York Times*, January 10, 2010, p. WK1.

[456] YUSSUF AL-AYYERI. *The Future of Iraq and the Arabian Peninsula After the Fall of Baghdad*. New York / London: Centre for Islamic Research and Studies, 2003. Ver, também: TAHERI, Amir "Al-Qaeda's Agenda in Iraq". *New York Post*, September 4, 2003. Em: http://www.magitsurplus.com/PDF%20Files/Soapbox/AQ_agenda.pdf, acessado em 9/jul/2019.

Sayyid Qutb declarou em *Milestones*: *"Quem quer que diga que a legislação é direito do povo não é muçulmano"*[457].

Em seu livro *Democracia: uma Religião!*, Abu Muhammad al-Maqdisi, teólogo palestino-jordaniano, confirma a visão de Qutb de que *"a democracia é uma religião, mas não a religião de Alá"*. Assim, como obrigação religiosa, os muçulmanos devem *"destruir aqueles que seguem a democracia, e devemos considerar inimigos seus seguidores — odiá-los e fazer uma grande jihad contra eles"*[458].

O clérigo indonésio islamista Abu Bakar Bashir, libertado da prisão em julho de 2006, depois de ser acusado de ser cúmplice dos ataques terroristas de Bali de 2002, ecoa Qutb:

> Não existe democracia no islã, por isso não tente interpretar o Corão e transformar o islã em uma democracia para satisfazer suas necessidades. A lei de Deus vem primeiro. Não cabe à vontade popular decidir o que é certo e como viver. Antes, a vontade popular tem de ser dobrada para adequar-se à vontade de Deus. Não é uma democracia que queremos, mas uma Alá-cracia! Os princípios do islã não podem ser alterados, e não há democracia no islã, nem *nonsense* nenhum como 'islã democrático' [...]. A democracia é *shirk* [blasfêmia] e *haram* [proibida][459].

Suleiman Abu Geith, porta-voz da al-Qaeda, disse:
> Os Estados Unidos são os líderes da heresia em nosso mundo moderno, e vivendo num regime democrático infiel e governando o povo pelo povo por

---

[457] QUTB, Sayyid. *Milestones. Op. cit.*
[458] BROOKE, Steven. "The Preacher and the Jihadi". *Current Trends in Islamist Ideology*, Vol. 3, (Center for Islam, Democracy, and the Future of the Muslim World), p. 2.
[459] MEMRI. Em: http://memri.org/bin/articles.cgi?Page=archives&Area=sd&ID=SP128506, acessado em 9/jul/2019.

meio de leis legisladas que contradizem os caminhos de Alá e permitem aquilo que Alá proibiu[460].

Para os islamistas radicais, como vimos, a própria democracia é um ato blasfemo de impiedade, e deve ser destruída.

Portanto, como exortou o clérigo *sheikh* Omar Abdel Rahman (o *"sheikh* cego"):

> Por toda parte os muçulmanos [deveriam] desmembrar a nação [americana], estraçalhá-la, arruinar sua economia, provocar suas corporações, destruir suas embaixadas, atacar seus interesses, afundar seus navios, [...] derrubar seus aviões, [e] matá-los em terra, mar, e ar. Matem-nos onde quer que os encontrem[461].

É importante entender que o desejo islamista radical de destruir os EUA, por serem o líder do ocidente democrático, não é apenas um objetivo político, mas também uma exigência metafísica para a transformação da realidade. Os Estados Unidos devem ser destruídos porque *"os Estados Unidos são maus em sua essência (Amreeka sharrun mutlaq)"*[462], nas palavras do *sheikh* Muhammad Hussein Fadlallah, do Hezbollah. *"Não combatemos para que vocês nos ofereçam algo"*, advertiu Hussein Massawi, ex-líder do Hezbollah. *"Combatemos para eliminar vo-*

---

[460] "'Why We Fight America': Al-Qa'ida Spokesman Explains September 11 and Declares Intentions to Kill 4 Million Americans with Weapons of Mass Destruction". Middle East Media Research Institute. *Special Dispatch*, N° 388, June 12, 2002. Em: http://www.memri.org/bin/articles.cgi?ID=sp38802, acessado em 9/jul/2019.

[461] MCCARTHY, Andrew C. "Free Speech for Terrorists?". *Commentary*, March 2005. p. 1.

[462] FADLALLAH, Sheikh Muhammad Hussein. Disponível em http://phaedo2000.com/Terrorism.html, *site* indisponível em 9/jul/2019. Ver também: PHARES, Walid. *Future Jihad. Op. cit.*

cês"[463]. *"O verdadeiro problema"*, anunciou o mulá Muhammad Omar, líder do Talibã, *"é a extinção dos Estados Unidos. E, se Deus quiser, eles cairão por terra"*[464].

Dentro do islamismo, essa destruição é tão metafisicamente necessária quanto a eliminação da burguesia para os marxistas e das raças inferiores para os nazistas para seus respectivos projetos milenaristas. Assim como esses totalitários do século XX, os islamistas radicais usam sua visão da realidade para desumanizar grandes parcelas da humanidade, justificando seu assassinato – ainda que, nesse caso, se trate de "infiéis", não de não arianos ou da burguesia.

Nesse aspecto, o islamismo radical é uma forma de neobarbarismo. A civilização é definida pelo ato de reconhecer outra pessoa como ser humano. A definição de bárbaro é alguém incapaz de realizar esse ato – muitas vezes, ou porque veio de um universo de sentido que não contém a expressão *ser humano*, ou porque escolheu esse universo. É difícil exagerar a catástrofe que resulta dessa incapacidade ou recusa. Se alguém é incapaz de reconhecer outra pessoa como ser humano, então esse alguém desconhece a diferença entre o humano e o animal, ou o humano e o divino. A confusão quanto a essas questões leva à escravidão, aos sacrifícios humanos, ao canibalismo, ao genocídio e a outros horrores. Pelo islamismo, uma pessoa perde, assim como pelo comunismo ou pelo nazismo, sua capacidade de reconhecer outra pessoa como ser humano. Como seus antecessores totalitários, o islamismo é um motor de desumanização – de transformar os outros em animais ou em menos do que animais. Em nome desse deus sombrio e neotribal, uma pessoa se torna um bárbaro.

---

[463] STEYN, Mark. "Jihad Goes Mainstream". *National Review*, August 30, 2009. Em: http://www.steynonline.com/content/view/2389/111/, acessado em 9/jul/2019.

[464] *BBC News*. "Interview with Mullah Omar". November 15, 2001. Em: http://news.bbc.co.uk/2/hi/south_asia/1657368.stm, acessado em 9/jul/2019.

A necessidade da força: o terrorismo como obrigação moral

Assim como nazistas e comunistas, os islamistas também enxergam a força como algo *necessário* para efetuar a transformação que desejam. A razão é impotente; portanto, a força é o único instrumento para uma mudança fundamental. Um Deus sem razão lança as bases teológicas da violência. Existem múltiplos exemplos dessa doutrina da força. Abdullah 'Azzam, mentor espiritual de bin Laden, disse que *"aqueles que acham que podem mudar a realidade, ou mudar as sociedades, sem sacrifícios sangrentos e feridas [...] não entendem a essência da nossa religião"*. O preço é alto: *"A glória só constrói seu sublime edifício com crânios. Honra e respeito só podem ser estabelecidos sobre aleijados e cadáveres"*[465]. Seu grito era *"nada além de jihad e rifle: nada de negociação, nada de conferências, nada de diálogo"*[466]. Ayman al-Zawahiri, vice de bin Laden, anunciou: *"A reforma só pode acontecer por meio da jihad em nome de Alá, e qualquer pedido de reforma que não seja por meio da jihad está fadado à morte e ao fracasso. Temos de entender a natureza da batalha e do conflito"*[467].

Quando Kamal el-Said Habib, ex-líder humilhado da *jihad* egípcia diz, criticando, que a *"a violência tomou o lugar da política como meio de interação"* no comportamento dos jihadistas muçulmanos, ele faz isso aparentemente sem perceber que essa violência é o desenvolvimento *lógico* na ação das premissas em que se baseia a "teologia" jihadista[468].

Em uma entrevista de 1998, Muhammad Khan – o emir de Lashkar-e Taiba, grupo hoje notório por ter se res-

---

[465] RUTHVEN, Malise. *A Fury for God. Op. cit.*, p. 104.

[466] AZZAM, Abdullah. *Join the Caravan.* Azzam Publications, 2001. p. 9.

[467] "Al-Qaeda Deputy Ayman al-Zawahiri Claims Responsibility for the London Bombings, Discusses Elections in Afghanistan, and Declares: 'Reform Can Only Take Place Through Jihad'". Middle East Media Research Institute. *Special Dispatch*, Nº 989, September 20, 2005. Em: http://memri.org/bin/articles.cgi?Page=subjects&Area=jihad&ID=SP98905, acessado em 9/jul/2019.

[468] GERGES, Fawaz A., *Journey of the Jihadist. Op. cit.*, p. 112.

ponsabilizado pelo ataque terrorista em Bombaim, na Índia – proclamou essa conexão necessária com a violência: *"Quando a mudança vier, ela virá quando os opositores do islã forem esmagados"*. *"Pela força?"*, perguntou o entrevistador. *"Sim"*, respondeu o emir, *"isso é obrigatório"*[469]. Abu Bakar, islamista indonésio, disse: *"A luta pelo islã só pode vir por meio da crise e do confronto [...]. Lembre-se de que a* jihad *foi o que trouxe o islã ao poder e construiu nossa comunidade. Não pode haver islã sem* jihad*"*[470].

Em 30 de novembro de 2005, uma fita da al-Qaeda perguntava retoricamente: *"Como podemos impor esta religião? Podemos fazer isso por meio da paz? Podemos fazer isso pela lógica? Podemos fazer isso por meio de sugestões e de votações?"* Então a voz respondia: *"O único modo de fazer isso é pela espada"*. Outra fonte da al-Qaeda, mostrando a descendência da al-Qaeda dos antirracionalistas medievais, anuncia seu chamado à violência em oposição direta à filosofia:

> O confronto a que conclamamos contra os regimes apóstatas desconhece debates socráticos, ideais platônicos, e diplomacia aristotélica. Mas conhece o diálogo de balas, os ideais do assassinato, das bombas, e da destruição, e a diplomacia do canhão e da metralhadora[471].

Essa perspectiva não é exclusiva dos sunitas. O aiatolá Khomeini disse: *"O que quer que haja de bom existe graças à es-*

---

[469] Entrevista com Muhammad Khan, *Pakistan*, jan/1998.
[470] MEMRI. Em: http://memri.org/bin/articles.cgi?Page=archives&Area=sd&ID=SP128506, acessado em 9/jul/2019.
[471] POST, Jerrold M. (Ed.). *Military Studies in the Jihad Against the Tyrants/The Al--Qaeda Training Manual*. Pref. Paul Bremer. Maxwell Air Force Base: USAF Counterproliferation Center, 2004. p. 13.

pada e à sombra da espada. A espada é a chave do Paraíso". Em um discurso em dezembro de 2004, ele falou dos benefícios de matar infiéis como serviço aos próprios infiéis, ao defender que: *"A guerra é uma bênção para o mundo e para todas as nações. É o próprio Alá quem ordena que o homem guerreie e mate"*[472]. E o clérigo Morteza Muthhari afirmou: *"O fator violência é necessário [...]. Não há inibição quanto ao uso da violência"*[473].

Os islamistas radicais traduzem sua versão da onipotência de Deus em uma política de poder ilimitado. Como instrumentos de Deus, eles são canais desse poder[474]. A "vanguarda" de Deus toma o lugar de Deus um tanto como a vanguarda do proletariado tomava o lugar do proletariado no marxismo-leninismo, e produz aquilo que o então cardeal Joseph Ratzinger, futuro papa Bento XVI, chamava, referindo-se à Teologia da Libertação, de *"totalitarismo que pratica um tipo ateu de adoração, disposto a sacrificar tudo o que há de humano a seu falso deus"*[475]. Em sua *fatwa* de 1998, Osama bin Laden deu um bom exemplo dessa transferência de autoridade divina, ao promulgar que se deveria *"matar americanos e aliados — civis e militares"*, afirmando ter sido *"ordem de Alá matar os americanos"*. Uma vez que se postule a primazia da força, o terrorismo torna-se logicamente o passo seguinte para o poder, como no nazismo e no marxismo-leninismo. Foi isso que levou Osama bin Laden a adotar a afirmação impressionante de Abdullah 'Azzam, seu padrinho espiritual, que Osama citou no vídeo de novembro de 2001 divulgado após o atentado de 11 de setembro do mesmo

---

[472] SCRUTON, Roger. *The West and the Rest*. Wilmington: ISI Books, 2002. p. 119.

[473] MURAWIEC, Laurent. *The Mind of Jihad. Op. cit.*, p. 46.

[474] Existem óbvios precedentes no islã para essa noção. "Governo com a onipotência de Deus, anunciou ao povo Ziyad, irmão adotivo do califa Mu'awia, quando foi nomeado governador em Basra.

[475] RATZINGER, Joseph. *Milestones: Memoirs 1927-1977*. San Francisco: Ignatius Press, 1998. p. 137.

ano: *"O terrorismo é uma obrigação na religião de Alá"*[476]. Isso pode ser verdade – que a violência na disseminação da fé é uma *obrigação* – somente se Deus é desprovido de razão, e, portanto, agir sem razão não vai contra Sua natureza.

O anúncio de 'Azzam é novidade para a maioria dos muçulmanos, que considera o terrorismo moralmente repulsivo e alheio aos ensinamentos nucleares do islã, especialmente quanto aos assassinatos suicidas de civis. O desenvolvimento do islamismo dentro do islã é mais ou menos análogo ao desenvolvimento da Teologia da Libertação dentro do cristianismo. Especialmente na América Latina, o catolicismo foi infectado pela ideologia marxista por meio da opção preferencial pelos pobres do cristianismo. Segundo a Teologia da Libertação, não basta ajudar os pobres por meio da caridade. É preciso destruir as instituições que supostamente causam a pobreza. Isso inclui a propriedade e outros aspectos do capitalismo. Dentro desse ensinamento, a parte cristã foi logo subsumida na parte marxista e em sua promoção da necessidade de violência. Os padres largaram os rosários, tomaram metralhadoras e granadas, e juntaram-se à revolução. Na luta que se seguiu contra essa infestação totalitária, o papa, João Paulo II, venceu. Em uma exortação que poderia ter vindo de um teólogo da libertação, Muhammad Navab-Safavi conclamava os demais muçulmanos: *"Joguem fora o kombolói e comprem uma arma. O kombolói deixa você quieto, mas as armas deixam quietos os inimigos do islã"*[477]. O islã não tem uma figura de autoridade que corresponda ao papa, que possa deslegitimar o islamismo de maneira definitiva, e é incerto que, se essa figura existisse, fosse fazer isso, porque o islamismo pode reivindicar legitimidade apesar de sua adulteração pela ideologia ocidental.

---

[476] RUTHVEN, Malise. *A Fury for God. Op. cit.*, p. 209.
[477] MURAWIEC, Laurent. *The Mind of Jihad. Op. cit.*, p. 42.

O problema hoje é que o lado da razão no islã perdeu e, portanto, seus anticorpos naturais contra essa infecção totalitária estão fracos. Aquilo que testemunhamos hoje são as consequências definitivas da rejeição da razão humana e da perda da causalidade, manifestadas na cultura disfuncional que elas engendraram através do mundo muçulmano. Nas palavras pungentes de Fatima Mernissi:

> O fato de que a tradição racionalista e humanista foi rejeitada por políticos despóticos não significa que ela não exista. Ter um braço amputado não é a mesma coisa que nascer sem um braço. Os estudos sobre os amputados mostram que o membro amputado continua presente na mente da pessoa. Quanto mais nossa faculdade racional é suprimida, mais obcecados por ela ficamos[478].

Existem certos muçulmanos extraordinariamente inteligentes que gostariam de ver algo como um movimento neomutazalita dentro do islã, uma restauração do primado da razão, para que eles pudessem reabrir as portas à *ijtihad* e desenvolver alguma espécie de fundamento no direito natural para um governo humano, político e constitucional. Aliás, o estudioso indonésio Harun Nasution (1919-1998) estava disposto a adotar abertamente o rótulo de neomutazalita, apesar de sua pecha de heresia. Ele pedia explicitamente o reconhecimento da lei natural e contrapunha-se ao ocasionalismo e ao determinismo asharitas, por serem inimigos do progresso social, econômico e político. Ele insistia na responsabilidade e no livre-arbítrio do homem[479]. Latif Lakhdar, pensador reformista nascido na

---

[478] MERNISSI, Fatima. *Islam and Democracy. Op. cit.*, p. 27.
[479] MARTIN, Richard C. & WOODWARD, Mark R. *Defenders of Reason in Islam.*

Tunísia, pede um reavivamento de *"Mu'atazila e do pensamento filosófico que submetia as escrituras sagradas, base da religião, à interpretação da mente humana"*[480]. Ele recomenda que:

> O racionalismo religioso aberto – a submissão do texto religioso à investigação racional e à pesquisa – torne-se o núcleo da formação religiosa desejada na região árabe-islâmica, pois é absurdo acreditar no texto e negar a realidade[481].

Em certos lugares do mundo islâmico, se não em todos, caso alguém ouse sugerir que o Corão não é coeterno com Alá, é melhor andar com seguranças. No Egito, o dr. Nasr Hamid Abu Zayd, professor-assistente de árabe na Universidade do Cairo, causou furor ao sugerir que o Corão era um produto parcialmente humano, porque a linguagem é uma convenção humana. Apelando aos mutazalitas, ele disse:

> Os mutazalitas liam o texto corânico a partir do pressuposto de que ele era uma ação criada e não o enunciado verbal eterno de Deus. Em outras palavras, a relação entre significante e significado só existe por convenção humana; não há nada de divino nessa relação. Eles tentaram criar uma ponte entre o verbo divino e a razão humana. É por isso que eles sustentavam que o verbo divino era um fato que se ajustava à linguagem humana a fim de garantir o bem-estar da humanidade. Eles insistiam que a linguagem era produto do homem e que

---

Op. cit., p. 158.
[480] MEMRI. Em: http://memri.org/bin/articles.cgi?Page=archives&Area=ia&ID = IA22205, acessado em 9/jul/2019.
[481] LAKHDAR, Latif. "Moving from Salafi to Rationalist Education". *Middle East Review of International Affairs*, Vol. 9, Nº 1 (March 2005). p. 30.

o verbo divino respeitava as regras e as formas da linguagem humana[482].

Por isso, ele foi julgado por apostasia. Em 14 de junho de 1995, o Tribunal de Segunda Instância do Egito determinou que o dr. Abu Zayd era um *kafir* (incréu). A consequência disso teria sido o divórcio forçado da esposa, pois as mulheres muçulmanas não podem se casar com homens não muçulmanos. Porém, o dr. Abu Zayd fugiu com a esposa para a Europa. Poucas vozes levantaram-se em sua defesa[483]. Seguro no exílio, ele recentemente afirmou que:

> A reforma islâmica já começou no século XIX, e, claro, tem raízes até mais antigas. Uma escola importante de estudo corânico, o mutazalismo, afirmava mil anos atrás que o Corão não precisa ser interpretado literalmente, e ainda hoje os estudiosos iranianos são surpreendentemente abertos a estudos e interpretações críticos[484].

Porém, o exílio foi também o destino de um iraniano, Abdolkarim Saroush. O padre Samir Khalil Samir contou:

> [...] um jovem muçulmano iraniano, formado em estudos islâmicos, me disse outro dia: "Não podemos mais pensar que o Corão foi diretamente ditado por Deus a Maomé por meio do anjo [sic] Gabriel. Ele precisa ser interpretado. Infelizmente, no islã de hoje não há muita liberdade: algumas décadas atrás, Abdolkarim

---

[482] RUTHVEN, Malise. *A Fury for God. Op. cit.*, p. 380.
[483] MARTIN, Richard C. & WOODWARD, Mark R. *Defenders of Reason in Islam. Op. cit.*, p. 216.
[484] KRISTOF, Nicholas D. "Islam, Virgins and Grapes", *New York Times*, April 22, 2009. p. A27.

Saroush, um de nossos intelectuais, foi expulso do ensino universitário por ensinar essas coisas [Soroush foi agredido fisicamente em diversas ocasiões]. No fim, para poder continuar vivo e manifestar-se, teve de emigrar para a Europa[485].

Muitos dos neomutazalitas, os que querem ressuscitar a grande tradição de teologia e filosofia racionais muçulmanas, estão também no ocidente.

Infelizmente, como advertiu Bassim Tibi:

> É melhor que os muçulmanos intelectuais importantes que [...] ainda têm esperanças de aplicar a razão à reforma islâmica façam isso no exílio no ocidente, seja em Paris, em Londres, ou em Washington. Suas ideias são discutidas na Escandinávia, mas não no mundo islâmico[486].

Mesmo na Europa, esses muçulmanos têm problemas e precisam enfrentar os riscos de serem rotulados como apóstatas. O próprio Tibi precisou de guarda-costas armados durante muitos anos na Alemanha, fornecidos pelo Estado alemão, para protegê-lo do assassinato. Taj Hargey, imame britânico, lamenta que:

> Pensadores iconoclastas, liberais, e não conformistas que ousam questionar essa autoridade religiosa autoproclamada no islã apresentando interpretações racionais ou alternativas de sua fé sejam invariavelmente rotulados de apóstatas, de hereges, de incréus[487].

---

[485] SAMIR, Samir Khalil. "Church-Islam Dialogue", *Asia News*, 17/jan/2007, 3. Disponível em: http://www.asianews.it/view4print.php?1=en&art+8242, acessado em 07/jul/2019.
[486] TIBI, Bassam. *The Challenge of Fundamentalis. Op. cit.*, p. 31.
[487] RUSIN, David J. "Why Islamists Accuse Moderate Muslims of Apostasy". *Islamist Watch*, September 30, 2009.

CAPÍTULO IX

A crise

A grande crise que tomou o mundo islâmico coloca para os muçulmanos a seguinte questão: "Podemos entrar no mundo islâmico e ainda guardar nossa fé?" Por trás dessa questão está uma percepção amplamente disseminada e aqui formulada por Chanddra Muzaffar, considerado um dos mais respeitados filósofos islâmicos da Malásia:

> O islã e o mundo ocidental pós-iluminista são diametralmente opostos um ao outro. Os muçulmanos então perceberão que, a menos que transformem o mundo secular do ocidente, a visão da justiça encarnada no Corão jamais se tornará realidade[488].

A transformação do ocidente é o objetivo; a única coisa em disputa são os meios da transformação: será pacífica ou

---

[488] KAMRAVA, Mehran (Ed.). *The New Voices of Islam*. Los Angeles: University of California Press, 2006. p. 224.

violenta? Uma resposta para a questão acima foi dada pelos islamistas e por Osama bin Laden. Sua resposta é não, não conseguimos guardar nossa fé no mundo moderno. Portanto, precisamos destruir a modernidade e restabelecer o califado.

A resposta do islamismo se baseia em uma patologia espiritual baseada em uma deformação teológica que produziu uma cultura disfuncional. Portanto, o problema precisa ser abordado no nível em que existe. Em si, é profundamente equivocado dizer que o ocidente precisa melhorar as condições econômicas do Oriente Médio a fim de dragar o pântano do terrorismo. Os terroristas são produzidos por uma ideologia totalitária que justifica o terrorismo. Essa é sua "raiz". Se alguém sugerisse que, para lidar com o nazismo, era primeiro necessário superar o problema da pobreza na Alemanha, seria motivo de piada. Porém, esse tipo de pensamento é levado a sério hoje em dia.

O Oriente Médio é pobre por causa de uma cultura disfuncional baseada em uma teologia deformada, e, a menos que ele possa ser reformado nesse nível, a engenharia econômica ou o desenvolvimento de uma ordem política constitucional não terão sucesso. Se você vive em uma sociedade que atribui tudo a causas primeiras, você não vai examinar o mundo para tentar entender como ele funciona ou como melhorá-lo. *"Para funcionar"*, escreve Pervez Hoodbhoy, *"as sociedades organizadas precisam de gente moderna – de gente capaz de relacionar causa e efeito"*[489]. Como observou Fouad Ajami, a incapacidade de relacionar causa e efeito é uma pandemia do mundo muçulmano.

Haverá algum grupo de pessoas no mundo islâmico capaz de elaborar uma teologia que permita a restauração da razão, uma *re-helenização* do islã com Alá como *ratio*? Pode o islã em-

---

[489] HOODBHOY, Pervez. *Islam and Science. Op. cit.*, p. 136.

preender aquilo que Samir Khalil Samir chama de *"um iluminismo, em outras palavras, uma revolução de pensamento que afirme o valor da realidade do mundo em si e por si mesma, separada da religião, mas não oposta a ela?"*[490] É ocioso pretender que seria necessário menos do que um mar de mudanças para que isso acontecesse. Se não acontecer, é difícil imaginar em qual base os muçulmanos poderiam se modernizar, ou a partir de quais fundamentos poderia acontecer um diálogo com o islã. Existem muitos muçulmanos (na Turquia e nas democracias em desenvolvimento da Indonésia e da Malásia, para não falar nada da vida democrática vivida pela imensa população muçulmana da Índia) que querem entrar no mundo moderno – com sua ciência moderna e com suas instituições políticas modernas – e, também, guardar a fé. As glórias pregressas da civilização islâmica mostram que outrora ela foi capaz de progredir. Esse progresso se baseava em um conjunto distinto de ideias, antitético ao dos islamistas, que então teria sido considerado herético.

Fazlur Rahman afirmou que:

> O Corão em si não apenas contém muitos ensinamentos filosóficos definitivos, mas também pode ser um poderoso catalisador para a construção de uma visão de mundo abrangente coerente com esses ensinamentos. Isso nunca foi tentado sistematicamente na história islâmica; isso pode e deve ser feito[491].

Parece que Fazlur Rahman estava clamando por um esforço no islã um tanto análogo àquele realizado por Santo Tomás de Aquino dentro do cristianismo. O Aquinate desen-

---

[490] SAMIR, Samir Khalil. "Islamic Terrorism: A Result of What Is Being Taught in Madrassas". *Asia News*, March 8, 2007, p. 4. Em: http://www.asianews.it/index.php?=en&aart=4071, acessado em 9/jul/2019.

[491] RAHMAN, Fazlur. *Islam. Op. cit.*, p. 256.

volveu as ideias filosóficas latentes que existiam nas escrituras cristãs e conciliou-as com a razão. Ele mostrou que o *Logos* grego era na verdade uma prévia do *Logos* cristão. A revelação e a razão em última instância têm a mesma origem. O esforço tomista aconteceu cerca de treze séculos depois de Cristo. Hoje, o islã está quase à mesma distância cronológica de sua fundação. Será que aqueles que acompanham o pensamento de Fazlur Rahman perceberão a mesma necessidade e empreenderão a tarefa por ele esboçada? Existem pensadores muçulmanos notáveis que desejam fazer isso e que lutam para encontrar o espaço público dentro do qual realizar esse esforço.

Infelizmente, as ideias que hoje ganham força não são as deles. A crise é essa. A resposta que varre o mundo islâmico hoje não vem de gente como eles. Vem dos al-qaedistas, dos neo-kharijitas, e dos hambalitas. Como descrito pelo analista Tony Corn:

> Nos últimos 30 anos, uma variedade em particular – o salafismo pan-islâmico – pôde preencher o vácuo deixado pelo fracasso do socialismo pan-árabe, e, no processo, marginalizou as formas mais esclarecidas do islã ao ponto em que o salafismo hoje ocupa uma posição quase hegemônica no mundo muçulmano[492].

Hoodbhoy confirma essa visão:

> Os movimentos fundamentalistas passaram a dominar o discurso intelectual em países-chave do islã, e o movimento modernista muçulmano, que enfatizava a compatibilidade do islã com a ciência e com o racionalismo, perdeu sua hegemonia cultural e ideológica. O modernismo foi efetivamen-

---

[492] CORN, Tony. "World War IV as Fourth-Generation Warfare". *Policy Review*, January 2006. II.

te banido da cena política e cultural, e o sistema educacional moderno, nascente há cinquenta anos, visivelmente desabou em países-chave do islã. A ortodoxia arrogou para si a tarefa de guiar o destino dos muçulmanos. Porém, a sociedade prescrita por ela é um convite à catástrofe e possivelmente a uma nova Idade das Trevas para os muçulmanos[493].

Em uma eloquente descrição da catástrofe vindoura, Abdelwahab Meddeb, pensador muçulmano contemporâneo, tunisiano residente em Paris, diz:

> Nesse teocentrismo insano e absoluto, nunca antes desenvolvido de maneira tão radical na tradição do islã, o mundo é transformado em cemitério. Se Maududi censurava o ocidente pela morte de Deus, podemos acusá-lo de ter inaugurado a morte da humanidade. Seu escandaloso sistema inventa um totalitarismo irreal, que empolga discípulos e os incita a espalhar a morte e a destruição por todos os continentes. Esse é o tipo de negação da vida, de niilismo, ao qual leva o raciocínio teórico quando não é submetido ao controle do raciocínio prático [...]. Essa visão radical e assustadora estabelece uma *tabula rasa* e transforma o mundo em um lugar pós-nuclear no qual encontramos paisagens desoladas onde quer que olhemos, em páginas enegrecidas por Sayyid Qutb[494].

Meddeb prevê que a realização da visão de *"liberação"* de Qutb *"transformaria o homem em um dos mortos vivos, em uma*

---

[493] HOODBHOY, Pervez. *Islam and Science*. Op. cit., p. 135.
[494] MEDDEB, Abdelwahab. *The Malady of Islam*. New York: Basic Books, 2003. p. 104.

*terra devastada"*⁴⁹⁵. Porém, infelizmente, Qutb está por toda parte. E pouco se faz para conter essa tendência.

A transmogrificação do islã em islamismo é má notícia não apenas para o ocidente, mas também para a maioria dos muçulmanos, os quais não têm a menor vontade de viver em teocracias totalitárias. *"Para o ocidente, a ameaça é só física, na forma de terrorismo"*, disse o jornalista paquistanês Ayaz Amir. *"Para o mundo do islã [...], ficar preso no binladenismo é voltar no tempo para a idade das trevas do obscurantismo islâmico. Isso significa ficar preso no atoleiro que manteve o mundo islâmico preso"*⁴⁹⁶. No caso da maioria dos muçulmanos, seus números podem não ser relevantes, assim como não eram para os infelizes povos do Império russo, que de repente viram-se governados por uma pequenina e violenta gangue de leninistas em 1917. O problema para o lado da razão, nas palavras de um islamista indonésio, é que *"o islã liberal não tem quadros"*⁴⁹⁷. Há muitos quadros do outro lado. Os pequenos grupos de islamistas, muito bem organizados, altamente disciplinados, e ricamente financiados, buscam emular o sucesso leninista com táticas similares de propaganda e de violência. Quanto mais as coisas pioram, especialmente no mundo árabe, mais atraente fica a mensagem muçulmana como explicação da situação e como programa de ação para superá-la. Por esse motivo, é do interesse dos islamistas que a situação piore. Aliás, eles podem ajudar a garantir que piore.

Não é inevitável que os islamistas tenham sucesso, a menos que não haja estratégia nenhuma para detê-los. Líderes muçulmanos como o falecido Abdurrahman Wahid (1940-

---

⁴⁹⁵ Idem. *Ibidem.*, p. 105.
⁴⁹⁶ GROSSE, Thomas K. "The War Within Islam". *U.S. News and World Report*, March 12, 2009.
⁴⁹⁷ DHUME, Sadanand. *My Friend the Fanatic. Op. cit.*, p. 124.

2009), que foi o líder espiritual da Nahdlatul Ulama, a maior organização muçulmana do mundo, pediram uma contraestratégia que incluísse a oferta de *"uma versão alternativa convincente do islã, que devolva a ideologia fanática de ódio para as trevas de onde ela saiu"*[498]. Até sua morte em 30 de dezembro de 2009, Wahid defendeu incansavelmente uma parceria com o mundo não muçulmano, em um esforço que contava com enormes recursos, para apoiar a dignidade humana, a liberdade de consciência, a liberdade religiosa, e os benefícios da modernidade, antes que a jamanta da ideologia islamista arrasasse o mundo muçulmano. Era uma convocação admirável, mas que ainda não foi respondida.

Em maio de 2008, tive a oportunidade de falar com o presidente Wahid. Quando lhe perguntei sobre a importância da supressão dos mutazalitas no século IX, ele foi um tanto evasivo e não quis responder diretamente, o que não surpreende, considerando a opinião pública sobre o mutazalismo. Porém, ele encontrou outra maneira de responder, que disse muito. O presidente Wahid me contou a história de quando foi a uma mesquita em Fez, no Marrocos. Ali, protegida por uma tampa de vidro, ele viu uma cópia da *Ética a Nicômaco* de Aristóteles. Então disse: *"Se não existisse um livro assim, eu teria sido um fundamentalista"*. Perguntei a Wahid como ele tinha conhecido a *Ética a Nicômaco* de Aristóteles. Ele disse que tinha lido no internato do pai na Indonésia. Sem dúvida essa foi uma de várias influências formativas de Wahid, mas uma influência importante – até decisiva – que também podia ser empregada nessa nova *"guerra de ideias"* que está acontecendo dentro do islã.

---

[498] WAHID, Abdurrahman. "Right Islam vs. Wrong Islam". *Wall Street Journal*, December 30, 2005, A16. Disponível em: http://www.opinionjournal.com/extra/?id=110007743, acessado em 9/jul/2019.

Na verdade, há uma tremenda ironia nessa história quando sua lição é aplicada à resposta americana ao islamismo radical, a qual pode ser resumida na anedota a seguir. Um interrogador americano em Guantánamo, detentor de grande conhecimento da história islâmica e da língua árabe, me contou ter discutido Aristóteles com um detento bastante importante em uma conversa sobre a importância do pensamento crítico e de seu papel nas obras de alguns teólogos muçulmanos. O detento demonstrou grande interesse por isso, e disse que tinha ouvido falar de Aristóteles na escola, mas que, em seu país, os estudantes não tinham acesso aos textos de Aristóteles. Ele pediu que o interrogador lhe fizesse o favor de lhe trazer algumas das obras de Aristóteles em árabe. Porém, quando o interrogador tentou fazer com que a biblioteca dos detentos encomendasse essas obras, os bibliotecários – muito mais voltados para o Corão e para obras ligeiras como livros sobre a natureza com muitas fotos – não conseguiam captar a relevância de Aristóteles, nem acreditar que um detento tivesse interesse por ele. (Esse interrogador me disse que *"o detento era muito mais empenhado intelectualmente do que os funcionários da biblioteca – ninguém deveria cometer o erro de achar que esses detentos são meros bandidos violentos"*). A biblioteca não encomendou nada de Aristóteles, e mais uma oportunidade de abordar o problema no nível em que ele existe foi perdida. Essa é uma ilustração perfeita de como perder uma guerra de ideias porque você nem sabe do que ela trata.

A escolha

Em uma conversa com um aluno em Roma, o papa Bento XVI fez uma afirmação que resume muito bem o núcleo do que está em jogo tanto para o islã quanto para o ocidente. Omitirei apenas uma palavra dela, indicada por colchetes vazios. O romano pontífice afirmou:

Só existem duas opções. Ou se reconhece a prioridade da razão, da Razão criativa que está no começo de todas as coisas e que é o princípio de todas as coisas – a prioridade da razão é também a prioridade da liberdade – ou se mantém a prioridade do irracional, na medida em que tudo que funciona na nossa terra e em nossas vidas seria apenas acidental, marginal, um resultado irracional – a razão seria produto da irracionalidade. Não se pode, em última instância, "provar" nenhum projeto, mas a grande opção do [_____] é a opção pela racionalidade e pela prioridade da razão. Isso me parece uma opção excelente, que mostra que, por trás de tudo, há uma grande inteligência a quem podemos nos confiar[499].

Claro que a palavra ausente entre os colchetes é *"cristianismo"*. A questão é se a palavra *"islã"* poderia ser inserida em seu lugar e a afirmação ainda parecer correta. Será que o islã sunita ainda tem aberta a opção pela prioridade da razão? Como vimos, ele com toda certeza tentou adotar essa opção com os mutazalitas, em uma época geralmente reconhecida como o apogeu da cultura islâmica árabe. Naquela época, teria sido possível colocar a palavra *islã* no lugar, e a afirmação teria permanecido inalterada como expressão de crenças mutazalitas. Também vimos que existem pensadores muçulmanos hoje que estão tentando algo parecido.

Claro que os não muçulmanos não podem fazer essa escolha pelos muçulmanos, mas o conselho de George Houra-

---

[499] MAGISTER, Sandro. "Faith by Numbers: When Ratzinger Puts on Galileo's Robes". *Express Online*, January 9, 2009. Em: www.chiesa.expressonline.it, acessado em 9/jul/2019.

ni chega perto daquilo que muitos muçulmanos, como Fazlur Rahman, disseram eles próprios ser necessário:

> Se eu pudesse escolher qual caminho intelectual os muçulmanos deveriam seguir – escolha que não tenho, olhando o islã de fora – eu recomeçaria nos pontos onde pararam os primeiros juristas e os mutazalitas, e trabalharia para desenvolver um sistema de direito islâmico que usaria abertamente juízos de equidade e de interesse público, e um sistema de teologia ética que incentivaria juízos de certo e errado pela mente humana, sem ter de olhar as escrituras a cada passo. Os mutazalitas estavam certos em sua doutrina de que podemos fazer juízos de valor objetivos, ainda que sua teoria particular da ética tivesse pontos fracos, os quais teriam de ser revisados pelos filósofos éticos e pelos teólogos modernos. Assim, penso que essa é a melhor maneira de os muçulmanos reavivarem o islã, e desejo-lhes sucesso nessa empreitada formidável[500].

Para que o islã encontre a saída de seu dilema atual com a escolha recomendada por Hourani, ele precisa de algum modo reconciliar a unidade de Deus (*tawhid*) com a unidade da razão – razão em Deus, em Sua criação, e no homem. Se a razão está ausente de qualquer um desses três, a relação resvala na irracionalidade, e não haveria modo de fazer *"juízos de valor objetivos"*. Se Deus não tem razão, então Sua criação também não terá – afinal, de onde mais poderia vir sua racionalidade? Se a criação não dispõe da marca da razão, a razão do homem seria

---

[500] HOURANI, George. *Reason and Tradition in Islamic Ethics*. Op. cit., p. 276.

impotente porque não teria nada a que corresponder e com que pudesse interagir. Não teria nem nada a respeito do que refletir e com que pudesse tornar-se consciente de si mesma. Tudo seria vontade, mas seria vontade cega, e qualquer fé baseada nela seria fé cega. Tornar autônomas ou a razão ou a revelação leva a uma distorção do que é cada uma delas. A razão levanta questões que não podem ser respondidas, e as respostas da revelação não podem ser entendidas sem a razão. Divorciar a razão da fé (a crise atual do ocidente) ou a fé da razão (a crise do islã) leva à catástrofe; elas deveriam ser parceiras[501].

Como insinuado acima, alguém precisa fazer pelo islã aquilo que Santo Tomás de Aquino fez pelo cristianismo – se é que isso pode ser feito. Isso dependerá de o voluntarismo e de o ocasionalismo asharitas serem vistos como vitais para o Corão ou como acréscimos posteriores que podem ser deixados de lado. Se, por motivos doutrinais ou por outros, isso não puder ser feito, se o islã sunita continuar a adotar o agnosticismo moral do asharismo e o fideísmo extremo a que ele leva, ele não será capaz de adaptar-se à modernidade, à ciência moderna, ou ao governo constitucional democrático, e seu futuro será muito sombrio. A tempestuosidade da nossa época, que muitos julgam anunciar um ressurgimento do islã, pode na verdade assinalar seu maior declínio, o que poderia ser ainda mais tempestuoso. O dr. Muhammad al-Houni, reformista líbio que mora na Itália, chega à seguinte conclusão:

> As sociedades árabes só têm uma de duas opções: ou cortar seus laços com a civilização ocidental e com suas instituições culturais e continuar a [fazer] mal a si mesmas [...] ou cortar irrevogavelmente seus laços com o legado religioso da Idade

---

[501] Devo essa formulação ao padre James V. Schall, SJ.

Média, para que sua filosofia seja uma filosofia de vida e de liberdade, e não de morte e de ódio[502].

Ou existe outro jeito de apresentar essa escolha tratando de um aspecto muito diferente do legado islâmico, expressado por Bassam Tibi:

> Se aquele racionalismo medieval islâmico que reconhecia a universalidade do conhecimento continuar a ser declarado heresia, e se a autenticidade for reduzida a uma polarização entre o eu e o outro, então os muçulmanos do século XXI continuarão a não conseguir embarcar na modernidade[503].

O problema é que sua perspectiva de fracasso, trágica como será para eles, pode nos envolver a todos. Como vimos na sangrenta história do século XX, a *"prioridade do irracional"* – mesmo que adotada apenas por uns poucos radicais – pode levar inexoravelmente à violência sem limites, porque a primazia da vontade, seja em Deus ou no homem, não conhece fronteiras. A recuperação da razão, baseada no *Logos*, é a única sentinela da sanidade. Isso é imperativo tanto para o oriente quanto para o ocidente. *"Vamos, raciocinemos juntos"* (Isaías 1, 18)[504].

---

[502] MEMRI. Em: http://memri.org/bin/articles.cgi?Page=archives&Area=ia&ID=IA24005, acessado em 9/jul/2019.

[503] TIBI, Bassam. *Islam's Predicament with Modernity. Op. cit.*, 262.

[504] *"Come now, let us reason together"*, no original em inglês; na tradução da Ave-Maria, "Justifiquemo-nos". (N. T.)

OUTRAS LEITURAS

AL-GHAZALI. *The Incoherence of the Philosophers*. trad. Michael E. Marmura. Provo, UT: Brigham University Press, 1997.

AVERRÓIS. *The Book of the Decisive Treatise*. trad. Charles E. Butterworth. Provo, UT: Brigham Young University, 2001.

AVERRÓIS. *Faith and Reason in Islam: Averroes' Exposition of Religious Arguments*. trad. Ibrahim Najjar (Oxford: Oneworld Publications, 2001.

AVERRÓIS. *The Incoherence of the Incoherence*. trad. Simon Van Den Bergh. Londres: E. J. W. Gibb Memorial Series, 2008.

COX, Caroline & MARKS, John. *The West, Islam and Islamism*. Civitas, Londres: Civitas, 2006.

FAKHRY, Majid. *A History of Islamic Philosophy*. Nova York: Columbia University Press, 1970 e 1983.

GOLDZIHER, Ignaz. *Introduction to Islamic Theology and Law*. Princeton: Princeton University Press, 1981.

HOODBHOY, Pervez. *Islam and Science*. London: Zed Books, 1991.

HOURANI, Albert. *A History of the Arab Peoples*. New York: Warner Books, 1992.

HOURANI, George. *Reason and Tradition in Islamic Ethics*. Cambridge: Cambridge University Press, 1985.

IBRAHIM, Raymond. *The Al-Qaeda Reader*. New York: Broadway Books, 2007.

JAKI, Stanley. *Jesus, Islam, Science*. Pickney, MI: Real View Books, 2001.

JAKI, Stanley. *Science and Creation*. Edinburgh: Scottish Academic Press, 1986.

KENNY, Joseph. *Theological Themes Common to Islam and Christianity*. Lagos, Nigeria: Dominican Publications, 1997.

MACDONALD, Duncan B. *Aspects of Islam*. New York: Macmillan Company, 1911.

MACDONALD, Duncan B. *Development of Muslim Theology, Jurisprudence and Con stitutional Theory*. Beirut Khayats; 1ª edição, 1 de janeiro de 1965: edição *pa perback*, Macdonald Press, 15 de março de 2007.

MARTIN, Richard C. e Mark R. Woodward. *Defenders of Reason in Islam*. Oxford: Oneworld Publications, 1997.

MEDDEB, Abdelwahab. *The Malady of Islam*. New York: Basic Books, 2003.

Middle East Media Research Institute (MEMRI), em http://memri.org.

MERNISSI, Fatima. *Islam and Democracy*. Cambridge, MA: Perseus Books, 1992.

MURAWIEC, Laurent. *The Mind of Jihad*. Cambridge: Cambridge University Press, 2008.

PATAI, Raphael. *The Arab Mind*. New York: Hatherleigh Press, p. 2002.

RAHMAN, Fazlur. *Islam*. Chicago: University of Chicago Press, 1979, 2002.

RAHMAN, Fazlur. *Islam and Modernity*. Chicago: University of Chicago Press, 1982.

RAHMAN, Fazlur. *Revival and Reform in Islam*. Oxford: Oneworld Publications, 2000.

RUTHVEN, Malise. *A Fury for God*. London: Granta Books, 2002.

RUTHVEN, Malise. *Islam in the World*. New York: Oxford University Press, 1984.

SAMIR, Samir Khalil. *111 Questions on Islam*. San Francisco: Ignatius Press, 2008.

SCHALL, James. *The Regensburg Lecture*. South Bend, IN: St. Augustine's Press, 2007.

SCRUTON, Roger. *The West and the Rest*. Wilmington, DE: ISI Books, 2002.

SHEHADEH, Imad N. "The Predicament of Islamic Monotheism". *Biblotheca Sacra* 161 (abril-junho de 2004).

SIVAN, Emmanuel. *Radical Islam: Medieval Theology and Modern Politics*. New Haven: Yale University Press, 1990.

SOOKHDEO, Patrick. *Global Jihad*. McLean, VA: Isaac Publishing, 2007.

TIBI, Bassam. *The Challenge of Fundamentalism*. Berkeley: University of California Press, 1998.

TIBI, Bassam. *Islam's Predicament with Modernity*. New York: Routledge, 2009.

AGRADECI-MENTOS

Fui apresentado ao tema deste livro primeiro em uma palestra na Eslovênia, e depois em um *briefing* apresentado ao *Centre for Research into Post-Communist Economies*, em Londres. Tenho uma dívida particular com seu presidente, Ljubo Sirc, e com seu diretor executivo, Lisl Biggs-Davison, por seu incentivo e por seu apoio.

Tenho especial gratidão pelo generoso apoio da *Earhart Foundation*; à sua presidente, Ingrid A. Gregg; e ao seu conselho diretor, por ter me concedido uma bolsa de pesquisa para o livro.

Muitos anos atrás, meu interesse pelo tema do islã foi instigado pelas conversas que tive com o falecido padre Stanley Jaki, e por seus textos, especialmente seu livro *Science and Creation*, no qual ele dava respostas convincentes sobre por que, após alguns progressos, a ciência tinha sido abortada no mundo islâmico.

Beneficiei-me em particular das trocas com meus colegas quando trabalhei na seção de Oriente Próximo/Sul da Ásia de Questões de Segurança Internacional no Escritório da Secretaria de Defesa. O mesmo vale para o tempo em que dei aulas na *National Defense University*, onde conversas com o dr. Thomas Blau, o dr. Joe DeSutter, David Belt, e outros, foram muito fecundas, como foram, particularmente, as trocas com meus alunos muçulmanos do Oriente Médio e do sul da Ásia.

Quanto a questões de significância teológica e filosófica geral, e também quanto a matérias diretamente relacionadas ao islã, beneficiei-me, por muitos anos, da sabedoria, em conversas e em leituras, do padre James V. Schall, SJ, na Georgetown University.

Também tenho uma dívida com meu amigo Angelo Codevilla (por isto e por muitas outras coisas), Richard Bastien, Stephen Ulph, e Roger Scruton por ter lido o manuscrito e terem dado sábios conselhos, e a Patrick Poole e Jennifer Bryson por guiarem-me por alguns materiais de valor inestimável. Pela ajuda deles, devo um agradecimento especial a Yigal Carmon, Steven Stalinsky, Menahem Wilson, e Daniel Lav, do Middle East Media Research Institute, e a Patrick Sookhdeo, do Westminster Institute.

Devo um agradecimento especial a Jed Donahue, Christian Tappe, Chris Michalski, e Jennifer Fox, da ISI Books, por seu apoio inestimável na realização desta obra.

Bianca, minha esposa, é minha melhor editora. Somente eu, é claro, sou responsável por quaisquer erros contidos nesta obra. Também agradeço a meus filhos, Michael, Catherine, Matthew e Teresa, por sua paciência. Eles estão bem informados sobre as frustrações de tentar escrever um livro sobre a teologia muçulmana do século IX.

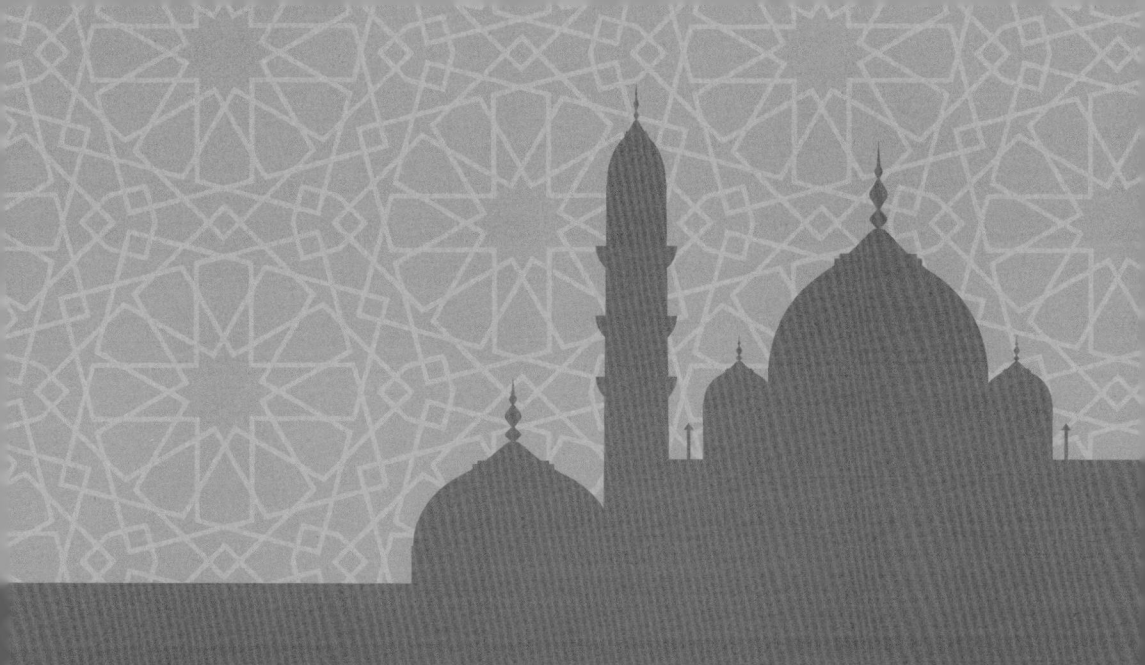

ÍNDICE REMISSIVO E ONOMÁSTICO

11 de Setembro, 27, 226-27, 231, 290
111 Questions on Islam, de Samir Khalil Samir, 314
2010 Freedom House Survey, 201

A
'Abd al-Jabbar, ibn Ahmad (c. 935-1025), 41, 47-53, 55-56, 58-59, 77, 131, 256
'Abd al Masîh, Salib al-Masu'di (1848-1935), 66
'Abduh, Muhammad (1849-1905), 81, 93, 202, 255, 260-61
Abdul Hye, Muhammad (1919-1969), 84, 91, 183
Abi Waqqas, Sad' bin (595-675), 37
Abolição do califado por Kemal Ataturk em 1924, 265
Abu al-Hudhayl al-Allaf (752-840), 47
Abu al-Walid Muhammad ibn Ahmad ibn Muhammad ibn Rushd, conhecido como Averróis (1126-1198, 12-13, 52-53, 69, 77, 90, 95, 108, 111, 137, 153, 185-86, 191-93, 197
Abu Darda', al-Ansari (580-652), 129
Abu Geith, Suleiman, 285
Abu Hanifa, Na-nu'man ibn Thabit (c. 699-767), 80

Abu Hamza, al-Masri (1958-), 209
Abu Hudhayl, al-Allaf (752-840), 61
Abu Isma'il, Hazem Sallah (1961-), 234
Abu Qurrah, Teodoro, bispo melquita de Harran (750-820), 66
Abu Wahab, ibn Muhammad (1703-1792),
Abu Yusuf, nascido Yaqub ibn Ibrahim al-Ansari (738-798), 189
Abu'l Hasan al-Ash'ari, Abu al-Hasan Ali ibn Ismail (874-936), 146
Adventistas do Sétimo Dia, 226-27
Afeganistão, 79, 179
África, 11, 37, 201, 247
Agostinho de Hipona, Santo (354-430), 26, 125, 277
Ahl us-Sunnah (seita), 83
Ahmad al-Baghdadi, Abu Bakr (1971-), 209
Ahmad Amin (1886-1954), 198
Ahmadinejad, Mahmoud (1956-), 226
Ajami, Fouad A. (1945-2014), 21, 26, 110, 300
Ajmal Kasab, Muhammad (1987-2012), 278
Al-Afghani, Jamal al-Din (1838-1897), 239-40, 251-52

Al-Afghani, Sayyid Jamal al-Din (1839-1897), 254-55, 261, 265
Al-Anbabi, Muhammad, 256
Al-'Anzi, Rashid, 210
Al Arabiya (TV), 235
Al-Ashari, Abu Hasan (c.873 874-c.935/936), 26, 187, 259
Al-Ayyeri, Yussuf, 284
Al-Azhar, a antiga universidade do Cairo, 13, 80, 198, 208, 218, 241, 255-56
Al-'Azm, Sadik Jalal (1934-2016), 218-19, 241-42, 250
Al-Banna, Hassan Ahmed Abdel Rahman Muhammed (1906-1949), 261, 266, 270, 279, 282
Al-Baqilani, Abu Bakr Muhammad ibn al-Tayyib (c. 950-1013),
Al-Basri, Hassan Abu Sa'id (c.642-728), 104-05, 142
Al-Bistami, Abu Yazid (804-874), 164
Al-Bukhari, Muhammad ibn Ismail ibn Ibrahim ibn al-Mughirah ibn Bardizbah (?-933), 42, 64, 242
Al-Buleihi, Ibrahim (1944-), 191
Al-Dimashqi, Ghailan (?-antes de 743), 45
Al-Din Rumi, Jalal Muhammad (1207-1273), 174
Alemanha, 266, 295, 300
Alexandria, 38, 79
Al-Farabi, Abu Nasr Muhammad ibn Muhammad (872-951), 77, 149, 151
Al-Faruqi, Isma'il (1921-1986), 94
Al-Fawzan, Salih Fawzan (1933-), 223
Al-Fiqqi, Mustafa, 231
Al-Ghazali, Abu Hamid Muhammad (1058-1111), 12-13, 26, 30, 46, 69-70, 89-91, 105-09, 113-14, 127-29, 137-38, 140, 146-55, 157-66, 168-70, 172-79, 181, 183-89, 193, 197-99, 212, 247, 259, 282
Al-Hallaj, Mansur (c. 858-922), 164, 173
Al-Hamad, Turki (1952-), 217, 261
Al-Harashi, 'Amr ibn Sa'id, (?-735), 44
Al-Hirah, no Iraque, 66
Al-Houn, Muhammad Abdel Mottaleb, 208-09, 216, 309
Al-Huysani, Mohammad Amin (1895-1974), 276

Ali Khamenei, nascido Ali Houssayn Khamenei (1939-), 271
Ali, Sayyid Ameer (1849-1924), 259
Al-Ibanah 'an Usul al-Diyanah (A Clara Formulação dos Elementos), 133
Al-Ikhwan al-Muslimun, 266
Al'-Iraq, ver Iraque
Al-Jabarti, Abd al-Rahman (1753-1825), 253
Al-Jabbar, o Compulsor (um dos nomes de Deus no Corão), 41, 47-53, 55-59, 77, 131, 256
Al-Jafar, 'Abd Allah, 225
Al-Jahiz, Abu 'Uthman 'Amr ibn Bahr al-Kinani (776-869), 49
Al-Jubba'i, Abu Ali Muhammad (849-915), 87
Al-Juhani, Ma'bad (?-699), 45
Al-Juwayni, Abu'l el-Ma'ali (1028-1085), 114-15, 219
Al-Khawarizmi, Abu Abdullah Mohammed ben Musa (c. 780-850), 191
Al-Kindi (erudito cristão árabe; não confundir com o filósofo muçulmano homônimo), 66-70, 76, 151, 185, 191, 251
Al-Kindi, Abu Yusuf Ya' Qub ibn Ishaq as-Sabbah (801-873), 66-70, 76, 151, 185, 191, 251
Al-Kundri, 145
Allawi, Ali Abdul-Amir (1947-), 211-13, 251
Al-Majd (TV), 234
Al-Maktoum, Muhammad bin Rashid (1949-), 249, 251
Al-Malik, Umayyad 'Abd (646-705), 44
Al-Ma'mun, Abu a-Abbas Abdallah ibn Harun al-Rashid (786-833), 45, 66-68, 70-71, 75, 250-51
Al-Maqdisi, Abu Muhammad (1959-), 285
Al-Maqrizi, Taki al-Din Abu al-Abbas Ahmad ibn'Ali ibn Abd al-Qadir (1364-1442), 146
Al-Marani, Sadruddin 'Abdul Mallik bin 'Isa bin Darbas (c. 674-717), 146
Al-Marghrib (Marrocos), 147
Al-Misri, Ahmad ibn Naqib (morto em 1368), 109, 120
Al-Mustasfa fi'Ilm al-Usul, de al-Ghazali, 127

Al-Mu-'tasim, Abu Ishaq Muhammad (796-842), 71
Al-Muzain, Ahmad, 230
Al-Nabhani, Muhammad Taqi al-Din bin Mustafah bin Ismail bin Yusuf (1914-1977), 121
Al-Nadim, Abu al-Faraj Muhammad ibn Ishaq (935-995), 66
Al-Nazzam, Abu Ishaq Ibrahim ibn Sayyar ibn Hani (775-848), 57
Alp-Arslan, nascido Muhammad bin Dawud Chagri (1029-1072), 145
Al-Qadir, bi-llahAhmad bin al-muqtadar Abu al-Abbas (947-1031), 77
Al-Qaeda, 227-29, 271, 284-85, 289
Al-Qaeda Reader, The, de Raymond Ibrahim, 313
Al-Qaradhawi, Yusuf (1926-), 218
Al-Rashed, Abdul Rahman, 235
Al-Razi, Fakhr al-Din (c. 1149-c. 1210), 63, 181, 188, 191
Al-Raya (jornal), 241
Al-Risala (TV), 234
Al-Safir, jornal libanês, 227
Al-Shafi'i, Abu Abdillah Muhammad ibn Idris (c. 767-820), 127
Al-Shahrastani, Taj al-Din Abu al-Fath Muhammad 'Abd al-karin (1086-1153), 189
Al-Sharq Al-Awsat (jornal londrino, em língua árabe), 191, 226
Al-Shatibi, Abu Ishaq (c. 1320-1388), 190
Al-Tabari, Abu Jafar Muhammad ibn Jarir (838-923), 76
Al-Turabi, Hassan 'Abd Allah (1932-2016), 218, 276
Al-Tustari, Hussein ibn al-Mansur abd--Allah (818-896), 194
Al-Wahhab, Mohammad ibn Abd (1703-1792), 189
Al-Watan, jornal do Kuwait, 227
Al-Wathiq, Harun (842-847), 71
Al-Zaydi, Mshari, 226
Al-Zaytouna, 218
América do Norte, 251
América Latina, 291
Amir, Ayaz, 304
Amr bin al-Harith, 122
Andaluzia, 12-13
Antigo Testamento, 25, 96
Antioquia, 38

Apologia de al-Kindi, A, ou "A Epístola de Abdallah ibn Ismaîl, o Hâshimita, a 'Abd al Masîh ibn Ishâc al Kindy", 66-67
Aqui Começamos, de Khalid Muhammad Khalid, 243
Arab Mind, The, de Raphael Patai, 269
Arábia, 14, 35, 37
Arábia Saudita, 27, 80, 84, 189, 205, 208-09, 218, 220, 225, 246, 271
Argentina, 248
Aristóteles (384 a.C.-322 a.C.), 12, 56, 66, 69, 105, 122, 140, 149-51, 172, 184, 186, 305-06
Arkoun, Muhammad (1928-2010), 85
Arslan, Shakib 1869-1946), 239, 260
Asharq Al-Awsat, jornal publicado em Londres, 235
Ásia, 22, 249, 271, 318
Aspects of Islam, de Duncan B. MacDonald, 108
As-Sanusi, Muhammad Ali (1787-1859), conhecido como o Grande Sanusi, 81, 109, 121
Atenas, 95, 97
Atlântico, 270
Aulas sobre a História da Filosofia, de Hegel, 132
Autrecourt, Nicholas de (1299-1369), 95
Avicena, Abu Ali Hussein ibn Abdallah ibn Sina (c. 981-1037), 77, 148-49, 151, 188, 191-92, 255
Ayman al-Zawahiri, Abu Muhammad (1951-), 122, 261, 267, 288

B

Bait al-Hikmah, a Casa da Sabedoria, 66
Bali, 285
Bani Ayyub, 147
Bashir, Abu Bakar (1938-), 285
Basra, 38, 47
Bassim Tibe, 202, 295
Bastien, Richard, 318
Batalha das Pirâmides, 253
Bayer, 230
Beirute, 253, 255-56
Belloc, Joseph Hilaire Pierre René (1870-1953), 267-69
Belt, David, 318
Bento XVI, nascido Joseph Aloisius Ratzinger, 265º papa da Igreja

Católica (1927-), 23, 54, 96, 120, 290, 306
Bergh, Simon van den (1819-1907), 90, 95
Biblioteca de Alexandria, 79
Biblioteca de Córdoba, 79
Biggs-Davison, Lisl, 317
Bila kayfa (sem dizer como), 53, 61, 83-85, 92
Bin Asid, Hudhayfa (?-624), 42
Bin Hasan, Abd al-Basit, 203, 210, 222
Bin Laden, Osama bin Mohammed bin Awad (1957-2011), 122, 226, 261, 267, 271, 283, 288, 290, 300
Bin Safwan, Jahm (696-745), 41, 136
Bin Shafi, Abu Ali Tamamah, 122
Bin Talal, Hussein, rei da Jordânia (1935-1999), 23
Bin Tumart, Abu 'Abdullah Muhammad (1080-1130), 147
Bin Zinki, Nuruddin Marhmud, 147
Blau, Thomas, 318
Blunck, Hans Friedrich (1888-1961), 273
Bokhari, Hasan, 232
Bombaim, 232, 278, 289
Bonaparte, Napoleão (1769-1921), 253
Book of the Decisive Treatise, The, de Averróis, 69
Brague, Rémi, (1947-), 177
Brotokolat Ayat Qumm Hawla al-Haramayn al-muqadda-sayn (Os Protocolos do Ayat de Qumm Sobre as Duas Cidades Sagradas [Meca e Medina]), de 'Abd Allah al-Jafar, 225
Bryson, Jennifer, 318
Bulliet, Richard (1940-), 216
Bush, George W. (1946-), 229, 231

C

Caaba, 35, 44, 205, 221, 260
Cairo, 13, 80-81, 124, 131, 178, 198-99, 207-08, 293
Califado Abássida, 39, 45, 78, 251
Califado Omíada, 37, 44-45
Califado Umayyad, *ver* Califado Omíada
Câmara de Literatura do Reich, 273
Cambridge, 258
Caminho do Meio na Teologia, O, de al--Ghazali, 129
Caribe, 250
Carmon, Yigal, 318
Casa da Sabedoria, 66, 68, 75
Casa do islã, 253
Cáspia, 78
Catar, 241
Central Intelligence Agency (CIA), 226
Centre for Research into Post-Communist Economies, 317
Chalhoub, Mahmoud, 220
Challenge of Fundamentalism, The, de Bassam Tibi, 314
Chateaubriand, François-René de (1768-1848), 118
Chelebi, Katib (ou Çelebi, 1609-1657), 190
China, 37
Christianity and Science, de Frances Luttikhuizen, 68
Cinco pilares do islã, 270
Closed Circle, The, de David Pryce-Jones, 274
Codevilla, Angelo, 318
Colapso do califado em 1924, 253, 272
Companheiros do Profeta, 261, 270-71
Conceitos e/ou palavras islâmicas:
  'Ada (o "hábito" de Deus), 108
  Acidentes (singular *'arad*), 104
  Adilla (examinadora de evidências), 256
  Ahad (essência de Deus, una, única e indivisível), 61, 212
  Ahl al-Hadith (a família da tradição, ou os comprometidos com a defesa da tradição), 47, 84
  Akhbar (respeito por tradições válidas e sãs), 82
  Al-fard ("indivíduo"), 211
  Al-fard (um dos atributos do ser supremo), 212
  Al-fikr kufr (a ideia do próprio ato de pensar [*fikr*]), 178
  Al-Haqq (aquilo que está além da razão), 172
  Al-Haqq (a única Realidade), 171
  Al-Haqq (verdade), 165
  Al-um'atillah (os que negam os atributos de Deus), 61
  'Aql (razão), 46, 193
  Athar (dizeres ou atos de homens piedosos), 82-83
  Átomos (singular *al-juz'*), 104
  Awjaba (o que Deus, o Exaltado, fez necessário), 127
  Baqa' (acidente durante evento), 104

Bid'ah (a obrigatoriedade de crer), 53
Bid'ah ou *bida'ah* (inovação), 82
Dalalah (desvio), 82
Dar al-harb (a casa da guerra), 282
Dar al-Islam (a morada do islã), 78
Dawa (persuasão), 272
Dhimmi, 206
Din al-fitra (a religião "natural" do homem), 126, 209
Falsava (filosofia ou livros de filosofia), 76
Fard (ações obrigatórias, "dever"), 80, 211-12
Fatwa, 81, 124, 188, 234, 241, 290
Fikr (ato de pensar), 178
Fiqh (jurisprudência islâmica), 13, 80, 84, 123-24, 197
Gadal (livros de disputa dialética), 76
Hadiths ("tradições" que relatam ditos e ações de Maomé), 41-42, 64, 84, 86, 122, 188, 206
Hajj — a peregrinação obrigatória a Meca, de al-Ghazali, 176, 205, 221
Hal ("êxtase"), 167
Halal (ações permitidas/legítimas), 116, 128
Haloul (ser), 167
Haram (ações proibidas/ilegítimas), 80, 116, 128, 221, 285
Hukm al-takif (juízo obrigante), 115
Ihram (pano branco para a peregrinação a Meca), 205
Ijma' (consenso), 26
Ijtihad (esforço individual ou pensamento independente), 13, 198
Ijtihad (interpretação do Corão e da Sunna), 80-81, 292
Ikhwan, 266
Ikhtiyar (escolha), 135
Ilm (ciência), 123
'Ilm al-kalam (teologia moderna), 259
Ittihad (identificação), 167
Jabariyya (deterministas; de *jabr*, compulsão cega), 41, 44
Jabr (destino/compulsão), 40-41
Jihad (esforço), 272, 283, 285, 288-89

Jihad' (refere-se à luta revolucionária e ao esforço extremo), 275
Kafir (incréu), 134, 294
Kalam (teologia racionalista escolástica influenciada pelo pensamento grego), 46, 83, 87, 158, 188-89
Kalam (livros de teologia), 76, 81
Khalq al-Qu'ran (doutrina mutazalita a respeito de o Corão ter sido criado), 64
Kufr (infiel), 178
Madhabs (as quatro escolas sunitas), 80
Mahdaviyat (a crença xiita no retorno do décimo segundo imame), 204
Makruh (ações repreensíveis), 80
Ma'na (aquilo que não tem sentido), 127
Mandub (ações recomendadas), 80
Mihnah (o teste), 70, 75
Mi'râj (salto místico pessoal), 173
Mubah (ações permitidas), 80
Muftis (estudiosos muçulmanos que interpretam a *sharia*), 215
Mujaddid (reavivador ou reformador), 148
Mujtahid (estudioso qualificado para exercer *ijtihad*), 81
Mutakallimun (adeptos da *kalam*), 46, 105, 193
Mutawalli (mantenedor) da Caaba, 260
Naql (fé tradicional), 46, 193
Qada' wa qadar (preordenação de Alá), 134
Qadar (o poder de ação do homem), 40, 134
Qahhar (Deus é vingativo), 61
Qiyas (raciocínios por analogia), 83
Qudrah (poder), 135
Rahim (Deus é misericordioso), 61
Ra'y (o juízo pessoal), 80, 83
Shar' (recursos da lei), 115
Sharia (a lei divina), 13, 49, 113, 123, 164, 190, 198, 207-10, 215-16, 219, 259
Shirk (blasfêmia), 102, 125, 206, 284-85

Sunan (práticas padrão), 82
Sunna (práticas e atos do Profeta), 51, 80, 82-83, 85
Tab' (as leis da natureza), 49
Ta'lil (mandamentos), 178
Taqlid (fé [ou aceitação] cega), 81, 255
Taqlid (imitação ou emulação), 83, 198, 257
Taqlid (o contrário da *ijtihad*, ou imitação das decisões reconhecidas), 80
Tawakkul (a confiança em Deus apenas), 198
Tawhid (a unidade ou unicidade de Alá), 36, 47, 60, 65, 70, 171, 308
Ulemás (estudiosos da jurisprudência islâmica), 45, 80, 111, 145, 161-62, 165, 174, 254, 259
Umma (a comunidade de fiéis), 26, 165, 208, 271
Wajib (aquilo que é obrigatório ou necessário), 57, 127
Wajib-i-qatl (merecedor da morte), 260
Wasl (união íntima), 167
Wujub (obrigação [ou necessidade]), 120
Zakat (obrigação muçulmana de doação caritativa), 206
Confiança do Viajante: Manual Clássico de Lei Sacra Islâmica, de Ahmad ibn Naqib al-Misri, 109
Conselho Shura saudita, 191
Contre-Prêches [Contra-Pregação], de Abdelwahab Meddeb, 240
Corão, 13, 21, 24-25, 36-37, 39-41, 43-45, 47, 50-53, 60, 62-65, 70-71, 75, 79-83, 85-86, 88, 92, 94, 105, 119, 122-23, 126, 128-31, 133-34, 154, 163, 166, 170, 188, 190, 204-06, 208, 220, 246-47, 252, 255-56, 258-59, 283, 285, 293-94, 299, 301, 306, 309
Coreia do Sul, 246, 248
Corn, Tony, 302
Courtney, John Murray, S. J. (1904-1967), 201
Crátilo, diálogo platônico, 141
Crisis of Islamic Civilization, The, de Ali Allawi, 211
Cuba, 248

D
Damasco, 37, 44, 147, 188
Dar al-Hadith al-Ashrafiya, 188
Davi, personagem bíblico, 208
Declaração do Cairo, 207-08
Declaração Universal de Direitos Humanos da ONU, 207
Declínio do Ocidente, O, de Oswald Spengler, 132
"Defendendo a Religião por meio da Ignorância", artigo de Ahmad al-Baghdadi, 209
Defenders of Reason in Islam, de Richard C. Martin e Mark R. Woodward, 54
Democracia, 11, 199-04, 212-13, 282, 284-86, 301
Democracia: uma Religião!, de Abu Muhammad al-Maqdisi, 285
DeSutter, Joe, 318
Detroit, 27
Development of Muslim Theology, Jurisprudence and Constitutional Theory, de Donald B. Duncan, 314
Development of the Jihadist's Mind, The, de Tawfik Hamid, 178
Dia Indubitável, 128
Dinastia Aiúbida, 147
Dinastia Omíada (660-750), 37, 44-45
Discurso de Bento XVI em Ratisbona, 23, 54, 96, 120
Disney, Walter Elias (1901-1966), 232
Donahue, Jed, 318
Doull, Floy E., 103
Dubai, 251
Duncan B. MacDonald, 40, 61, 89, 93, 103, 135, 169, 184
Duns Scot, John (1266-1308), 95

E
Earhart Foundation, 317
Economiste, L', 228
Egito, 37, 67, 124, 131, 146, 178, 220, 227, 231, 241, 246, 254, 257, 269-70, 293-94
El-Said Habib, Kamal, 288
El-Zein, Samih Atef, 274
Emirados Árabes Unidos, 251
Encyclopaedia of Islam, The, de G. B. MacDonald, 184
Era de ouro do islã, 67, 245
Escandinávia, 295
Escola jurídica *shafi'i*, 127-28

Escola *madhdhab*, 146
Escola mutazalita, 44, 77, 86, 146
Eslovênia, 317
Espanha, 27, 37, 119, 245, 247-48, 250
Estados Unidos, 223, 227, 285-87
Ética *a Nicômaco*, de Aristóteles, 56, 66, 122, 305
Europa, 12, 186, 192, 232-33, 249, 294-95
Europa ocidental, 79, 271
Eutifro, de Sócrates, 115
Evangelho de São João, 91, 96
Expedições, As, programa de TV de Hazem Sallah Abu Isma'il, 234
Exposição dos Argumentos Religiosos, de Averróis, 69

F
Fadlallah, Muhammad Hussein (1935-2010), 286
Faith and Reason in Islam: Averroes' Exposition of Religious Arguments, de Averróis, 313
Fakhry, Majid (1923-), 59, 104, 189
Fausto, de Goethe, 91
Faylasuf (filósofos influenciados pelos gregos), 77
Fez, no Marrocos, 305
Filosofia da História, de Hegel, 79
Filipinas, 270
Finlândia, 247
Fórmula hambalita-asharita, *bila kayfa wala tashbih* (sem perguntar como, e sem fazer comparações), 92
Fox, Jennifer, 318
França, 79, 191
Fraternidade Muçulmana, 266
Freedman, sir Lawrence David (1948-), 213
Fundamentais da Fé, de al-Ash'ari, 133
Fundamentos, de 'Abd al-Jabbar, 48
Fundo caritativo conhecido como *waqf*, 76
Furacão Katrina, 27, 223
Fury for God, A, de Malise Ruthven, 314
Futuro do Iraque e da Península Árabe após a Queda de Bagdá, O, de Yussuf al-Ayyeri, 284

G
Gairdner, William Henry Temple (1873-1928), 85, 170-71, 173
Gema do Corão, de al-Ghazali, 169-70
Gênesis, livro bíblico, 168, 208

Gilead Science, 230
Global Jihad, de Patrick Sookhdeo, 314
Goldziher, Ignaz (1850-1921), 54, 121
Gondeshakpur, 38
Goodman, Len, 138
Grã-Bretanha, 209
Great Heresies, The [*As Grandes Heresias*], de Hilaire Belloc, 267
Grécia, 11, 250
Greek Thought, Arabic Culture, de Dimitri Gutas, 21
Gregg, Ingrid A., 317
Grunebaum, Gustave E. von (1909-1972), 186
Grupo islamista Jamaat-e-Islami, 110
Guantánamo, 306
Guillaume, Alfred (1888-1965), 41
Gum'a, Ali (1952-), 241
Gutas, Dimitri (1945-), 21

H
Hamas, 225, 230
Hambalis, hambalismo (a escola mais literalista da *fiqh*), 78, 80, 84, 145, 189, 199
Hamid, Tawfik (1961-), 178
Hanafi, Hassan (1935-), 198, 202
Hanna-Barbera, 232
Harun bin Ma'ruf, el-Mervezi, 122
Hasan Nasrallah, Sayyid (1960-2000), 220
Hasanayn Haykal, Mohammed (1888-1956), 226
Hegel, Georg Wilhelm Friedrich (1770-1831), 28, 79, 132, 273
Heggy, Tarek (1950-), 192, 197
Heráclito de Éfeso (c. 540 a.C.-c. 470 a.C.), 140-41
Herat, 146
Hezbollah, 220, 286
Higazi, Safwat (1963-), 230
History of Islamic Philosophy, A, de Ibn Miskawayh, 176
History of Islamic Philosophy, A, de Majid Fakhry, 59
History of the Arab Peoples, A, de Albert Hourani, 313
Hitler, Adolf (1889-1945), 233, 266, 276
Hizb ut-Tahrir, grupo dedicado à restauração do califado, 121, 219, 271
Hobbes, Thomas (1588-1679), 273
Hollywood, 234

Hoodbhoy, Pervez Amirali (1950-), 78, 102, 110-11, 187, 217, 223, 245-46, 300, 302
Hourani, Albert Habib (1915-1993), 77, 217
Hourani, George Fadlo (1913-1984), 77, 112, 117, 119, 215, 225, 308
Hume, David (1711-1776), 28, 166
Husain, Ed, 121, 219
Huwaydi, Fahmi (1937-), 227
Hybris, 160

I
Ibn 'Abdullah, Muhammad, conhecido como Maomé (c.570-632), 14, 24, 26, 36-37, 41-42, 60, 82-84, 86, 88, 121-22, 146-47, 230, 234, 241, 266, 294
Ibn al-Arabi, al-Insah al-Kamil (1165-1240), 174
Ibn al-Haytham, Abu Ali al-Hasan (965-1040), 191
Ibn al-Jattab, Umar, conhecido como califa Omar (584-644), 37, 79, 130
Ibn Anas, Malik (c. 715-796), 53, 80
Ibn-as-Salah, Abu Amr Uthman ibn Abd al-Rahman (1181-1245), 188
Ibn 'Ata, Wasil (700-748), 44, 60
Ibn Baz, Abdul Aziz ibn Abdullah (1910-1999), 218-19
Ibn-Dust, Abu Sa'id (?-1040), 21
Ibn Hanbal, Ahmad ibn Muhammad Abu Abdullah Ash-Shaybanı (780-855), 70-71, 75, 78-79, 82-84, 87, 259
Ibn Hazm, Ahmad (994-1064), 119-20, 131
Ibn Ishaq, Hunayn (809-873), 66
Ibn Khaldun al-Hadrami, Zayd 'Abd ar-Rahman ibn Muhammad (1332-1406), 37, 78-79, 252, 256
Ibn Miskawayh, Abu 'Ali Ahmad ibn Muhammad ibn Ya'qub (c. 940-1030), 176-77
Ibn Sa'id al-Maghribi, Abu al-Hassan 'Ali ibn Musa (1214-1286), 44, 79
Ibn Taymiyyah, Taqi ad-Din Ahmad (1263-1328), 105, 161, 189, 259
Idade Média, 95, 131, 199, 253
Ideologia Alemã, A, de Karl Marx, 273
Iêmen, 47, 78
Igreja Católica, 266
Iluminismo, 11, 301

Império Otomano, 253, 258
Império Seljuk (sejúlcida), 146
Ímpios [singular: *kafir*], 134, 272
Incoerência da Incoerência, A, de Averróis, 13, 90, 95, 111, 153, 185
Incoerência dos Filósofos, A, de al-Ghazali, 12, 105-06, 148, 151, 183, 185
Incoherence of the Incoherence, The, de Averróis, *ver A Incoerência da Incoerência*
Incoherence of the Philosophers, The, de al-Ghazali, *ver A Incoerência dos Filósofos*
Índia, 37, 245, 254, 258, 278, 289, 301
Indonésia, 216, 221, 226, 270, 301, 305
Instituto de Estudos de Políticas Públicas, 110
Internacional Comunista, 270
International Islamic University Malaysia, 245
Introduction to Islamic Theology and Law, de Ignaz Goldziher, 54
Irã, 160
Iraque, 37-38, 47, 66, 146, 211, 284
IRINN, o canal de notícias iraniano, 229
Ishaq, filho de Hunayn, 66
ISI Books, 318
Islã enquanto civilização, 11-12, 14, 22-23, 36, 38-39, 87, 123-24, 192, 205, 265, 285, 301, 307
Islã sunita, 13, 22, 24-25, 28-30, 123, 168, 175, 183-84, 309
Islã xiita, 22, 187, 204, 220, 225, 271, 274
Islam, de Falzur Rahman, 313
Islam and Democracy, de Fatima Mernissi, 215
Islam and Modernity, de Falzur Rahman, 23
Islam and Science, de Pervez Hoodbhoy, 102, 110
Islam and the World, de Malise Ruthven, 102
Islamabad, 102, 212
Islamist, The, de Ed Husain, 121
Islam's Predicament with Modernity, de Bassam Tibi, 124
Isma'iliyya (*xiita*), 186
Isnad (cadeia de transmissão), 122
Israel, 11, 201, 220, 226
Istambul, 272
Istihsan al-Khaud (*A Vindicação da Ciência de Kalam*), de al-Ash'ari, 81
Itália, 208, 248, 309

Itinéraire de Paris à Jérusalem, de Chateaubriand, 118

J
Ja'afar ibn Muhammad al-Mutawakkil, Abu al-Fadl (847-861), 75
Jabritas (os predestinatarianos), 187
Jaki, Stanley L., O. S. B., nascido Jáki Szaniszló László (1924-2009), 97, 317
Jeemah Islamiyah (grupo extremista do sudeste asiático), 178
Jerusalém, 95, 97, 118, 130, 146
Jesus, Islam, Science, de Stanley Jaki, O. S. B., 97
Jihad Islâmica, 271
João Damasceno, São (676-749), 28, 66
João Paulo II, nascido Karol Jósef Wojtytla, 264º papa da Igreja Católica (1920-2005), 291
Jonas, Hans (1903-1993), 172
Jurisprudência islâmica, 24, 45, 53, 70, 80, 193, 257

K
Kaftaro, Ahmad (1915-2004), 219
Kemal Ataturk, Mustafa (1881-1938), 199, 202, 265
Kenny, Joseph P., O. P. (1936-2013), 64, 186
Kedourie, Elie (1926-1992), 201
Khair, Muhammad, 216
Khalil Samir, Samir S. J. (1938-), 124, 168, 294, 301
Khan, Muhammad, 288
Khan, Sayyid Ahmad (1817-1898), 258
Khomeini, Ruhollah Musavi (1902-1989), 289
Khutat El Maqrizia, El (Os Planos Maqrizianos), de al-Maqrizi, 146
Khurasan, 160
Kitab al-Fisal (Exame Crítico Detalhado), de Ibn Hazm, 131
Kitab al-meghazi, o Livro das Pilhagens, 37
Kombolói (deixar quieto), 291
Kraemer, Joel (1933-2018), 186
Kuwait, 201, 209-10, 223, 227

L
Lakhdar, Latif (1934-2013), 292
Lashkar-e Taiba, 288
Lav, Daniel, 318
Lei de Deus, A, de Rémi Brague, 177
Lei dos Mouros, 107
Leibniz, 104
Lenin, nascido Vladimir Ilyich Ulyanov (1870-1924), 283
Levante, 146, 213, 253
Lewis, Bernard (1916-2018), 274
Líbano, 37, 201, 220
Liberdades de opinião e de religião, 11
Libertação do Erro, de al-Ghazali, 89, 149, 153, 168, 175
Liga Árabe, 251
"Limitação da mentalidade muçulmana", 14
Lista de Schindler, A, de Steven Spielberg, 233
Livro da Sabedoria, 168
Livro de Esther, 230
Livro do tratado decisivo, de Averróis, 69, 185
Livro dos Cinco Fundamentais, de 'Abd al-Jabbar, 47
Logos, o Verbo [ou Razão], 55, 89, 91, 96-97, 168, 201, 302, 310
Londres, 27, 235, 257, 295
Lucrécio Caro, Tito (c. 99 a. C.-c. 55 a. C.), 101
Luttikhuizen, Frances, 68

M
Macdonald, Duncan, 40, 89-90, 103, 135, 142, 169
MacDonald, G. B. (1883-1960), 170, 184
Madhdhab [atribuída] a al-Ash'ari, 146-47
Madrassas [escolas], 178
Madri, 27
Magreb, 253
Mahdi, 216, 220
Mahmud Hussein, Mustafa Kamal (1921-2009), 227, 274
Maimônides, Moisés (1135-1204), 28, 107, 131-32
Malady of Islam, The, de Abdelwahab Meddeb, 314
Malásia, 299, 301
Malik ibn Anas ibn al-Harith al-Asbahi, Abu 'Abd Allah (715-795), 53, 80
Malik, Fazlur Rahman (1919-1988), 22-23, 41, 91, 93, 113-14, 123, 138-39, 141, 166, 174, 184, 187, 191, 193, 198-99, 301-02, 308
Manuel II Paleólogo, imperador de Bizâncio (1350-1425), 54

Maria, Rakesh (1957-), 278
Marrocos, 147, 201, 270, 305
Martin, Richard C., 54, 78, 201
Marx, Karl (1818-1883), 269, 272-73, 281
Mas'ud an'Naysaburi, Qutbuddin Abu'l Ma'ali Mas'ud bin Muhammad bin (1128-1215), 147
Maududi, Syed Abul A'la (1903-1979), 280-81, 284, 303
Maulana Maududi, Sayed Abdul A'la (1903-1979), 270, 275, 279, 281
Maya (conceito indiano de ilusão), 171
Meca, 35, 146, 160, 176, 225, 230
Meddeb, Abdelwahab (1946-2014), 240, 279, 303
Medina, 37, 146, 225, 261
Mein Kampf, de Adolf Hitler, 266
Mernissi, Fatima (1940-2015), 214-15, 292
Metafísica, de Aristóteles, 186
Michalski, Chris, 318
Mickey Mouse, 234
Middle East Media Research Institute (MEMRI), 228, 235, 318
Middle East, The, de Bernard Lewis, 274
Milestones, de Sayyid Qutb, 285
Mind of Jihad, The, de Laurent Murawiec, 276
Moderação na Crença, de al-Ghazali, 113
Mossad, 226-27, 229
Mosul, 146
Muhammad Al-Munajid, 234
Muhammad, Khalid, nascido Harold Moore (1948-2001), 243
Muir, *Sir* William (1819-1905), 130
Mumbai, 27
Munqidh, 178
Muqaddimah (Introdução à História), de Ibn Khaldun, 78, 252, 256
Murawiec, Laurent (1951-2009), 276
Musleh, Mahmoud, 225
Muthhari, Morteza, (1919-1979), 290
Muzaffar, Chanddra (1947-), 299

N
Nahdlatul Ulama, 305
Nasser, Gamal Abdel (1918-1970), 270
Nasr, Seyyed Hossein (1933-), 183
Nasution, Harun (1919-1998), 57, 292
Natal, 27, 223
National Defense University, 318

Navab-Safavi, Muhammad, 291
Negação do Holocausto, 229
Nicho de Luzes, de al-Ghazali, 170, 172-73
Nietzsche, Friedrich Wilhelm (1844-1900), 179, 269, 272-73
Nishapur, 146, 160
Nizam al-Mulk, Abu Ali Hassan ibn Ali Tusi (1018-1092), 78, 145
Nizamiyya, *ver* Universidade de Bagdá
Nuri, Herry (1949-), 226

O
Obama, Barack Hussein (1961-), 229
O'Leary, De Lacy Evans (1852-1957), 169
Omar, Muhammad (1960-2013), 287
Organização da Conferência Islâmica, 207
Oriente Médio, 11, 14, 22, 199, 201, 219, 246-47, 249, 252, 274, 300, 318

P
Pacífico, 270
Palestina, 37, 160, 271
Paquistão, 22, 111, 206, 217, 221-23, 245-46
Paris, 118, 295, 303
Parmênides de Eleia (c. 530 a.C.-c. 460 a.C.), 140
Partido Comunista no Egito, 270
Partido da Justiça e da Prosperidade (PKS), 270
Partido Islâmico, 275
Partido Nazista, 266, 273
Partido Revolucionário Internacional, 275
Patai, Raphael, nascido Ervin György Patai (1910-1996), 213, 269
"Peace with Islam", artigo de Floy E. Doull, 103
Personagens bíblicos
    Adão, 42-43, 129, 209
    Arcanjo Gabriel, 294
    Moisés, 42-43, 107
    São Paulo, 96
Período Buwayhid, 77
Pérsia, 37, 77, 79, 230
Pew Global Attitudes Project, 227
Physics Today, 245
Platão (428 a.C.-347 a.C.), 12, 105, 149, 281
Poole, Patrick, 318
Post, Jerrold M. (1934-), 284
"Predicament of Islamic Monotheism, The", de Imad. N. Shehadeh, *in*:

Biblotheca Sacra 161 (abril-junho de 2004), 314
Prêmio Nobel de Literatura, 240
Primazia do poder *versus* primazia da razão, 272
Primeira Guerra Mundial, 253, 266
Professores cristãos (nestorianos), 38
Protágoras (c. 490 a.C.-c. 415 a.C.), 185
Protocolos dos Sábios de Sião, falsificação oitocentista da polícia secreta tcheca, 225
Pryce-Jones, David Eugene Henry (1936-), 261, 274

Q

Qadaritas ou *qadariyya* (como eram chamados os pré-mutazalitas, aqueles que acreditavam em livre-arbítrio), 40, 43, 45, 56, 187
Qadi 'Abd al-Jabbar, ibn Ahmad al-Hamadani al-Assadabadi (935-1025), 77
Qadis (juízes que administram a lei islâmica), 215
Questões de Segurança Internacional no Escritório da Secretaria de Defesa, 318
Qutb, Sayyid (1906-1966), 133, 261, 269-72, 276-77, 279-80, 282, 285, 303-04

R

Radical Islam: Medieval Theology and Modern Politics, de Emmanuel Sivan, 282
Rahman Khan, Fazlur (1929-1982), 22-23, 41, 91, 93, 113-14, 123, 138-39, 141, 166, 174, 184, 187-88, 191, 193, 198-99, 301-02, 308
Rahman, Omar Abdel, o "*sheik* cego" (1939-2017), 286
Rashid Rida, Mohammad (1865-1935), 261
Razões Para a Fé Contra as Objeções Muçulmanas, de Santo Tomás de Aquino, 64
Reason and Tradition in Islamic Ethics, de George Hourani, 313
Reavivamento das Ciências Religiosas, O, de al-Ghazali, 176
Regensburg Lecture, The, de James Schall, S. J., 314
Reinventing the Muslim Mind ["Reinventando a mente muçulmana"], de Rashid Shaz, 29
Reis turcos (os Mamluk), 147
Relatório de Conhecimento Árabe de 2009, 249
Relatórios de Desenvolvimento Humano Árabe da ONU (2002, 2003, 2009), 247, 269
Religião e Vida — Fatwas Modernas Cotidianas, de Ali Gum'a, 241
Renan, Joseph Ernest (1823-1892), 254
República, A, de Platão, 117, 281
Resgate do Soldado Ryan, O, de Steven Spielberg, 231
Revival and Reform in Islam, de Falzur Rahman, 314
Risalat al-tawhid (Tratado sobre a Unidade [Divina]), de 'Abduh, 255
Riyadh, 205, 284
Robespierre, Maximilien François Marie Isidore de (1758-1794), 282
Robinson, Neal, 64
Roma, 11, 97, 306
Romanos 1, 96
Ruthven, Malise Walter Maitland Knox Hore- (1942 -), 102

S

Saddam Hussein, Abd al-Majid al-Tikriti (1937-2006), 231
Saheeh International do Corão, de Riyadh, 166, 205
Sa'id, Ahmad (1930-), conhecido pelo pseudônimo "Adonis", 203, 240
Salahuddin, Nasser Ysuf ibn Ayyub, conhecido como Saladino (1138-1193), 146-47
Saroush, Abdolkarim, nascido Hosein Haj Faraj Dabbagh (1945-), 294-95
Schall, James Vincent, S. J. (1928-2019), 54, 273, 318
Science and Creation, de Stanley Jaki, O. S. B., 317
Scruton, *sir* Roger Vernon (1944-2020), 318
Seita asharita, 12-14, 22, 24-26, 29-30, 47, 55, 57, 60-63, 78, 81, 85-86, 88, 91-93, 95, 97-98, 102, 105, 109, 112-15, 117-20, 122-23, 125-27, 131, 133, 136-42, 145-48, 161, 169, 175, 183, 185,

187, 198-99, 201, 211-14, 216-17,
    221, 244, 255, 272, 275, 292, 309
Seita maturidita, 26
Seita mutazalita, 12-13, 29, 40, 44-57,
    60-68, 70-71, 73, 75, 77-79, 81,
    85-88, 90-91, 96, 112-13, 119,
    127, 129-30, 133, 136, 145-47,
    175-76, 185, 198, 215-16, 255-57,
    259, 293, 305, 307-08
Seita *zahiri*, 81, 119
Shah-Hosseini, Majid, 231
Sham (o Levante), 146
Sharif, Mian Mohammad (1893-1965), 61
Shaz, Rashid (1963-), 29, 242
Shi'a, 77
Sinais de Maçons e Sionistas na Indonésia,
    de Herry Nuri, 226
Sionistas na Indonésia, de Herry Nuri,
    226
Sirc, Ljubo, 317
Síria, 37-38, 160, 246
Smith, Wilfred Cantwell (1916-2000),
    200
Sobre a filosofia primeira, de al-Kindi, 68
Sócrates (c. 469 a.C.-399 a.C.), 115, 141,
    149, 273, 281
Sombra do Corão, A, de Sayyid Qutb, 133
Sookhdeo, Patrick, 318
Soroush, Abdulkarim, nascido Hosein
    Haj Faraj Dabbagh (1945-), 118,
    203-04, 295
Spencer, Herbert (1820-1903), 257
Spengler, Oswald Arnold Gottfried
    (1880-1936), 132
Spinoza, Baruch (1632-1677), 91
Stalin, Josef Vissarionovitch (1878-
    1953), 282
Stalinsky, Steven, 318
Starbucks, 230
Stern, Jessica, 278
Study of Al-Ghazali, A, de W. Montgo-
    mery Watt, 69
Subiaco, 97
Sudão, 276
Sufis, sufismo, (de *suf*, a lã áspera de
    que são feitas as roupas sufi),
    12, 148-49, 154, 159-65, 167, 170,
    172-75, 240
Sultões Sljuq, 78
Suma Contra os Gentios, de Santo Tomás
    de Aquino, 107

T
Tabellini, Guido Enrico (1956-), 248
Taj Hargey, 295
Talebzadeh, Nader (1953-), 229
Talibã, 79, 179, 221-22, 287
Tantawi, Muhammad Sayed (1928-
    2010), 208
Tanzimat, 258, 260
Tappe, Christian, 318
Tarabishi, Georges (1939-2016), 191
Taylor, John B. (1946-), 248
Teodiceia, 54, 118
Teologia da Libertação, 290-91
Terror in the Name of God, de Jessica
    Stern, 278
Tertuliano, Quintus Septimus Florens
    (155-220), 95
Testamento, de Al Fakhr al-Razi, 188
*Theological Themes Common to Islam and
    Christianity*, de Joseph Kenny, 64
Tibi, Bassam (1944-), 123, 192, 260, 310
Tolstói, Liev Nikolaevitch (1828-1910), 257
Tom e Jerry, 232-33
Tomás de Aquino, Santo (1225-1274), 53,
    64, 95-97, 107-08, 301, 309
Torá, 43, 230
Toynbee, Arnold J. (1889-1975), 78
Trasímaco, personagem da *República*,
    117-18
Tratado de Küçük Kaynarka, 253
Tribunal de Segunda Instância do Egito,
    294
Tunísia, 293
Turquia, 199, 202, 216, 253, 301
Tus (no Irã oriental), 160

U
Ulph, Stephen, 318
União Soviética, 276, 282
Universidade Abdul Aziz em Jeddah, 271
Universidade Al-Azhar, 13, 80, 241, 271
Universidade Aligarh, 258, 260
Universidade Columbia, 216
Universidade de Chicago, 186
Universidade de Islamabad, 102
Universidade do Cairo, 198, 293
Universidade George Washington, 284
Universidade Nizamiyya de Bagdá,
    146, 160
Universidade Nizamiyya de Nishapur,
    146, 169

Universidade Quaid-e-Azam, 218
Uqbah bin Amir, al-Juhani (?-677/678), 122

V
Vale do Suat, 222
Valéry, Paul (1871-1945), 170
Vaticano, 266
Verbo cristão, 64
Viena, 268

W
Wadi Kayani, 77
Wahhabis, wahabbismo, 78, 189, 200, 221
Wahid, Abdurrahman (1940-2009), 304-05
Wall Street Journal, The, 251
Washington, D.C., 295
Washington Post, 220
Watt, William Montgomery (1909-2006), 69, 80, 86, 146

West and the Rest, The, de Roger Scruton, 314
West, Islam and Islamism, The, de Caroline Cox e John Marks, 313
Westminster Institute, 318
Why Are Muslims Backward While Others Have Advanced? [*Por Que os Muçulmanos são Atrasados ao Passo que Outros Avançaram?*], de Shakib Arslan, 239
Wilson, Menahem, 318

Y
Yusuf as-Sanusi, Muhammad, 109, 121

Z
Zayd, Nasr Hamid Abu (1943-2010), 293-94

Coletivismo de Direita traz uma crítica duríssima à onda direitista que se vende como anticomunista, porém, que não necessariamente se mostra favorável às liberdades individuais. O que mais assusta na análise de Jeffrey A. Tucker é a lucidez com que disseca os movimentos populistas da direita contemporânea, que não raramente estão mancomunados com turbas racistas, eugenistas e xenófobas. Como um discurso de amor à pátria pode esconder um desejo insano de pureza racial? Como pregações moralistas rapidamente escusam apelos criminosos contra grupos determinados? Tucker responde tudo isso indo muito além dos clichês ideológicos. Além da tradução do prefácio de Deirdre McCloskey, publicado na versão original em inglês, a presente edição conta com uma apresentação de Raphaël Lima e um posfácio de Yago Martins.

Uma Breve História do Homem: Progresso e Declínio de Hans-Hermann Hoppe, em um primeiro momento, narra as origens e os desenvolvimentos da propriedade privada e da família, desde o início da Revolução Agrícola, há aproximadamente onze mil anos, até o final do século XIX. O surgimento da Revolução Industrial há duzentos anos e análise de como esta libertou a humanidade ao possibilitar que o crescimento populacional não ameaçasse mais os meios de subsistência disponíveis são os objetos da segunda parte. Por fim, no terceiro e último capítulo, o autor desvenda a gênese e a evolução do Estado moderno como uma instituição com o poder monopolístico de legislar e de cobrar impostos em determinado território, relatando a transformação do Estado monárquico, com os reis "absolutos", no Estado democrático, com o povo "absoluto".

Acompanhe a LVM Editora nas redes sociais

https://www.facebook.com/LVMeditora/

https://www.instagram.com/lvmeditora/

Esta obra foi composta pela BR75 na família tipográfica GT Sectra em janeiro de 2020 e impressa em fevereiro de 2020 pela BMF Gráfica e Editora para a LVM Editora